Königgrätz.

Von

Carl Bleibtreu.

Illustriert von Chr. Speyer.

Stuttgart
Verlag von Carl Krabbe.

Herausgeber:
Harald Rockstuhl, Bad Langensalza

Umschlaggestaltung: Harald Rockstuhl, Bad Langensalza
mit einer Illustration von Chr. Speyer

Bisherige Auflagen:
1. Auflage 1903, Verlag Carl Krabbe, Stuttgart
1. Reprintauflage 2006, Verlag Rockstuhl, Bad Langensalza

2. Reprintauflage 2010
ISBN 978-3-938997-65-9

Repro und Satz: Harald Rockstuhl, Bad Langensalza

Illustrationen: Chr. Speyer

Druck und Bindearbeit: Digital Print Group Oliver Schimek GmbH,
Nürnberg/Mittelfranken

Gedruckt auf alterungsbeständigem Papier nach ISO 9706

Die Deutsche Nationalbibliothek verzeichnet diese Publikation in der Deutschen Nationalbibliografie. Detaillierte bibliografische Daten sind im Internet über *http://dnb.d-nb.de* abrufbar.

Verlag Rockstuhl
Inhaber: Harald Rockstuhl
Lange Brüdergasse 12 in D-99947 Bad Langensalza
Telefon: 03603 / 81 22 46 Telefax: 03603 / 81 22 47
www.verlag-rockstuhl.de

Ein trüber, unheimlich verschleierter Tag, als schaue er mürrisch und verdrossen auf das Unheil, das sich heute erfüllen sollte.

Die Felder trugen allenthalben tagelanger Regengüsse klebrige Spuren. Eintöniges Grau hüllte den Himmel ein. In der Morgenfrühe eisigkalt über die Landschaft streichend, legte der Wind sich auch tagüber nicht und hielt noch nachmittags unvermindert an. Kein Sonnenblick zerteilte die dunkeln Wolken, Nebel und Regenschleier umspannten nicht nur von Morgen bis Mittag die Hochfläche zwischen Bistritz und Elbe, deren Wogen sich gelblichschmutzig hinwälzten, sondern noch zu späteren Stunden stäubte es vom Himmel, nasse Schauer stoben über das Gefilde. Die schwere Luft hielt den Pulverdampf nieder, alle Konturen verschwammen wie verwaschen und verblasen. Ein Leichenhemd schien über diesen Sommertag hingewoben, als verkünde dessen herbstliche Rauheit eine absichtliche und bös bedeutungsvolle Irrung der Natur, daß hier ein herbstliches Welken eines stolzen Reiches sich vorbereite.

Freilich standen üppige Saaten hoch und frisch blickte das saftige Laub der Bäume, von der Witterung ungeschädigt. Doch man sah nichts davon in der allgemeinen mißfarbigen Nebelstimmung, deren frostige Kühle erstarrend ins Mark drang. Frösteln und Verstimmung der Natur wie der Menschen. Ein zäher Rost schien gleichsam das Grün der Waldungen anzufressen.

„Bah, ein gutes Omen! Unser alter Alliierter von der Katzbach! Der Regen thut uns nischt! Bange *machen gilt nich!*"

Vorn am Feldweg der Höhe von Dub, zu deren Füßen das Heer des Prinzen Friedrich Karl noch still und schweigsam lagerte, hinterm Höhenrücken versteckt, stach deutlich eine Gruppe vom Pferde abgestiegener Offiziere vom kalten grauen Himmel ab, die durchs Fernglas die Bistritzstellung der österreichischen Nordarmee betrachteten. Nichts regte sich drüben, hier und da schallte ein Hornsignal gedämpft aus verborgenen Schluchten. Als aber auf ein paar kurze halblaute Worte des Prinzen seine Adjutanten hinabsprengten, sprang das Preußenheer vom Lager auf und stand bald wie ein Mann gewaffnet da. Seine Helme schienen aus der Erde emporzuschießen wie Jasons Drachensaat.

Ein mächtiges Rauschen erhob sich weithin, als ob eine Wasserschleuse sich öffne, als hunderttausend Streitbare querfeldein das vom Regen niedergedrückte nasse Korn unter ihre Tritte stampften. Wirr niederhängend und zertreten, bereiteten die Ähren den Kanonierpferden manchen Aufenthalt, die kräftig anziehen mußten. Auf schlüpfrigem fetten Boden glitten oft die Hufe der Pferde aus. Durch den endlosen Nebelregen blies der Wind bitterkalt die Norddeutschen an, fegte über die Hochebene der österreichischen Stellung und ihren dunkelgrünen Waldgürtel. Der bleiche Morgen umwob die Landschaft mit einem gespenstigen Schein. Die vom Bistritzbach umspülten Dörfer der Tiefe grüßten nach oben die weiße Turmspitze von Chlum, dem Herzpunkt der kaiserlichen Heereslinien. Das Fernglas unterschied dort, wo man bloß niederes Knieholz zu sehen meinte, eine Hecke von schwach glitzernden Feuerschlünden am flachen Hügelabhang ob Sadowa. „Lipa!" las man von der Karte ab. Westlich vom Kornland der Mitte, wo Hügelumrisse an der Elbe sich ausbreiteten und weit nach West- und Nordseite zu beim Dorf Horenowes mündeten, erhoben sich aus glattem Ackerstück zwei vereinzelte Linden wie ein künstlich aufgepflanztes Merkzeichen. Im Osten die Höhe von Problus grüßte die noch mehr überragende Höhe von Chlum zur Rechten, in der eigentlichen Mitte durchschnitt der lange Höhenrücken von Lipa mit kahlem Abfall zur Bistritzniederung das wellige Hochgelände.

Wie auf einen Zauberschlag sprang ein blitzendes Schlachtgemälde ins Leben, als tausendstimmiges Hurrah gegen acht Uhr den greisen Monarchen begrüßte, der persönlich ins Feld kam. Es

dauerte nicht lange, so gruben sich feindliche Granaten nicht weit von seinem ersten Standort ein. „Das danke ich Ihnen, meine Herren," lächelte der tapfere alte Herr sein stattliches Gefolge an, das sich nun etwas zerstreute. Aus allen Gärten, Waldstücken, Dörfern der Hochfläche blitzte es grell auf. Betäubendes Krachen weckte das Echo der Schluchten. Platzende Sprengstücke fielen zwischen die Fußkolonnen, Schwadronen, Kanonen und Wagenstaffeln der heranwogenden Heeresmacht. In die Tiefe und aufwärts zum nördlichen Bistritzrand flogen die Eisensplitter. Schlammsäulen stoben in die Luft vor zerspringenden Donnerkeilen. Sogar unmittelbar am Flusse eilten kaiserliche Batterien in die Feuerlinie, schleuderten ihr Geschoß bis über den deckenden Hügelrand von Dub hinweg.

Bald hatten die Krankenträger alle Hände voll zu thun. Schuß auf Schuß antwortete sich das von Stunde zu Stunde wachsende Schlachtgewitter der zornigen Gegner, und zürnendes Blitzgewölk ballte sich um die düstern Kuppen.

Gelang es dem Feldzeugmeister Benedek, in die taktische Defensive seiner wohlgewählten Stellung eine Offensivform hineinzutragen, so lag die Armee Prinz Friedrich Karls in der Front schweren Rückschlägen offen, so lange nicht die Elbarmee rechts und die Kronprinzliche links ihren Druck auf die feindlichen Flügel übten. Erstere aber hatte schwierige Defileen zu überwinden, letztere bedurfte eines Gewaltmarsches, das Schlachtfeld zu erreichen. Würde dies gewagte Vorhaben Moltkes gelingen? Und standen wirklich nur „2—3 Korps" da drüben, wie man bisher annahm, oder war's die ganze kaiserliche Armee? Man schloß bald genug auf das Letztere.

Deutlich zeichnete sich auf der Hochfläche die große Chaussee Gitschin-Horitz-Königgrätz ab, auf welcher Prinz Friedrich Karl über Sadowa auf Lipa vordringen sollte. Wo sie von Nordwest nach Südost das Plateau durchschneidet, gabelt sie sich dreizinkig, da von Norden her die Nebenstraßen Königinhof-Racic-Sendrasic-Nedelist-Sweti und Zizelowes-Horenowes-Maslowed-Nedelist in sie münden, von wo der Kronprinz anmarschieren mußte, und von Süden her die Straße Smidar-Charbusic-Briza ähnlich spitzwinkelig in sie hineinfällt, von wo man das überflügelnde Nahen der Elbarmee gewärtigen konnte. Hier stand der Gegner am nächsten zur Festung Königgrätz, die östlich des Waldes Stezirek (südlich von Prim) nur in geringer Entfernung der Luftlinie liegt. Weiter im Norden der Stellung Benedeks, wo seine zweihunderttausend Streitbaren sich hinstreckten, bildete das Trotinaflüßchen eine Scheidewand gegen den Kronprinzen, das bei Trotina und Sendrasic, fast in gleicher Luftlinie mit Maslowed, südwärts in die Elbe fließt, etwas nördlich von Lochenic. Außerdem führte noch ein Feldweg über Maslowed-Chlum-Rosberic auf die Chausseestrecke südöstlich von Lipa-Langenhof. Den großen Swiepwald nordwestlich von Benatek, am weitesten südlich das Schlachtfeld begrenzend und nördlich von Cistowes, ließ dieser Weg südöstlich und stieß straks pfeilgerade ins Herz der österreichischen Stellung hinein. Gewann der Kronprinz diesen Thorweg, so war es allerdings um Benedek geschehen. Doch von solcher Möglichkeit träumte noch Niemand. Hier befand sich auch kein Wasserlauf, der sonst überall in Front und Flanken ein Annähern der Preußen hinderte. Und auf Botschaft, die Flügeladjutant Graf Finkenstein ihm überbrachte — durch ebenso kühnen Ritt, wie Major Unger vom Stabe Prinz Friedrich Karls ihn längs der Bistritz gestern ausgeführt, um österreichische Massen dort festzustellen —, hatte der Kronprinz in Aufwallung seines Seelenadels ausgerufen, mit bewußter Reminiscenz an Blüchers Worte zu Wellington: „Nicht mit Teilen, sondern mit meiner ganzen Armee werd' ich Fritz Karl unterstützen."

— — — — — — — — — — — — — —

„Vivat hoch, wir schlagen! — Nun hat das Elend ein Ende. Vater Benedek selber führt uns! — Hoch Benedek!“ begrüßten Offiziere wie Mannschaften den Schlachtbefehl. „Bataillon antreten! Stillgestanden! — Bataillon in Kolonne gesetzt! Vorwärts marsch!“ donnerten die Kommandos, die Vorderbataillone hatten Gewehr zur Hand genommen, um in die Tiefe niederzusteigen. Besonders am rechten Flügel rückten zahlreiche Schlachthaufen in den Swiepwald vor Maslowed ein. Auch im Holawald bei Sadowa setzte sich eine unbedingt schon weit vorgeschrittene Vordertruppe fest; ob zu weit, mußte die Folge lehren. Jedenfalls hielt Benedek seine Hauptmacht durchaus auf der Hochfläche Chlum-Lipa-Problus fest, an welcher selbst ein starker Gegner sich die Zähne ausbeißen konnte. Pionierabteilungen schanzten noch bei Nacht um Chlum und Nedelist, sowie bei Lipa, doch näherten sich bereits, als der Tag graute, alle Arbeiten der Vollendung.

Baron Pidoll, Geniedirektor der Nordarmee, inspizierte die fünf Schanzanlagen nördlich der Kirche von Nedelist und an den Ausgängen von Chlum: Batteriestände mit Schützengräben, zum Teil sehr umfangreich mit acht Fuß hoher Deckung. „Melde Ew. Excellenz, daß wir bei der Schanze Nr. 3 eine Länge von vierhundert Schritt erzielten, für Schutzgräben zweier Bedeckungskompagnien. Ähnlich bei Nr. 1 und 4. Im Lipaer Wäldchen haben wir vier Verhaue, dazu zwei eingeschnittene Geschützstände. Dort sind wir noch nicht ganz fertig. Ebenso verrammelten wir Westfront von Lipa und Ostrand von Chlum. Ich sandte noch Major Ghyczy mit dem 6. Pionierbataillon nach Problus und Prim, um dort auszuhelfen,“ hielt Pidoll einem hohen Herrn Vortrag, dessen scharfgeschnittenes Profil, lebhafte dunkle Augen und

gerötete Wangen ein heißblütiges Temperament bekundeten, obschon im Reif des Alters sein Haar ergraut.

Feldzeugmeister Benedek beritt mit den abgesetzten Stabschefs der Armee, dem pedantischen Theoretiker Krismanic und F. M. L. Henikstein, einem malitiös witzigen Höfling von eleganten Formen und nicht ohne wissenschaftliche Kenntnisse, sowie mit dem an Krismanics Stelle mit Stabsgeschäften betrauten General Baumgarten, in der Frühe die Stellung. Wo er erschien, grüßten ihn die Truppen ebenso ehrfurchtsvoll wie vertraulich, froh zu ihm aufblickend. Denn seine hinreißend impulsive, etwas theatralische, aber immer großzügige und ritterliche Natur färbte auf seine Umgebung, auf seine Leute ab, die sich an ihm berauschten. Wo er kurz und derb, halb wohlwollend halb strenge, einen Truppenteil einer Ansprache würdigte, drang seine sonore Stimme zu den Herzen der Soldaten. Er übte eine zwingende, seelische Gewalt, eine angeborene Begabung für Meistern und Beherrschen kriegerischer Instinkte. Seine elastisch schnellen Bewegungen hoben seine soldatische Haltung zu Pferde, er sah auf Kleidung und Äußeres, alles mußte proper und sauber sein, wie seine in zwei Windungen aufwärts gedrehten Schnurrbartenden. Seine aufblitzenden Adleraugen paßten zu seinem schmalen Habichtskopf, aber sein oft durchbohrender und scharfer Blick, der in kaltem Schlachtenmut eine gewisse Härte annahm, konnte recht warm und freundlich leuchten,

wenn edle Aufwallungen seines tiefen Gemütes ihn bewegten. Freigebig wie ein Fürst, nicht ohne geräuschvoll prahlerisches Auftreten dabei, eine gewisse gutmütige Eitelkeit nicht verleugnend, aber voll aufrichtiger Liebe und Nachsicht für den armen „Haiducken", wie er nach Magyarenweise die Gemeinen nannte, gütig gegen alle Kleinen und Geringen, hochfahrend nur gegen Mächtige, Verspotter aller hocharistokratischen Protektionseselei, machte er mit seiner bürgerlichen Abkunft förmlich Staat. Feind jeder Kriecherei, verdiente der kernige Mann von schlichtem Herkommen, der doch den echten Grandseigneur im Innern und Äußern darstellte, vollkommen die abgöttische Verehrung der Soldaten. Nie gab es einen populäreren Mann, den Hoch und Niedrig in gleicher Weise schätzten. Infolge seiner aufopfernden Großmut sein Lebtag ein armer Teufel, ging er ganz auf in herzlicher Zuneigung für die ihm anvertrauten Truppen, in Diensteifer für den Kaiser, in vaterländischem Ehrgefühl.

Er stieg mehrfach ab, als schon die ersten Kanonenschüsse herüberdröhnten, und schritt leichten, elastischen Gangs durch die Lagergassen. Wo die einfachen Burschen im grauen Jägerrock oder weißer Uniform aus allen Kronlanden der weiten Donaumonarchie ehrfürchtig Spalier bildeten, wußte er mit Jedem in Heimatslauten zu plauschen. Finden doch die vielsprachigen Völker Österreichs erst in der Armee ihr gemeinsames Vaterland! Manchmal jähzornig und ungerecht im Urteil über Gleichstehende und Höhere, obschon sonst tiefinnerlich gerecht und bescheiden, ließ er sich von den Soldaten sogar Ausbeutung seiner vertrauensseligen Gutherzigkeit gefallen. Als er jüngst den ältesten Unteroffizier der Armee an seine Galatafel zog, empfand dies der gemeine Mann überall als eine ihm selbst erwiesene Ehrung. Für diesen verehrten patriarchalischen Chef ihr Blut zu verspritzen, dünkte den begeisterten Truppen leicht. Nichts Geringes für einen Feldherrn.

In den höheren Chargen, von denen im Morgengrauen ein Teil zu einer letzten Generalparole um den Feldzeugmeister versammelt, ehe sie sich auf ihre Kampfplätze begaben, herrschte ein Gemisch von Übermut und Sentimentalität. Aber den Grundton gab eine echte schöne Entschlossenheit, ein leichtlebiger Todesmut.

„Soll das IV. Korps, sobald es vorrückt, extra verständigt werden, daß die aufgeworfenen Geschützstände die Frontlinie bezeichnen?" erkundigte sich Pidoll. — „Unnötig, versteht sich von selber. Übrigens, ob die Schanzen ganz meinen Intentionen entsprechen . . der Chlumer Hochberg dahinter gefällt mir nicht und sie liegen doch etwas tief bis Nedelist, der Abhang kann ja allwärts eingesehen werden . . doch das ist jetzt nicht mehr zu ändern", erwiederte Benedek, indem er sein Pferd nach Lipa wendete. „Hoffentlich werden die Schanzen gar nicht von Nordwesten angegriffen."

„Das möcht' ich stark bezweifeln," räusperte sich eine etwas vorlaute Stimme. Ein noch junger kräftiger Mann in Husarentracht, der hochgebildete berühmte Reiterführer Graf Edelsheim, ein geborener Badenser, der mit seinem Kollegen, dem trefflichen charaktervollen Fürsten Thurn- und Taxis, beide als Chefs der zwei leichten Reiterdivisionen der Nordarmee, sich beim Feldherrn zur Einholung letzter Befehle einfand, erlaubte sich diesen Einwand, zu dem ihn seine Autorität berechtigte. „Jaja, so ein junger Mensch hat immer eigene Gedanken," wies ihn Benedek bissig ab. „Und nochmals, meine Herren, auch dich, lieber Freund, geht dies an," richtete er das Wort an Taxis, „keine Husarenstückl, wenn ich bitten darf. Hier geht's hausbacken und solid her!" Mit bitterbösem Seitenblick auf Edelsheim. „Verbitte mir allen eigenmächtigen Vorwitz, wenn's halt denkt, ihr müßt auf eigene Hand mich korrigieren und ignorieren. Dulde das nun und nimmer. Hier sind wir nicht ‚genial' wie in der Garnison! Ihrem Generalstäbler Waldstätten, Edelsheim, hab' ich's expreß eingeschärft, über Sie zu wachen."

Mit rotem Kopf und in kochendem Zorn ritt Edelsheim zum rechten Flügel, wo er die Flanke der Sachsen decken sollte, und raunzte den Baron Waldstätten, der dienstgemäß schwieg, unwirsch an: „Du wirst thun, was ich dir befehle. Folgst nicht, laß ich dich niederhau'n. Nachher, alsdann, mag dir der Benedek jede Satisfaktion geben, die ihm beliebt. Überhaupt Unsinn, wie er heut die Hauptreiterei hinterm Centrum hält. Sie gehört auf die Flügel, denn dort wer'n wir gefaßt, darauf kannst Gift nehmen. Und der Thun dort ist auch so'n Gott erbarm sich, wie der Clam — brave Kerle, aber sonst nichts. Reiten eben mit, brauchten ebenso gut nicht dabei sein." —

Bald darauf kam ein Adjutant des Kronprinzen von Sachsen zu Benedek: „Kgl. Hoheit beantragen Ausdehnung bis zu den Osthöhen bei Problus. Die bisherige Aufstellung eignet sich kaum zur Plazierung eines ganzen Korps; innere Wirksamkeit zu beschränkt." Benedek schrieb ein „Bewilligt" an den Rand der schriftlichen Meldung und nickte beistimmend: „Ich vertraue durchaus dem militärischen Blick Ihres gnädigsten Herrn."

In den Biwaks vorwärts vom Korps Gablenz, das neben den Sachsen die Hochfläche bei Langenhof krönte, stand schon Alles unter Waffen. Denn diesem Korps diente ein Tagesbefehl des Korpskommandos zur weiteren Kenntnisnahme, „expediert 7¼ Uhr", daß „unmittelbar nach Abessen der Mannschaft" Gefechtsstellung bezogen werde. Die Kürassierdivision Coudenhove trabte inzwischen im glänzenden Schmuck ihrer Reiterschönheit aus ihrem Bistritz-Biwak bei Dohalic, wo sie vorne am Feinde lag, auf Befehl nach Sweti zurück hinter das Zentrum, wo bereits die andern Kürassierdivisionen Holstein und Zaidseck lagerten. Von Nedelist rückten Infanteriekolonnen nach Osten ab, um sich hinter den Sachsen als Rückhalt gewärtig zu halten: das VIII. Korps, das geschlagene von Skalitz.

Kaum hatte sich Benedek, dessen Schlachtdisposition alle übrigen Korps befolgten, nach Lipa entfernt, von wo seine gezogenen Geschütze bereits nachdrücklich und mit anscheinender Wirkung das Bistritzgelände bewarfen, als eine durchgreifende Änderung am rechten Flügel eintrat. Dem vierten Korps, zwischen den Schanzen vorrückend, sperrten westlich und nordwestlich Höhen den Fernblick. Der Befehlshaber, Graf Festetics, eine militärische Null, nur durch höfischen Einfluß als großer Feudalherr zu so verantwortlicher Höhe gelangt, lauschte beifällig auf die Erörterung seines Stabschefs Oberst Görz, zu dessen Korpsführung der gute Graf nur den Namen hergab: „Es muß ein Irrtum des hohen Oberkommandos obwalten. Unmöglich können wir zwischen Chlum und Nedelist aufmarschieren. Hören Excellenz doch nur, wie ernstlich da drüben in Gegend von Benatek der Feind sich engagiert! Wirft er unsere Truppen aus dem Swiepwald, so fallen auch die Höhen von Maslowed, hier dicht vor uns, und die sind hier der wahre Schlüssel der Stellung."

„Schlüssel der Stellung — sehr richtig — auffallend!" schnarrte Graf Festetics. Sein Adlatus, F. M. L. Mollinary, gab gleichfalls lebhafte Zustimmung zu erkennen; bisher nur Pionierchef, aber ehrgeizig und thatlustig.

„Nedelist liegt in der Tiefe. Erst bei Maslowed können wir sowohl nach Ost wie nach West Front machen. Damit handeln wir nur im Geiste der Disposition, wenn auch nicht dem Wortlaut nach. Die Schlacht soll anfangs hinhaltend geführt werden in taktischer Defensive, und richtige Stellung dafür findet sich nur weiter vorwärts."

„Das sieht ein Kind," bekräftige Festetics mit Eifer. Als tapferen Edelmann berührte jedes Vorwärts sein hochentwickeltes Selbstgefühl sympatisch.

„Die Höhenlinie Maslowed-Racic entspricht viel besser den Intentionen des Oberkommandos, als die rückwärtige schwächere Chlum-Sendrasic. Ich empfehle Ew. Excellenz daher, sich sofort auf die Höhen von Maslowed zu stellen, und auch den F. M. L.

Grafen Thun zum Vorgehen zu unserer Rechten aufzufordern, wo die Höhen südlich Horenowes, die bekannte Lindenhöhe besonders, eine vorzügliche Anlehnung bieten."

„Das wird zweckmäßig sein. Ob aber Graf Thun nicht besondere detaillierte Bestimmung erhielt —"

„Keineswegs. Die Disposition sagt nichts weiter, als: ‚Das II. Korps hat auf dem äußersten rechten Flügel neben dem IV. aufzumarschieren'. Daraus ergiebt sich alles Weitere von selbst."

„Gut, mein teurer Görz! expedieren Sie das! Ich finde dies alles sehr gut. Setzen Sie sich mit Oberst Döpfner in Verbindung!"

Der geistreiche Görz warf leicht die Lippen auf. Döpfner, Thun's Stabschef, war bloß ein Mann der alten Schule, leicht beeinflußbar, wie auch sein Kommandierender, dessen Bravheit und praktische Dienstroutine eigenes Denken nicht zum Erforderlichen zählte. Die würden schon Viere gerade sein lassen! Und so begann schon frühe das IV. Korps, sich mitten in den Feind zu werfen, gen Südwesten, wo bald den Nebel der Pulverrauch verdichtete und den Forst und das überragende Plateau umhüllte.

. . „Ew. Kaiserliche Hoheit haben sich heut selbst übertroffen," belobigte Benedek den hohen Generalinspektor der Artillerie, Erzherzog Wilhelm, auch als Feldkommandant bei Solferino so tüchtig. Der ernste bescheidene Prinz lehnte verbindlich ab: „Wir müssen hier alle unsere Schuldigkeit thun." Seit zwei Tagen besichtigte er unaufhörlich alle Punkte der Königgrätzer Hochfläche, die eine stockwerkartige Aufstellung der Geschützmassen ermöglichten, und es war ihm gelungen. „In solch formidabler Position können wir getrost das Schicksal des Tages abwarten, obschon —" Er verstummte und seufzte leicht, von trüber Ahnung gequält. „Wenn nur der Kronprinz uns keinen Strich durch die Rechnung macht!"

„Der steht ja noch drei Meilen fern bei Königinhof," tröstete General Krismanic, „wir haben genauen Bericht darüber vom Oberleutnant Ditfurth der Division Coudenhove. Auch ward Prinz Thurn-Taxis beauftragt, uns die nötige Gewißheit zu verschaffen."

Niemand antwortete. Krismanic, der unselige Doctrinär, auf dessen professorale Kathederstrategie Benedek bisher felsenfest baute, kannte noch nicht mal seine Abberufung. General Baumgarten, bisher Adlatus Erzherzog Ernsts, erfuhr erst soeben seine neue Bestimmung und studierte im Reiten auf der Karte die gestern ausgearbeitete Schlachtdisposition: eigenartiges In-Dienst-Treten des Stabschefs einer Hauptarmee! Als Benedek die Höhe von Lipa entlang zog, begrüßten ihn lauter Heilruf, Gesang und kriegerische Feldmusik des Korps Ramming, an dem er vorüberritt, und der Brigade Ringelsheim vom Korps Clam-Gallas. (Auch Clam hatte der Kaiser gestern abberufen, ein Opfer, das man der öffentlichen Meinung brachte, und nicht einmal ein ganz gerechtes.) Von seinem Luginsland überschaute Benedek andachtsvoll die Stätte, wo das

große Totenopfer gebracht werden sollte. „Wie Gott will," murmelten unwillkürlich seine fest zusammengepreßten Lippen.

Krismanic, wie vom Donner gerührt, als Baumgarten sich ihm als Nachfolger vorstellte und um Aufschlüsse bat, entfernte sich mürrisch und still abseits. Die verworrenen Zustände im Hauptquartier währten also bis in die Schlacht hinein fort. Henikstein, der nie arbeiten und nur kritisieren wollte, gab einige schnodderige Scherze zum Besten, die Benedek aus schwermütiger kurzer Träumerei rissen. „Was nützt das Kopfhängen! Erzählt euch lustige Stückl, so lang's noch Zeit ist!" bekräftigte er gutgelaunt. „Wer weiß, wann wir uns wiedersehen!" Keine Muskel zuckte in seinem Gesicht, als preußische Granaten ihn an der Batterie Groeben umsausten: es versteinerte gleichsam im altgewohnten Schlachtengrauen.

Der Unterchef der Operationskanzlei, Oberst Neuber, und Baron Pidoll waren zum rechten Flügel geritten, desgleichen Baumgarten, um dort zum Rechten zu sehen. Denn das Schießen nahm zu. Wo immer aber Benedeks stattliches Gefolge — an dreihundert Köpfe, Stabswache inbegriffen — sich unter den Schlachtreihen zeigte, empfing ihn die gleiche jubelnde Feststimmung der Truppen. Obschon hier und da schon Blutstropfen das Gras röteten, prunkte das Ganze noch wie eine programmmäßig verlaufende Parade. Weiße Uniform und blaue Hosen der Infanterie, graue Jägerjoppen, braune Überröcke der Offiziere neben grauen der Mannschaften, Tschakos und Hüte mit der Auerhahnfeder, gelbumränderte Husarentschakos, rotgeränderte Ulanentschapkas, Helme mit dem breiten Kamm über den Weißmänteln der Kürassiere, rotgrüne Ulankas und braune Artillerietrachten, dazwischen die grünen Federbüsche und Goldschärpen der Generale — das alles floß zu farbigem Bild zusammen.

Und drüben die schlichtstrenge Eintönigkeit der preußischen Waffenröcke! So mochten die einförmig eisernen Legionen des alten Rom sich dem bunten Prunk Asiens und Halbasiens gegenübergestellt haben. Selbst die kriegsstolze Behelmung der Pickelhaube, deren blinkende Spitzen sonst einen ernst kriegerischen Eindruck machten, sah man heut wenig. Die meisten Truppenkörper legten die Feldmütze an: so opfert der praktische Norddeutsche grundsätzlich jede theatralische Äußerlichkeit dem Zweckmäßigen. Auch das ernste gehaltene Wesen der Sachsen — deren grünröckige Jäger übrigens den preußischen zum Verwechseln ähnlich sahen —, trübe ihrer verlorenen Heimat gedenkend, stand zu den flotten Kaiserlichen in auffälligem Gegensatz. Beide Arten gleich kriegerisch, doch wie verschieden im Grundzug!

— — — — — — — — — — — — — —

Das preußische Kavalleriekorps — Divisionen Alvensleben und Hann — sah man im Trabe zur Bistritz vorgehen und langsam Front zum Flusse aufmarschieren. Regenfeuchte Ulanenfähnlein

flaggten an die Lanzen. Durchnäßte Husarenkolpaks schüttelte leis der Wind. Auf den durchweichten Wegen arbeiteten sich Divisionen Herwarth und Horn gegen den Fluß vor. Die Reserveartillerie folgte mühsam. Die 4. und 6. Ulanen preschten vorne an bis Sadowa vor, erhielten aber sofort Flintenfeuer aus Dorf und Ziegelei. Von Dohalicka her brüllten durch den dicht flockenden Nebel zahlreiche Geschütze, man zählte vier Batterien, die eine nach der anderen auftraten. General v. Horn orientierte sich sofort: „Avantgarde in Kompagniekolonnen avancieren! Die Batterie Kipping durch Batterien Anton und Schlotheim verstärken!" Es schien anfangs, als ob vorgeschobene kaiserliche Batterien bergan retirierten, doch die Hauptmasse stand fest und donnerte bergab. —

Der kleine korpulente General v. Fransecky hielt schon im Frühmorgen bei noch tiefer Dunkelheit bei Cerekwic und instruierte seinen Ordonanzoffizier von den Landwehr-Husaren, Lieutenant Graf

Hohenthal: „Reiten Sie, so schnell Sie können, in Richtung der II. Armee. Welche Abteilung Sie auch treffen, berichten Sie genau über die Stellung unserer Division. Ich marschiere vermutlich auf Benatek.“ Später entsendete er Lieutenant v. Kleist zum Oberkommando: „Ich lasse um genauere Befehle bitten.“ Es war halbacht Uhr geworden, vom Oberkommando die Weisung zurückgekommen: „Division soll je nach Verhältnissen in Gefecht der 8. Division eingreifen, die auf Sadowa vorrückt,“ von der Kronprinzen-Armee die Meldung Hohenthals, daß die Vorposten der ersten Gardedivision noch nicht mal Marschordre empfangen hätten! Diesen Lieutenant hatte der rührige Fransecky alsbald wieder abgeschickt: „Ich lasse dringend auffordern, den Vormarsch anzutreten. Meine linke Flanke ist ungedeckt.“ —

Die Schlacht schien in vollem Ausbruch, die gezogenen Geschütze befanden sich im Wechselkampf, das Gefecht brannte langsam fort, das Tirailleurfeuer erscholl sowohl bei Sadowa, als bei Benatek, gegen letzteren Ort zogen F 27 und F 67 unter Oberst v. Zychlinski heran . . .

„Die Preußen! Sie kommen! Sie sind schon da!“ Die Feldwachen vom II. Bataillon Regiments Großfürst Michael, die im Walde vor Masloweb standen, stäubten auseinander. Beim Kommando vierten Armeekorps Festetics gab es Unzufriedenheit. „Das ist ja 'ne sakrische Frozelei. Da marschiert das VIII. Korps nach links hinüber und wir müssen unsere Vorposten weiter rechts verlängern. Die Brigade Brandenstein kann doch nicht alles allein besorgen.“ Bei der Konfusion des morgendlichen Abmarsches blieben aber zwei Bataillone achten Korps wenigstens bei Horenowes zurück. Mittlerweile kam Leben in die österreichische Dorf-, Wald- und Höhenlinie angesichts der Entwickelung preußischer Schützenschwärme. Brigade Prohaska des dritten Korps Erzherzog Ernst setzte sich bei Sadowa in Bereitschaft. Brigade Appiano, die ihre Batterie an Prohaska abgab, schloß sich mit einem Bataillon Erzherzog Heinrich-Regiments in Cistowes und 4. Jägern an die Brigade Brandenstein bei Masloweb an, die sich mit I. Großfürst Michael und 27. Jäger jetzt bis Horenowes ausstreckte. Das zweite Korps Thun auf der äußersten Rechten an der Elbe hatte sein Biwak anfangs bis hinter die sumpfige Trotina zurückgenommen. Doch blieben die leichte Reiterdivision Thurn- und Taxis und Regiment Jellacic der Brigade Thom am bewaldeten rechten Thalufer zurück, dessen nasser Grund und dessen Straßendefilé an der Trotinamühle eine gute Anlehnung bot. Das Gelände der Linie Masloweb-Racic-Horenowes schien taktisch für Defensive recht günstig.

Dorthin schloß sich Thun allmählich an. Dem Gewehrknattern, das immer schärfer ertönte, mischte sich das dumpfe Rollen der Geschütze. Während achtzehn Geschütze der Division Horn vom Roskosberge aus die Batterie der Brigade Brandenstein auf der Höhe von Masloweb in der Flanke faßten, indeß sie umsonst im Verein mit zwölf Geschützen der Division Herwarth das feindliche Artilleriefeuer von Sadowa her zu dämpfen suchten, schossen zwölf Vierpfünder Fransechys schon auf viertausend Schritt in die rechte Flanke von Benatek. Infolgedessen räumten Rgt. Großfürst Michael und die Brigadebatterie das ganze Gelände ums lichterloh brennende Benatek. Aus dem Wald von Masloweb aber richtete sich ein immer heftigeres Feuer gegen die Füsiliere Fransechys, die sich im Kornfeld gegenüber aufstellten.

Brigadegeneral v. Gordon hatte soeben vom 10. Husarenregiment Meldung erhalten: „Nach unserer Beobachtung soeben wieder vier Bataillone im Wald von Masloweb eingerückt.“ Aber der General besann sich keinen Augenblick, das anscheinend so stark besetzte Waldstück anzugreifen. „Frische Fische, gute Fische! Für unsere rechte Flanke nichts zu fürchten, weil Kavalleriebrigade Bismarck zwischen uns und Horn eingerückt. Man darf den überraschten Feind nicht zu Atem kommen lassen.“ Er sah auf die Uhr. „8 Uhr dreißig Minuten. Mit Gott vorwärts!“ Das ganze Regiment 27 und F 67 drangen alsbald gegen den dichten Wald vor, der sich in beträchtlicher Tiefe und noch breiterer Länge mit steilen Böschungen und Schluchtfurchen über einem Höhenrücken hinzieht, der zur Bistritz etwas ebener abfällt. In diesem düstern Forst regte sich jetzt starke Bewegung, es wimmelte darin wie von tausend aufgestörten Ameisenhaufen.

Die Brigade Brandenstein schickte sich zu nachdrücklicher Verteidigung an, sieben Bataillone, Magyaren und Italiener. Im Hochwald barg sich nördlich Rgt. Erzherzog Wilhelm, die übrigen Teile füllten die Eichenholzschonungen am Weg Cistowes-Benatek, woselbst aufgeschichtetes Klafterholz natürliche Verhaue gewährte, sowie eine Parzelle, die wie eine Bastion nach Horenowes vorsprang.

Als eine zwölfpfündige und eine sechspfündige Batterie der Division Fransecky auf der Höhe von Benatek einfuhren, glitten sie sofort wieder in den Wiesengrund zurück. Denn von Horenowes schwärmten dichte Schützenmassen in ihre linke Flanke, ein Zwölfpfünder ward demontiert. Der Kommandeur der Divisionsartillerie, Oberst Weigelt, führte dagegen seine Vierpfünder östlich des brennenden Benatek vor und beschoß den Wald, sowie ein massives Gehöft vor Masloweb. Auch dauerte der Kampf um die Waldlisière nur kurze Zeit, der Feind warf sich ins Innere und nach Cistowes zurück. Die nachdringenden Preußen aber empfing ein äußerst empfindliches Feuer von vierzig Geschützen, wobei auch eine Raketenbatterie sich unheimlich anmeldete. Die tapferen Magdeburger 27er erlitten am rechten Flügel beträchtliche Verluste. Die bewaldeten Böschungen erwiesen sich als schwer passierbar, der hier nur langsam weichende Feind häufte den Wiederstand, da bereits auch II. Erzherzog Heinrich und 4. Jäger vom III. Korps aus Cistowes eingriffen. Brigade Appiano hatte II. III. Sachsen-Meiningen nach Chlum in rückwärtige Aufstellung gebracht, das I. Bataillon blieb bei Cistowes, wo es Major Noak auch bald ins Gefecht führte.

„Die Racker haben offenbar Distanzen markiert!“ fluchten die preußischen Kanoniere im Wiesengrund, da man mit der Treffsicherheit der feindlichen Artillerie nicht wetteifern konnte. „Was soll man machen! Die trübe Witterung und 3500 Schritt Ferne!“ Nur das Aufblitzen der feindlichen Schüsse durch den Dunst gab unsichere Zielpunkte.

Trotz der geringen Unterstützung ihrer ohnehin viel schwächeren Artillerie überwanden die tapferen Magdeburger jedoch alle Hindernisse und gelangten fast durchweg bis zum jenseitigen Waldrand mitten durch Wald und Feind hindurch. Die Mannschaften folgten freilich hierbei auch dem Instinkt der Selbsterhaltung, denn ihr Vorwärtsdrängen wollte sich dem entsetzlichen Granathagel entziehen, der ihren Aufenthalt im Walde unerträglich machte. Überall flogen abgerissene Äste, stürzende

Stämme umher, deren Holzsplitter gefährliche Wunden brachten. „Tambour, schlag' an!" Oberst v. Zychlinski leitete im Walddickicht seine aufgelösten Scharen.

Tambour battant ward der Gegner überrannt, die Kompagniekolonnen von I 27 traten sofort ins Freie und schwärmten gegen Cistowes aus. An der Waldspitze sank jedoch der Bataillonskommandeur v. Sommerfeld tot zu Boden. II 27 schloß sich dort an, mußte jedoch den Kampf auch gegen feindliche Abteilungen fortsetzen, die im Walde verblieben. Dieser erwies sich zu ausgedehnt, mit seinen hindurchziehenden Schluchten und Bodenanschwellungen, hochgelegen, als daß man ihn in seinem vollem Umfang säubern oder den ganzen jenseitigen Saum besetzen konnte. Dagegen der glutatmige Pulverdampf beschränkte doppelt den Raum in der Nähe, so daß oft Freund und Freund sich anschossen. So währte das Gefecht noch heftig im Innern fort, obschon auch der linke Flügel, F 27 und F 67, das nördlich vorspringende Waldstück eroberte.

„Steht fest, Jäger! Zeigt, daß ihr alte Waidleut' seid!" Aber so mannhaft die Jäger der Brigade Brandenstein sich wehrten, so geschickt sie ihre Büchse handhabten wie einst ihre Altvordern den Stutzen zur napoleonischen Zeit in Tirol und Steiermark, mußten sie den Norddeutschen weichen. „Mit dem Bajonett! Vivat hoch!" Mit Bravour ging das Gros des Generals v. Brandenstein drauf, auch seine sonst wenig zuverlässigen Italiener, aber dem Kommando des Oberstlieutenant v. Butlar: „Salven! Schnellfeuer!" folgte eine Entladung der Zündnadelgewehre, vor der alle österreichischen Stürmer ins Freie flüchteten.

Vom steilen Hang nach Horenowes zu unterhielten sie jedoch ein so lebhaftes Feuer, daß Fransecky I und F 66 vorbefahl, um der Belästigung ein Ende zu machen. Dem umfassenden Angriff dieser vier Bataillone linken Divisionsflügels erlag Brigade Brandenstein vollständig, die Eichenschonung ward erobert und frisch eintreffende Bataillone, als Festetics zornig das Herausstieben der Trümmer aus dem Walde wahrnahm, erneuerten umsonst den Angriff. Der Wald ward nun allerorts durchschritten, abgesucht und nach Möglichkeit gesäubert. F 27 warf unter Trommelschlag auch noch die 13. Kärtner Jäger der Brigade Fleischhacker, die sich in den Wald warfen, während seine sechs Banater Infanteriebataillone nach Cistowes defilierten. „So recht! Gebts den Kerlen!" Oberst Fleischhacker, ein anmaßender barscher Leuteschinder, der seine Schnitzer mit Grobheiten zu vertuschen pflegte, ließ seine Batterie bei Maslowed auffahren, ermunterte das bei Cistowes verdrängte Regiment Erzherzog Heinrich und I. Sachsen-Meiningen zu neuem Vorgehen und drang übermächtig, natürlich in unlenksamen Divisionskolonnen, in die linke Flanke von I und II 27 ein. Diese Tapfern hatten ein verlustreiches Schützengefecht bestanden, des sich am Waldrand hinzog, zum Teil hinter Erdwällen gegenüber Cistowes eingenistet. „Schadt' nischt! Ein frisches her!" bestieg Zychlinski sofort ein zweites Pferd, als ihm das erste erschossen, und begann Sturm auf das Dorf, das im ersten Anlauf genommen wurde. Die Kaiserlichen 4. Jäger wurden teilweise zersprengt und F 27 drang nun auch aus dem Walde ins Freie. Allein II 27, das schon zwei Kompagnieführer verlor, sah sich jetzt von Brigade Fleischhacker fast schon im Rücken gepackt, teilweise südöstlich nach dem Wald von Sadowa geworfen und versprengt, wobei Kompagnie v. Kretschmar sämtliche Offiziere und Offizierdienstthuende verlor und zwei andere Schützenzüge abgeschnitten in Gefangenschaft gerieten. Auch 1. Kompagnie Graf Falkenstein, deren Chef den Heldentod fand, ward in den Wald versprengt, so daß nur drei Kompagnien I. und eine II. Bataillons westlich von Cistowes aus dort besetzten Gehöften den Feuerkampf gegen die fast zehnfache Übermacht fortsetzten. Der Hauptteil der Brigade Fleischhacker stürzte sich jetzt in den Wald, während gleichzeitig auch Brigade Poekh das Kampffeld betrat und außerdem noch ein frisches Armeekorps von Feldmarschallieutenant Graf Thun herangeführt wurde. Diesen erdrückenden Massen hatte General Fransecky nur noch die frische Hälfte seiner Division entgegenzusetzen.

— — — — — — — — — — — — — — — — — — — —

Mittlerweile hatten Divisionen Horn und Herwarth ihr Vorrücken gegen das österreichische Zentrum forgesetzt. Die vorgeschobenen Stellungen des dritten und zehnten Korps bei Sadowa und Dohalicka luden zum Angriff ein. Sie fielen nach kurzer Gegenwehr. Die vorgeschobenen Batterien der Brigaden Prohaska und Appiano mußten vor vier preußischen das Feld räumen und nach neun Uhr übte Franseckys Druck auf Cistowes hier auch seinen Einfluß. Ohne die anschwellende Lipakanonade zu beachten, feuerten preußische Geschütze in die Dörfer der Thalsohle hinein. Der kühne Brigadegeneral v. Bose drang auf zwei Laufbrücken über die Bistritz.

An den Korpskommandanten Erzherzog Ernst sprengte ein Brigadeadjutant heran: „Melde gehorsamst, daß Oberst Prohaska sich nicht länger gegen übermäßiges Artilleriefeuer halten kann. Wir werden stark gedrängt." An Stelle des Erzherzogs versetzte trocken der in Wahrheit das Korps leitende Stabschef Oberst Catty: „Sagen Sie Ihrem Chef, daß er auf keine Verstärkung rechnen darf, was der allgemeinen Disposition widerstreiten würde. Bei absoluter Notwendigkeit kann er Rückzug antreten, soll jedoch vorher den F. M. L. Gablenz verständigen. Ich schiebe Brigade Kirchsberg südlich der Chaussee in erste Linie vor. Unser Gros steht, wie Sie sehen, schon entwickelt längs der Höhe von Lipa."

Fast damit zusammenfallend ritt ein höherer Offizier in Stabsuniform auf den Fürsten zu, sich mit militärischem Salutieren vorstellend: „Oberst v. Pidoll. Da ich Herrn Feldzeugmeister, meinen hohen Chef, vorwärts Chlum umsonst suchte, wende mich an Ew. Hoheit." Und nun folgte eine Meldung, die den Erzherzog erregt auffahren ließ: „Folgen Sie mir zu Batteriestand VI, wo er erwartet wird. Das duldet keinen Aufschub!" — —

General v. Bose beobachtete durchs Fernglas: „Sie ziehen ja schon ab! Also rechts schwenken! Richtung auf Wald von Sadowa!"

Wie tückische Gespenster huschten die grauen Kaiserjäger durch den Holawald und heimsten guten Ertrag ihrer Büchsen ein. Doch einem Bose bot man so etwas nicht ungestraft. Seine Brigade durchschritt, wie vorgeschrieben, das dichtverschlungene Unterholz der Waldung. Eindringen von der Vorderseite erschwerten eigentümliche Verknotungen von Baumstumpfen, die man zugehauen und mit abgeschnittenen Zweigen verschlungen hatte wie ein Gitternetz von Holz. Erst als man die hochstämmigen Fichten und Buchen längs der Chaussee erreichte, die schwache Besatzung des Holawaldes von Baum zu Baum vor sich hertreibend, erhielt man einen empfindlichen Hagel von Granaten auf die abgesteckten Marken der Walddurchschläge. „Da haben wir die Bescherung!" Am jenseitigen Waldsaum angelangt, alle Verflechtungen durchbrechend, erblickte man eine endlose Geschützkette, die sich etagenförmig auf einem langen Höhenrücken entlangschlängelte, die kahle blanke Senke von Lipa nach Sadowa südwärts und nach Stresetic ostwärts wie ein Glacis gleichmäßig unter Feuer haltend. „Von weiterem Avancieren vorerst abstehen!" erging das Verbot, als mehrere brave Kompagnien in ihrem ungezähmten Kampfeifer sofort aus dem Walde vorbrechen wollten. Sobald Prohaskas Nachhut den Wald verließ, fegte ein wahrer Feuerregen von Lipa her durch ihn hin.

„Jaja, sehen Sie nur zu, was es bei Cistowes giebt! Die Unsern scheinen da in der Klemme!“ genehmigte Bose einen Antrag des Oberstlieutenant Bothmer der 71 er, von der Chaussee aus den Versprengten des rechten Flügels der Brigade Gordon zu Hilfe zu kommen.

Bothmers Vorbrechen scheiterte aber sofort an zermalmender Kanonade von Lipa her, die gleichzeitig den Wald von Sadowa zu einer Hölle machte. Division Horn sah sich daher völlig in Defensive festgebannt, das feindliche Feuer schwoll immer heftiger an. Das spürten auch die gezogenen Batterien der Division Herwarth weiter rechts, welche so ansehnliche Verluste erlitten, daß einem Geschütze alle Bemannung bis auf Zwei weggeschossen wurde. Auch die Zwölfpfünder der Division Werder, die um halb neun Uhr im Trabe vorgingen, mußten wieder zurück. Allmählich glückte es jedoch der Korpsartillerie des Schmidtschen Armeekorps, die Artilleriestellung des Korps Gablenz zu flankieren. „Ew. K. Hoheit werden ersucht, das zehnte Korps durch einige Batterien zu soutenieren,“ fragte ein Adjutant Gablenz’ beim nebenstehenden dritten Korps an. „Bedaure. In Hinblick auf Armee-Disposition. Die Bistritzniederung soll nicht ernstlich behauptet werden,“ beschied Erzherzog Ernst — lies: Oberst Catty — kurzer Hand abschlägig.

Mittlerweile warf ein Bataillon der Division Herwarth das 28. Jägerbataillon aus der Zuckerfabrik am rechten Bistritzufer, wo Gablenz außerdem noch je ein Bataillon der altberühmten Regimenter Kaiser (Troppau) und Erzherzog Karl (Kremsier) postiert hatte. Die Österreicher wichen in die Aufnahmestellung der Brigade Knebel bei Dohalic zurück. Mit dem Trümmerrest der bei Soor zersprengten Brigade Grivicic (Regimenter Airoldi und Alexander und 16. Jäger, Banater und Rumänen, die Jäger aus Troppau) Dohalicka, mit Brigade Wimpfen das Dorf Mokrowous, weiter links zur sächsischen Stellung, und mit der Polnisch-Ruthenischen Brigade Mondl als Reserve das Chlumer Plateau besetzt haltend, zog Gablenz seine zu weit vorspringende und jetzt bei Sadowa schon in rechter Flanke entblößte Schlachtreihe enger zusammen. Seine Nachhut lieferte in Dohalic und Dohalicka, gegen welch letzteren Ort schon Division Werder sich wandte, noch einige Gefechte; allmählich sammelte sich jedoch Gablenz bei Langenhof-Stresetic und seine staffelweise abfahrende Artillerie wich aus ihren vordersten Aufstellungen erst, nachdem sie wiederholt ein flankierendes Vorpreschen preußischer reitender Batterien blutig bestrafte.

„Druff, Pommersche Jungens! Denen hauen wir noch die Hucke voll!“ Ein Bataillon 54er stürzte sich ohne Stutzen in die tiefeingeschnittene Bistritz vor Mokrowous und überraschte noch die Nachhut

der Italienisch-Ruthenischen Brigade Wimpfen (Rgt. Stefan und Bamberg), die in übereilter Flucht Gefangene, Waffen und Gepäck hinter sich ließ. Als aber die Spitze der Division Werder nun auch noch die Pappelallee nach Langenhof hinaufmarschieren wollte, scheuchte das überwältigende Geschützfeuer sie sofort zurück. Die Geländefalten des Flußthalrands, einzelne Gebäude wie das Schulhaus von Dohalicka gewährten mäßigen Schutz gegen die verheerende Beschießung, die auch die Waldblößen südlich Johanneshof erreichte. — „Fertig!“ Am Lipawäldchen schanzten Pioniere der Brigade Mondl immer noch, jetzt endlich stand der Batterieeinschnitt vollendet. Es war zehn Uhr . . .

„Das Kavalleriekorps soll nun die Bistritz überschreiten und bei Sadowa Stellung nehmen,“ befahl Prinz Friedrich Karl dem Beauftragten des Prinzen Albrecht. Dieser entschuldigte jedoch verlegen: „Sr. Kgl. Hoheit sind von Excellenz v. Herwarth um Unterstützung der Elbarmee angegangen worden und haben daher Division Alvensleben dorthin detachiert.“

„Das muß ein Irrtum sein!“ fuhr der prinzliche Armeeführer zornig auf. So war es auch. Prinz Albrecht selbst hatte nicht die Hand dazu bieten wollen, aber ein Oberst v. Doering im Namen des Königs den irrigen Befehl in unbestimmter Fassung überbracht. „Also dazu haben wir diese große Kavalleriemasse auf dem gesamten Marsch vereint gehalten, damit sie bei der Entscheidung auseinanderfällt. — Nun, jedenfalls Division Hann v. Weyhern nach Sadowa.“ Der Prinz sandte nun noch Adjutanten an die Divisionen des Zentrums, sich keinenfalls zu weit jenseits der Bistritz zu engagieren. „General Schwartz sammelt Armee-Reserveartillerie auf den Roskosberg, General v. Manstein bleibt mit seinen beiden Divisionen dort in der Nähe von Sowetic.“ Von Division Fransecky kamen ungünstige Meldungen über ungeheure Übermacht des Feindes in allgemeiner Offensive. „Ich habe doch General v. Stülpnagel schon vor Stunden hingesandt: die 7. Division soll sich nicht zu weit links ausdehnen. Übrigens, wie dem auch sei: je mehr Kräfte sie auf sich abzieht, desto besser! Sie erleichtert der II. Armee den Flankenstoß, — wenn sie rechtzeitig kommt!“ Der Prinz befand sich in keineswegs heiterer Stimmung, sein Ausdruck war sorgenvoll. „Wieviel Uhr?“ „Elf vorüber, Kgl. Hoheit.“ „Und um 12 sollte der Kronprinz schon da sein!“ Und ununterbrochen durchschütterte die furchtbare Kanonade den Holawald, dessen Saum flink umherschleichende Jäger aufs Korn nahmen.

— — — — — — — — — — — — — — — — — —

„Na, Kinder, ich dank' euch! Da wären wir ja noch mit einem blauen Auge davongekommen!“ Der kleine Generalleutenant v. Fransecky war mit seinem Adjutanten, um sich an Ort und Stelle aufzuklären, bis zu der Schlucht am nordöstlichen Waldvorsprung vorgeritten, als eine jähe Salve die Pferde beider Herren niederstreckte. Und als sie trotzdem die Schlucht zu Fuß durcheilten bis in vorderste Linie der Kämpfenden, tauchten allenthalben die Hüte im Getreide versteckter Jäger auf. Nur eine Handvoll Versprengter, die auf lauten Zuruf ihres Generals sich um ihn sammelten, rettete ihn vor dem Gefangenwerden.

„Das ist der Tod!“ Oberst Görz, der Stabschef, Seele der ganzen Offensive, sank sterbend zu Boden. Doch von allen Seiten stürzten sich frische Bajonettspitzen funkelnd ins Waldesdunkel. Der Kampf tobte mit verdoppelter Heftigkeit weiter . . . „Sagen Sie dem Grafen Festetics, daß ich seinem Ansuchen voll entsprechen werde. Brigade Württemberg soll sofort über Fasanerie von Horenowes, Brigade Saffran auf Maslowed vorgehen! Brigade Thom folgt auf Horenowes!“ erteilte F. M. L. Graf Thun dem Adjutanten des vierten Korps, der um Unterstützung bat, ermunternden Bescheid. Letzterer fügte jedoch die unliebsame Kunde hinzu: „Excellenz

Graf Festetics sind soeben schwer blessiert worden. Durch Granate linker Fuß zerschmettert, Spitze abgerissen." „Bedaure lebhaft. Wer übernahm das Korpskommando?" „F. M. L. Mollinary führt das Korps." „Also gut, ich komme. 20. Jägerbataillon von Brigade Württemberg soll sogleich Brigade Brandenstein von Horenowes her soutenieren. Die Kavalleriebatterien und die Raketenbatterie der Korpsreserve fahren vor der Front der Brigade Württemberg ein. Fünfte vierpfündige begleitet Brigade Thom."

Brigade Württemberg, in zwei Treffen aufmarschiert, mit Rgt. Hartung Maslowed selbst besetzend, stieß auf frische preußische Bataillone der Brigade Schwarzhoff. Das Altmärkische Regiment Nr. 26 (Prinz Louis Ferdinand, tapfer genug bei Auerstädt und Lübeck) und II 66 avancierten mit gewohnter Bravour, obschon die Gefechtsverhältnisse sich äußerst schwierig gestalteten. Die k. k. 20. Jäger sahen sich zwar ins allgemeine Zurückfluten der Brigade Brandenstein mit fortgerissen. „Der General fällt!" General Brandenstein, von zwei Gewehrschüssen durchbohrt, ward sterbend rückwärts getragen. Doch entbrannte am linken Flügel, wo jetzt das ganze Regiment 66 vereinigt focht, ein überaus heftiges Feuergefecht, wobei der Hinterlader sich auch dem vorzüglichen Schießen der steierischen Jäger überlegen erwies. Doch konnte dies eigene preußische Verluste nicht hindern, da aus Richtung von Horenowes links und aus der Waldung rechts rückwärts ein bitteres Geschütz- und Gewehrfeuer jedes Vorbrechen auf Maslowed hinderte. Der nördliche Waldsaum war nämlich teilweise wieder von Teilen der Brigade Fleischhacker in Besitz genommen, so daß F 26 nicht bis zu den 27ern vor Cistowes sich durchrang. I 26 geriet in opfervolles Nahgefecht, als es den Höhenkamm im Walde nach dem südöstlichen Rande hinabstieg, gegen dichte feindliche Massen. Das als Rückhalt verbliebene Halbbataillon mußte, in linker Flanke beschossen, ins Innere des Waldes weichen, das andere vorn führte jedoch das erbitterte Ringen unbeugsam weiter.

„Immer drauf, Leute, laßt nicht nach!" Der heldenmütige Major v. Gilsa, nachdem er den Feind neuerdings den steilen Abfall des Waldkamms im Norden hinabgetrieben und sich am Saum gegen Maslowed eingenistet hatte, führte von links her anprallenden Teilen der Brigade Württemberg II 66 entgegen. Aus mehreren Wunden blutend, stützte er sich auf einen Hornisten. Mit Hurrah und Trommelschlag ward der Feind geworfen. „Ich dank' euch . . brav gemacht, meine braven 26er! Haltet aus in Gottes Namen!

Ich seh' euch nicht wieder!" brach der tapfere Major sterbend zusammen.

Die ganze entfaltete Linie der nun eingesetzten zehn preußischen Bataillone schoß sich ununterbrochen mit fünfundzwanzig feindlichen herum und ihre vierundzwanzig Geschütze hatten die vierfache Zahl feindlicher gegen sich.

Wo der Feind in die Vollwirkung der Hinterlader trat, ward er reihenweise niedergestreckt; ebenso erging es aber den Preußen, wo sie gegen die Höhen nördlich und östlich des Waldes anrennen wollten. Mit langen scharfen Salven des Schnellfeuers räumte man unter den zusammengedrängten Massen des k. k. Fußvolkes auf, wenn sie zum Waldsaum sich vorwagten. Im Hochwald selber aber ging das Raufen weiter, hinter jedem Baum schien ein Kärnthner oder Tiroler oder Steirer Jäger zu zielen. So mußten auch die zwei letzten nun von Gordon auf eigene Hand herabbefohlenen Reservebataillone I II 67 nach links Schützenzüge auswerfen, um ihren Durchzug auf dem Waldweg Benatek-Cistowes zu decken. Bis in den Rücken der am Waldsaum fechtenden preußischen Vorderlinie reichte das Vordringen der wieder im Wald eingewurzelten österreichischen Abteilungen, deren Übermacht allmählich den Zugang zum diesseitigen westlichen Rande erzwang. Vier Bataillone Appiano, zwei Brandenstein und drei Fleischhacker vermochten jedoch am Südrande die 27er und II 26 nicht zu verdrängen, das Gefecht am rechten Flügel stand. Am linken Flügel ward es drei Bataillonen Württemberg und vier Brandenstein nicht vergönnt, gegen die 66er Fortschritte zu machen. In der Mitte des Waldgeländes fochten die drei Jägerbataillone dieser Brigaden und ein Regiment von Fleischhacker zwar mit anscheinend besserem Erfolg gegen F 67 II F 26, allein Gordons frische Verstärkung gewann die Oberhand. Das Kärnthner Jägerbataillon Fleischhackers und die östlich fechtenden Teile von Brandenstein wurden langsam, aber stetig zurückgedrängt. Jetzt aber traten neue österreichische Massen auf.

„Brigade Poeckh hat sofort in die Gefechtslinie einzurücken, Rest der Korpsartillerie nach Maslowed, Brigade Josef folgt am Weg Chlum-Maslowed im zweiten Treffen," disponierte F. M. L. Mollinary, bisher vor Chlum hinter der Schlachtlinie, jetzt aber selbst bis Maslowed vorsprengend. „Reiten Sie zum Grafen Thun! Ich lasse dringend bitten, eine Offensivbewegung gegen den linken preußischen Flügel auszuführen, um die im Walde eingeklemmten

Truppen möglichst zu degagieren. Der Besitz des Waldes und Zurückgehen des Gegners wäre so herbeizuführen.“ —

„So geht's nicht weiter! Ich lasse den General Horn inständigst um ein Regiment bitten! Sonst geht der Wald verloren!“ hatte sich Gordon an die Nachbardivision gewendet. Es erschien denn auch Horns I 71 (Thüringer), drang über freies Feld weg bis in die Mitte des Waldes, wo es sich alsbald zersplitterte. Der nordöstliche und südliche Teil des Waldes blieb zwar vorerst noch in preußischem Besitz, die ganze Westhälfte aber fiel jetzt unbestritten den Brigaden Poeckh und Württemberg anheim, die bis an den nordwestlichen Waldrand, in der Mitte bis an den Südrand durchstießen. „Ein Bataillon kann nichts helfen, ein Regiment ist notwendig,“ sprengte neuerdings der Brigadeadjutant Gordons an Horn heran. „Ich habe keine Regimenter zu versenden,“ erwiederte dieser trocken, frei nach Schiller. Doch sandte er noch einen Pfeil aus dem Köcher: Das 4. magdeburgische Jägerbataillon durfte in den Wald eintreten. Dies geschah jedoch kompagnie- ja zugweise, vereinzelt nacheinander, während eine Kompagnie draußen blieb und nicht mal bei Cistowes mitwirkte. So bemerkten die Waldkämpfer Fransechys weder, noch fühlten sie diese Unterstützung, die sich gleich in die Waldmitte warf, statt östlich und südlich um den Wald herum den Österreichern in die Flanke zu fallen. Gegen elf Uhr kam ein Adjutant zu Fransecky, ganz außer sich:

„Die Siebenundzwanziger auseinandergesprengt und aufgerieben, General v. Gordon gefallen!“ Der Divisionär, schon ungehalten, daß Gordon seine zwei letzten Reservebataillone ohne vorherige Anfrage vorholte, zuckte gleichgültig und spöttisch die Achseln: „So schlimm wird's wohl nicht sein!“ Er hatte einen besseren Überblick und vermutete ganz richtig, daß man Leute wie die Siebenundzwanziger nicht so ohne Weiteres massakriert. (Auch die Kunde von Gordons Tod irrte.) Denn starke Reste blieben im Südwald im Rücken der vorgedrungenen Österreicher und diese erkannte Fransecky selber in ruiniertem Zustand, wo sie am Waldrand auftauchten. Erst als der Herzog v. Württemberg, dessen körperliche Schwächlichkeit zu seiner tollkühnen Bravour in auffälligem Widerspruch stand, seine Steiermärker Bataillone zu unerschrockenem Sturme aufbot, schrumpfte die vorher auf dreitausend Schritt hingespannte Kette von siebenundvierzig Kompagnien Fransecky's immer enger ein. Doch wich Brigade Brandenstein, deren Ungarregiment Erzherzog Wilhelm heut so Schlimmes erlebte, wie einst bei Palestro, nun mürbe aus der Schlachtreihe, nur ihre Jäger verblieben noch eine Weile bei Horenowes. Auch Fleischhackers durcheinandergemischte Magyaren, Rumänen, Banater Schwaben zernichtete ihre eigene ungeschickte Führung. Nur seine Kärnthner Jäger pürschten sich leichtfüßiger heran, statt wie die andern in albernen Frontalstößen zu verbluten.

Fransecky schüttelte den Kopf. „Dieser Unsinn!" murrte er leise vor sich hin. „Die Österreicher können nicht manövrieren, es bleibt das alte Lied. Würden sie uns vorne nur beschäftigen, aber den Wald von Benatek her im Rücken fassen, so bliebe mir nichts als Kapitulation im Walde oder beim Rückzug zur Bistritz müßt' ich ohne Brücken zu Grunde gehen. Manstein zwischen Dub und Sadowa käme zu spät, mich 'rauszureißen. Aber so läßt sich das Spiel noch halten." Und den General v. Stülpnagel, der im Namen des Königs um Auskunft bat, beruhigte er trocken: „Die 7. Division behauptet das eroberte Waldrevier." Und nachdrücklich fügte er hinzu, auf den Boden stampfend: „Hier stehen wir, hier sterben wir."

— — — — — — — — — — — — — — — — — —

. . Die Gehöfte bei Nechanic brannten bereits. Die mit Granaten überschüttete und in Brand gesteckte Brücke ward jedoch von den Preußen neu zurechtgehämmert, das Feuer gelöscht, die sächsische reitende Batterie vom Kirchhof vertrieben.

Wer ist der hohe Herr, der in Nähe Problus' mit seinem Stabe hält, das ausdrucksvolle Gesicht dem nahenden Feinde beobachtend zugekehrt? Es ist der beste Führer der gegen Preußen im Feld stehenden Streitmächte, es ist der Kronprinz von Sachsen, in ernster, fester Haltung in der Mitte seiner Getreuen. Es wird ihm Vortrag gehalten. „Das 8. Bataillon hat heut früh Nechanic geräumt. 2. Brigade hinter Wald von Popowic zurückgegangen. 3. Brigade hatte 9. Bataillon bis Lubno vorgeschoben, dort vom Feind delogiert. Wie Ew. Kgl. Hoheit zu bemerken geruhen, steht 3. Brigade fest in der Hauptstellung bei Problus. Unsere Kavallerie, die unser 7. Bataillon hinter Nechanic aufnahm, setzt ihren Marsch nach Niederprim fort, wie Ew. Hoheit dort in der Niederung bemerken wollen.“ Geschosse gezogener Geschütze bohrten sich beiderseits in die Stellungen ein, bespickten das wellige Gelände.

„Welche Batterien stehen drüben am östlichen Höhenrücken und vorm Wald im Feuer?“

„Gezogene, Leonhardi, und Granatkanonen, v. d. Pforte. Reitende Batterie Zenker hat man bei Nechanic zum Abfahren genötigt. Batterie Heydenreich hilft dem X. Korps bei Tresowic aus.“

„Gut. Da Lubno vom Feind genommen, lassen Sie die 2. Brigade mit abwechselnden Treffenabständen hinter Problus zurückgehen . . etwa nordwestlich davon in Reservestellung.“

. . . Der alte General Herwarth v. Bittenfeld war persönlich auf dem Lubnoer Berge angekommen, wo die aus Nechanic vorbrechenden Rheinischen 28er die dort verlassenen Geschützstände besetzten.

„Was haben wir hier zur Hand?“

„Nur Füsiliere von 17 und 28.“

„So sollen F 69 und I 40 allsogleich auf die Höhe rücken. Sie muß um jeden Preis gesichert werden.“

„Zu Befehl. Oberstlieutenant v. Conradi passiert soeben die Brücke von Nechanic.“

„Wie hat man sie so rasch wiederhergestellt?“

„Mit ausgehobenen Scheunenthoren. Die 8. Jäger haben aber längs der sumfigen Wiesen die Bistritz durchwatet, um an den Feind zu kommen. Manche mußten sogar schwimmen, der Fluß ist vier Fuß tief.“

„Anstellige Kerle, meine Rheinländer! Also nur weiter! Sieh doch, wie brav die Sachsen sind! Keine Unruhe in unserm Granatfeuer!“ In der That zog die geschlossene Kolonne sächsischer Kavallerie auf Niederprim mit ehrfurchtgebietender Ordnung ab, obschon die rasch auffahrende preußische Batterie Wolff, alle Ungunst des aufgeweichten Bodens überwindend, sie von einer südlichen Höhe aus oberhalb Nechanic mit sichtlicher Wirkung faßte. Umsonst trabten jetzt auch die beiden Husarenregimenter des Grafen v. d. Goltz und die reitenden Batterien Fuchsius und Pilgrim durch die Mulde südlich heran, sie kamen zu spät, der Gegner hatte un=

geschädigt seine Hauptstellung erreicht. „Was giebts denn da drüben noch für'n Geschieße nach rechts hinüber?"

„Nach der Karte, Excellenz, wohl bei Alt-Nechanic. Dort geht II 33 der Avantgarde vor."

„Die scheinen nicht recht vorwärts zu kommen. Brücken natürlich abgebrochen."

„Sehen Ew. Excellenz nur, eben jetzt müssen die Sachsen auch dort auf die Reise. Adieu!" In der That ging ein sächsisches Halbbataillon (11.), das mit Kraft den Gestüthof und den Hradeker Tiergarten verteidigte, zumal den Preußen angeschwollene Gräben Hindernis bereiteten, erst jetzt auf Neu-Prim zurück. Der Divisionsgeneral v. Schoeler sandte hier II 33 auch II 56 (Weselaner) zur Unterstützung nach. „Da debouchiert auch Canstein schon aufs linke Ufer!" Östlich Nechanic rückte auch diese andere Division der Elbarmee über die Bistritz und vor Mittag konnte der Angriff auf Prim und Problus beginnen.

— — — — — — — — — — — — — — — — — —

„So, Sie sichern mir zu, daß die Avantgarde um elf bei Jericek ankommt?" entließ Fransecky den Lieutenant v. Byern von den Gardehusaren, der im Namen des Gardebrigadiers Alvensleben ihm diesen kameradschaftlichen Gruß der Garde überbrachte. „Dann wirds ja gehen."

„General v. Alvensleben brach schon $8^1/_2$ Uhr von Dubrowitz auf, ohne Befehle vom Korpskommando abzuwarten, auf die Kanonade los."

„Meinen tiefgefühlten Dank! Ich baue auf ihn, denn sonst —!"

Der fürchterliche Kampf bei Maslowed hatte noch immer nicht seinen Höhepunkt erreicht. „In Gottesnamen, wenn's denn sein muß, so sei's auch gründlich! Ich lasse um Verstärkung bitten!" entsandte Herzog v. Württemberg seine Ordonanz zu Thun. Dieser, mit verbundenem Kopfe, da auch er eine Kontusion erhielt — ein schöner Beweis, wie hingebend die höheren österreichischen Führer sich aussetzten — erwiderte laut und bestimmt auf die nochmalige Bitte des Nachbarkorps: „Ich gehe darauf ein. Brigade Saffran wird sogleich antreten. Dem Angriff schließt sich Württemberg wieder an. Saffrans Brigadebatterie gleichfalls sofort vorzuziehen." Auf die Anwesenheit der zwei verlassenen Bataillone VIII. Korps bei Horenowes aufmerksam gemacht, lud er diese sofort ein, sich links der Angriffskolonne anzuschließen. „Ferner bestimme ich, daß 30. Jäger der Brigade Josef nach rechts dem Vormarsch folgt.“ Eine Gegenvorstellung des einsichtigen Herzogs v. Württemberg, daß man so die ganze Flanke der Armee entblöße, blieb unbeachtet. „Bah, der Kronprinz!“ machte sein Vorgesetzter. „Wer ist das! Was will der! Der kommt ja nie!“

Mit Eifer ward die Formierung einer gewaltigen Sturmsäule betrieben. 11. Jäger Saffran nahmen die Spitze, neben ihnen das schon arg zugerichtete Jägerbataillon Württembergs, dahinter dessen Rgt. Hartung aus Masloweb und III. Sachsen-Weimar. „Halt! Die 2. Jäger der Brigade Thom haben ja Fasanerie von Horenowes besetzt, auch diese können sich noch angliedern. So werden wir den Herren Preußen schon noch beikommen!“ Indem sich diese imposante Angriffsmasse, im zweiten Treffen Saffrans Regimenter Holstein und Mecklenburg, gegen die Ost- und Nordostseite mit klingendem Spiel, immer gradeaus, als ob man jede Umgehung grundsätzlich verschmähe, in drohende Bewegung setzte, hatte schon zuvor der beherzte Anlauf Poeckhs gegen die Südostspitze des Waldgeländes begonnen. Nicht viel später als der von Fleischhacker, so daß gleichzeitig dreizehn frische Bataillone die Trümmer Brandensteins ablösten. Herzhaftes Eljen! ertönte. Aber obschon I F 26 F 27, welche der Stoß zunächst traf, im Waldinnern selbst mit starken feindlichen Kräften schon verwickelt standen, empfingen sie das 8. Jägerbataillon und Rgt. Erzherzog Karl Ferdinand mit einem so betäubenden Schnellfeuer, daß diese in Verwirrung zurückprallten. Die Pferde aller Regimentskommandeure überschlugen sich getroffen, die Offiziere fielen in Menge. Zwar warf Rgt. Erzherzog Josef, dessen vermischte Rumänier und Magyaren hier wetteiferten, das im zweiten Treffen uneingeschüchtert im Vorrücken blieb, die durcheinandergewürfelten preußischen Kompagnien nach Ost und Süd auseinander. Zwei Bataillonskommandeure, zwei Hauptleute, fünfzehn Offiziere und bei I 26 allein zweihundert Mann waren außer Gefecht gesetzt. Allein am rechten Flügel unserer Kampflinie drangen I II 67 entschieden durch, folgten geworfenen Teilen von Fleischhacker auf dem Fuße über den Wiesenstreifen schon nördlich Cistowes bis an eine Allee von Pflaumenbäumen und schleuderten auch die Linke Poeckhs rückwärts. Empfindlichem Frontal- und Flankenfeuer gesellte sich aber bald vom Walde her noch erschreckendes Rückenfeuer, so daß vier Kompagnien bis an den Waldweg Maslowed-Cistowes zurückgestoßen wurden, die übrigen aber weit vorn am Dorfrand von Cistowes mitten unter feindlichen Massen abgeschnitten schienen.

Das änderte jedoch nichts am Verderben, das über die ihrerseits in Rücken und rechter Flanke zerschossene Brigade Poeckh hereinstürmte.

Oberst v. Bothmer behauptete sich dort fortwährend, ebenso General v. Gordon mit den 27ern westlich vom Dorfe und im Wiesengrund des Uferrains. Alle berittenen Offiziere kommandierten zu Fuß, weil ihre Pferde erschossen, Oberst v. Zychlinski schied verwundet aus dem Gefecht. Aber österreichischerseits entging nur einer von sämtlichen Regiments-, Bataillonsführern und Adjutanten dem Tode. Oberst Poeckh, ein Streber und Chicanierer, unbeliebt genug, aber begabter Anführer, blieb tot auf dem Platze. Es war die Vernichtung. Von der Brigade, die überhaupt furchtbar gelitten hatte, gaben sich tausend gefangen. Ein Rest schlug sich fliehend durch. Nur zwei Bataillone Poeckhs blieben kampffähig, über zweitausend wälzten sich in ihrem Blute.

Wohl hatte Fransechys Artillerie den Kampf im Osten so gut wie gar nicht unterstützen können, im Westen dagegen donnerte sie von der Benateker Höhe den Sturmkolonnen Saffrans entgegen. Deren Vordertreffen wurde gänzlich abgeschlagen, und als die Reservemasse (Gros Saffran) das freie Feld vor dem Gehölz durchschritt, stob sie unter entsetzlichem Schnellfeuer auseinander. Das Regiment Mecklenburg war nicht mehr! Die 2. und 30. Jäger versuchten zwar bei Benatek zu umgehen, das Magdeburgische Husarenregiment vereitelte aber diesen Vorsatz. Gleichwohl wirkte damals noch das gleichzeitige flankierende Vorgehen Poeckhs stark genug, die standhaften Verteidiger des Ostteils bis zum Süden des Waldes an dieser Stelle zurückzudrücken. Fast die gesamte Artillerie II. und IV. Korps war schon verbraucht, auch die Batterie der Brigade Josef und die Achtpfünder der Korpsreserve Thuns verstärkten noch diese furchtbare Massenbatterie auf dem Höhenzuge Horenowes-Chlum. Aber drei Viertel des vierten Korps waren überwunden, zwei Brigaden völlig zertrümmert, als jetzt Thun und Mollinary nochmals ihre Anstrengungen vereinten.

Schon vorher sah F. M. L. Thun einen mächtigen Geschützzug sich zustreben, dessen Kommandeur sich nordwestlich Maslowed bei ihm meldete: „Oberstlieutenant Hoffbauer. 1. und 2. Division der Armeeartilleriereserve. Ich bin vom hohen Oberkommando nach dem Plateau beordert, um die Lücke bei Horenowes zu füllen.“ Gleichzeitig erschien Major Sacken mit Benedeks Ordre, nach Norden Front zu machen. Helle Bestürzung spiegelte sich in den Zügen des Korpsführers: „Billigt denn der Feldzeugmeister unsere Offensive hier nicht? Sie widerspricht ja der Disposition, das geb' ich zu, aber lag doch in den Umständen begründet."

„Zu Befehl, Excellenz. Soweit ich unterrichtet bin, hat man schon vor drei Stunden dem Herrn Feldzeugmeister gemeldet, daß man Verschanzungen des rechten Flügels vom IV. Korps geräumt und Graf Festetics auf Maslowed vorgerückt fand. Hochderselbe hat daher schon vor einer Stunde den Grafen Festetics in gegenteiligem Sinne beordert — ich meine F. M. L. Mollinary."

„Ja, Festetics giebts nicht mehr," warf Thun trocken ein. „Soll mich wundern, ob Mollinary wirklich Befehl zum Rückgang erhält."

„Allerdings," bemerkte v. Sacken gemessen, „dürfte Befehl hierzu, bereits an ihn durch mich ergangen, in Vollstreckung sein und ein Gleiches von Ew. Excellenz nicht auf sich warten lassen. Die Ordre des Oberkommandos ist absolut bindend."

„Na, alsdann! Nu lassen's mich aus! Wir waren doch so schön im Zuge." Sein Stabschef Döpfner entschuldigte verlegen: „Wir mußten ja die Flanke IV. Korps decken, was in glänzender Weise gelang. Werden also jetzt bei Höhe nördlich Sendrasic ursprüngliche Aufstellung beziehen." —

— — — — — — — — — — — — — —

Auf dem Plateau von Lipa hielt immer noch Benedek Umschau. „Wir stehen ja ganz gut. Aber Gablenz wird gedrängt. Die 3. Reservekavallerdivision soll zu seiner Stützung aufmarschieren — da!" Er wies auf die Karte. „Etwa links vorwärts Langenhof. Was giebt es, Baumgarten?"

„Soeben meldet Mollinary das Folgende: „„Halte für meine Pflicht, vorerst Gefechtslage zur Kenntnis hohen Oberkommandos zu bringen, da diese so beschaffen ist, daß Offensivstoß gegen linke Flanke des Feindes die Besiegung desselben in Aussicht stellt."" Gebieten Ew. Excellenz den Antrag abzulehnen?"

„Unbedingt." Benedek zwirbelte unwirsch seinen spitzen Schnurrbart. „Das fehlte noch! Wiederholen Sie strikte und strenge Ordre ans II. und IV. Korps, auf der Stelle in ihre vorherige Stellung zurückzugehen, um unsere Rechte zu decken. 'S ist noch nicht aller Tage Abend, und wer weiß, was von drüben," er wies nach Nordwesten, „kommen mag." Es war halbzwölf Uhr. Und als ob eine Antwort auf diese Zweifelsfrage erfolge, überreichte man ihm nicht lange darauf ein Telegramm aus Josefstadt, Kommandantur. „Da haben wir's!“ Benedek las mit umwölkter Stirne. „Ein preußisches Korps — man hält es für das V. — ist längs der Elbe über Salnei in Bewegung gegen unsere Flanke. Schlimm genug, aber 's hilft halt nix. Die Trotina wird der Thun ja schon zu wahren wissen. Lassen Sie ihm nochmals einschärfen, er soll einen Defensivhaken bilden.“ Baumgarten beauftragte den Grafen Falkenhayn nochmals damit.

Es wurde zwölf Uhr, und noch eine fernere halbe Stunde verstrich. Eine rückgängige Bewegung der beiden ins Gefecht von Masloweb verwickelten Armeekorps wurde aber keineswegs bemerkbar und verschaffte noch lange nicht dem schwer bedrängten Fransecky Erleichterung. Mollinary hatte unwillig gezaudert, auch Thun mit der Ausführung nicht sofort begonnen, unverzüglich aber machte sich der Einfluß geltend, den ihr ungehorsames Abirren von der Gesamtdisposition für den Gang der Schlacht haben sollte. Falkenhayn, der unterwegs auch Sacken traf, lud seinen Auftrag beim Oberstlieutenant Gareis ab, der an Stelle des getöteten Görz kommandierte.

Nach elf Uhr hatte der Kampf anfangs für Fransecky eine sehr ungünstige Wendung genommen. Seine Mitte schien schier durchbrochen, seine Flügel bei Cistowes und Benatek voneinander getrennt. „Zu mir, 26 er!“ Das war Major v. Krenski, Generalstäbler der Division, der bei Benatek die versprengten Abteilungen der Mitte wieder sammelte. Der verwundete Kommandeur von I 26, Major Pauke, besetzte mit seinen Trümmern das Dorf; die 27er Füsiliere, schon seit drei Stunden in schwerem Kampf, besannen sich aufs neue auf ihr altes Vorwärts. Im Westteil des weiten Waldes wehrten die beiden Bataillone Horns die Brigade Poeckh endgiltig ab, doch mußten einige Kompagnien, auch von II 67, das Holz räumen und erst draußen im Freien sich wieder sammeln. Die feindliche Offensive ward jedenfalls zum Stehen gebracht, in erbittertem Handgemenge eroberte man sogar zwei schwarzgelbe Fahnen, deren eine den Magdeburger Jägern wieder verloren ging. Am verzweifeltsten stand es um II 26 II 66, die gegen Masloweb den gefährdetsten Punkt, nämlich die dort vorspringende Waldspitze hielten. Vom Dorfe her durch energische Frontalstöße, vom Innern der Waldung her im Rücken und von Horenowes her in der Flanke bedroht, gerieten diese Tapfern in eine Zwickmühle, der sie nur mit knapper Not entrannen. 8/II 26 verlor sämtliche Offiziere und Unteroffiziere und fast die Hälfte des Bestandes. Doch wurden die 11. österreichischen Jäger über den Haufen geworfen, als sie allzu keck nachdrängten, und am Fuße des walddurchschneidenden Höhenweges bereitete Major Wiedner mit II 66 dreimal anstürmenden Teilen dreier österreichischer Brigaden dreimal einen dreifach blutigen Empfang. Der wütende Kampf im nördlich ausbuchtenden Waldstück gegen die Hauptmasse der Thun'schen Sturmsäulen wogte inzwischen entscheidungslos hin und her. Hierhin zogen sich alle preußischen Verteidiger, sofern sie aus dem Waldinnern verjagt wurden. Allmählich blieb ihnen nur dieser letzte Stützpunkt, aber diesen vermochte keine noch so schneidige Angriffslust ihrer Standhaftigkeit zu entreißen. Alles, was aus dem Nadelgehölz entwich, um dem gewissen Untergang zu entgehen, folgte im Freien wiederum der Stimme entschlossener Führer und warf sich aufs neue ins bluttriefende Waldesdunkel. Ihrer Offiziere beraubt, traurig zusammengeschmolzen, strömten öfters solche geworfene Reste gleichzeitig mit großen Mengen österreichischer Gefangener und preußischer Verwundeter aus den Gebüschen nach Benatek. „Es hilft nichts, Kinder, ihr müßt wieder hinein!" schickte Fransecky die Häuflein immer wieder vor, der persönlich durch sein mutiges Beispiel überall ermunterte.

Mit ihm feuerten General v. Schwarzhoff und Oberst v. Medem vom 26. die Truppen an, die nicht gewillt waren, auf ihre bisherige Leistung mit gerechtem Stolz zurückblickend, sich die Früchte ihrer Opfer völlig entreißen zu lassen. Sie waren so durch und durch gerüttelt in dieser Schlachtenbrandung, daß Kompagnien verschiedenster Körper bunt nebeneiander fochten. Der Offizier, gleichviel von welchem Truppenteil, sammelte und führte die ihm Nächstbefindlichen, gleichviel mit welchen Achselklappen. Oberst v. Blankensee, der früher II 66 vorführte, hatte jetzt auch Teile 27er und 67er unter seinem Kommando. Mit aller Wucht drangen von Süden her nochmals die Brigaden Fleischhacker und Bleibsel Poeckhs an, denen sich als Rückhalt auch Regiment Steininger des Erzherzogs Josef anfügte. Seine Brigade, noch nicht übel zugerichtet, wie die andern, verschnaufte in und um Maslowed, von wo Brandensteins Reste schon bald nachher auf Chlum abzogen, nachdem ihr tötlich verwundeter General vor elf Uhr weggetragen worden. Was von den Brigaden Württemberg und Saffran noch gefechtsfähig, setzte von Westen her neuerdings an, gestützt durch die zwei Bataillone VIII. Korps und die Jäger der Brigade Josef. Und nun vollends wogte den Höhenrücken von Horenowes eine neue Truppenmasse herab: die Brigade Thom, die nur bei Racic zwei Bataillone beließ.

Thun befahl sogar: „Auch Brigade Henriquez wird sich über

Sendrasic der Offensive anschließen. An der Trotina droht ja anscheinend nicht die geringste Gefahr!“ Ehe er auch noch diese letzte Schutzmauer gegen das Einbrechen des kronprinzlichen Heeres wegschob — Henriquez nebst Ulanen stand bisher seit Morgen Front nach Norden —, sollte er eines Besseren belehrt werden.

Thoms Brigadebatterie sowie die sechs Vierpfünder der Korpsreserve Thuns hatten schon vor zehn Uhr von der Fasanerie aus ihr Feuer nach Benatek gerichtet. Nur ein Halbbataillon des Regiments Roßbach blieb in Horenowes und so floß also der ganze Waffenstrom, der das Herz der Benedekschen Stellung bei Chlum vom heranrollenden Zug des Kronprinzen scheiden sollte, südwärts bergab, die ganze Weiche des österreichischen Heeres offengebend! Fünfundvierzig Bataillone hundertfünfzig Geschütze traten in Thätigkeit gegen je vierzehn und vierundzwanzig preußische! Eine zermalmendere Übermacht gab es selten in irgend einer Schlacht.

Wie sollten Fransecky und seine Leute diese schwere Mittagsstunde überdauern, die sorgenvoll wie eine Ewigkeit vorüberschlich? Es hieß immer: der Kronprinz kommt! Aber wo weilte er, wann nahte er endlich?

„Haltet aus, Leute, haltet aus! Hier müssen wir stehen oder sterben!“

— —

Es war nicht das Posensche Korps Steinmetz, Sieger bei Nachod und Skalitz, es war das Schlesische, das sich längs der Elbe seit frühem Morgen im Anmarsch befand. Schon standen sechs Batterien seiner weit vorgeschobenen Avantgarde vor Mittag im Feuer an der Trotina, schon warf man aufgelöste Schützenschwärme in die Obstplantagen bei Racic, richtete lebhafte Beschießung gegen Brigade Henriquez. Dies war die berühmte ‚schwarzgelbe Brigade‘, die in Schleswig-Holstein Lorbeer pflückte und sich für unüberwindlich hielt. Der Weisung folgend, möglichst Verbindung miteinander zu halten, eilten Divisionen Zastrow und Prondzynski beflügelten Schrittes vor. Der erste Widerstand der überraschten Vorposten bei Brigade Henriquez ward rasch bewältigt, man hielt jedoch, um die eintreffenden Batterien zu decken, die mit aufopferndem Bemühen den schwer durchfahrbaren Boden überwanden. Dies Halten in freiem Felde zog bereits das Feuer ansehnlicher feindlicher Geschützstände auf sich, die auf weite Entfernung ihre Grüße entgegensandten. Unausgesetzt und ohne Aufenthalt ging es aber dann mit „Hurrah!“ und „Marsch marsch!“ weiter. Ausgestellte Vorderposten, auf die sich der Anprall stürzte, wurden von Zastrows Vorhut gegen Horicka-Berg geworfen. Es beteiligte sich nun auch Prondzynski am Kampfe und folgte dem ab-

ziehenden Gegner. So näherte man sich dem Höhenrücken Horenowes-Chlum. Österreichische Batterien, im Begriffe vor Sendrasic abzuprotzen, verscheuchte Schnellfeuer auf die Bespannung. Bald war man im Laufschritt so nahe herangekommen, daß der Feind nicht zum Feuern gelangte, sondern zur Umkehr gezwungen war. Erst als man nur wenig vom Trotina-Wald entfernt, stieß man auf gutgedeckt liegende Jäger, die sicher schossen, und erlitt namhafte Verluste.

Um bis hierher zu gelangen, diesen Stand der Dinge zu ermöglichen, welche Anstrengungen gingen vorauf!

In Salnei frühmorgens hatte Prondzynski einen Bleistiftzettel vom Kommandierenden erhalten: „12. Division marschiert auf Ertina bis zur Straße nach Welchow und deckt linke Flanke des Korps. v. Mutius." Gegen zehn Uhr folgte fernere Orientierung:

„Feind im Auge behalten. Verbindung mit 11. Division nicht verlieren, diese geht auf Kanonendonner los.“

Auf Chaussee Josefstadt längs der Elbe hatte man keine Feindestruppe gefunden, nach Flußpassierung erhielt man ein paar Granaten aus den Außenwerken der Festung. Es verlohnte kaum der Mühe, zu antworten. In der Tiefe sah man Zastrows Anmarsch. Flüchtende Landleute mit Hab und Gut rannten den Truppen entgegen, um dem höllischen Bereich der Kampfzone zu entrinnen.

„Entfaltet die Fahnen!“ Und von Schar zu Schar ritten die Feldgeistlichen beider Konfessionen umher, Zuspruch spendend für die todesernsten kommenden Stunden.

Diese Schlesier waren bisher noch gar nicht zum Schlagen gekommen, wie die Posener und Westpreußen und schlesischen Landsleute vom Korps Steinmetz. Mit der eigentümlichen Frische des schlesischen Naturells sahen sie dem nahen Kampf entgegen. Die schlechten Dämme, die grundlosen matschigen Pfade, so eng, daß Artillerie nur „zu Einem“ hindurchrollte, die steile Uferhöhe, wo man Geschütz nur durch Eingreifen der Bedienung in die Räder hinaufschleppen konnte, das alles verzögerte Entwickelung des Gros über die drei Elbbrücken. Aber, obschon kein Aufschließen half und der innere Zusammenhang zerfiel, kam man immerhin damit zu Stande, mit der Avantgarde vorzueilen, da das Gros nun einmal nicht geschlossen bleiben konnte. Beim Hinabfahren ins Trotinathal verfuhren sich die Batterien manchmal, legten geschützweise den Hemmschuh ein, aber vier konnte man doch zur Spitze vornehmen. „Division zum Gefecht aufmarschieren!“ brachte ein Adjutant Zastrows, der selbst vorausgeritten war, um zehn Uhr die Ordre und nun gings mit verstärkter Gangart, um verlorene Zeit wieder einzuholen, dem immer hörbarer ans Ohr schlagenden Kanonengebrumme zu. Jeder Musketier fühlte, wie notwendig es sei, sich zu sputen. Über Höhen, Wiesen, Gräben, Hecken, Waldremisen immer gradeaus stürmte Brigade Hanenfeldt durch die Trotina, watend und halb schwimmend, bis zur Brust im Wasser; eine schmale Brücke und einige Notbalken benutzten erst die Nachfolgenden.

Es war elf Uhr, als man jenseitige Uferhöhen bei Racic erreichte. Zu gleicher Stunde näherte sich die Kavallerievorhut von Steinmetz Choteborek, wo schon die Garde sich sammelte. Das Ostpreußische Armeekorps Bonin — traurigen Angedenkens — brach wieder erst um halbzehn Uhr auf und Kavalleriedivision Hartmann konnte durch Bonins Reserveartillerie nicht durchkommen, folgte daher erst hinter den Ostpreußen, die sie nicht durchließen: Man durfte voraussehen, daß diese Truppenteile erst spät nachmittags die Walstatt betreten würden. Und noch blieb selbst die Vor=

hut der Garde und der Schlesier eine halbe Meile von Masloweb entfernt! Das nennt man „konzentrische Angriffe“, „äußere Linien“, „sich im Feinde vereinen“!! Ein sauberes System! Von rechtswegen mußte man darauf rechnen, Fransecky längst überwältigt, überhaupt Prinz Friedrich Karl schon geschlagen zu finden!

Weithin erkannte der kronprinzliche Stab bei Choteborek die Stellungen im Bistritzthal an Rauchsäulen und Flammengarben, die von Benatek bis Nechanic sich reichlich genug zum Himmel reckten. Auf dem breit vorgelagerten Wall des Bergrückens von Horenowes zeichneten sich klar die zwei einsamen Linden ab. Die Luft hing schwer und wolkig drüber, eine düstre Atmosphäre umspann Thal und Höhen, aber ein flüchtiger Sonnenblitz schien hineinzuflirren, als der Kronprinz in seiner volkstümlich anfeuernden Art vorübereilenden Garden zurief: „Auf den Baum geht's los!“

Denn auch die Garden kamen jetzt mit Macht heran.

Bei aller Rüstigkeit lagerte auf Blumenthals breiter gerunzelter Stirn eine Wolke von Besorgnis. Die steten immerneuen Reibereien zwischen Moltke und ihm führten in vorigen Tagen zu unliebsamen Auftritten. „Ich habe schon bemerkt, Kgl. Hoheit,“ flüsterte er halblaut dem Kronprinzen zu, „daß ich mit den Berechnungen des Großen Hauptquartiers nicht ganz einverstanden bin. Vorgestern kam die unsinnige Disposition, unsre getrennten Armeen sollten auf beiden Ufern der Elbe rekognoszieren. Das war mir denn doch zu stark, man wußte offenbar nicht, was anfangen. Als ich selbst mit Verdy nach Gitschin eilte, ließ sich Moltke davon allerdings abbringen, aber er schlug ab, daß wir schon gestern aufs rechte Ufer rückten. Jetzt zeigt sich die Folge. Durch einen großen Fluß getrennte Armeen können nicht rechtzeitig im

Feind zusammentreffen. Auf Verfehlungen wie die von Bonin muß man dabei immer gefaßt sein. Und Prinz Friedrich Karl nannte das eine ‚Rekognoszierung‘! ‚Gegen 2—3 Korps,‘ sagt die Disposition. Ich nenne das eine Schlacht! Und zwar gegen die versammelte Macht des Feindes! Wie mag das enden? Nur Kühnheit kann hier fruchten!“

Der Kronprinz jedoch, ohne tiefere militärische Bildung, auch dem Soldatenhandwerk abgeneigt, aber von sehr gesunden soldatischen Instinkten beseelt, wie einer Heldennatur angemessen, benahm sich, wie schon früher an den Tagen der Steinmetzkämpfe, ebenso entschlossen wie verständig. Er ließ den Kommandeur der Gardeartillerie, Prinz Hohenlohe, einen ausgezeichneten, auch mit der Feder begabten Mann, rufen: „Fritz Karl geht's nicht gut. Ich habe zwei Wege, ihm zu helfen. Entweder ich marschiere zu ihm, dann komm' ich zu spät, oder ich greife gradeaus ein. Sehen Sie die Baumgruppe über Horenowes? Die wird rechts gelassen. Ich will den Hund in den Schwanz kneifen.“

Als die Garden die Thalsenke hinabstiegen, fielen gegen sie rasche Granatschüsse. Die Batterien Thun's, ihrer ansichtig geworden, senkten ihre Rohre dorthin. „11 Uhr 40 Minuten!“ sah Blumenthal auf die Uhr. „Eine halbe Stunde brauchen wir, um die Höhen drüben zu gewinnen. Noch alles leer? Aber der Feind wird nicht auf sich warten lassen, gleich werden wir ihn auf der Höhe entwickelt sehen. Ein sauer Stück Arbeit, ihn dort hinabzuwerfen!“

— — — — — — — — — — — — — — —

Benedek und Krismanic waren keine Leute, die sich dreinreden ließen. Letzterer hatte bei Skalitz den Major Dorotka mit Erschießen bedroht, weil er sich unterstand, die Heerleitung zu kritisieren, und ersterer hatte den Unterchef des Stabes beim verflossenen Erzherzog Leopold dort ungnädig angelassen. Jetzt aber bewegten ihn widersprechende Einflüsse und Stimmungen, er schwankte. Baumgarten, Pidoll, Neuber berichteten übereinstimmend, daß der rechte Flügel wider ausdrücklichen Befehl in stetem Vorwärtsschreiten alle rückwärtigen Stellungen und die als unzureichend erkannten Schanzen leer lasse. „Nein, das geht nicht! Falkenhayn, reiten Sie zum IV. Korps: es soll sich nicht zum Angriff verleiten lassen, sondern nur stete Verbindung mit dem III. und II. unterhalten. Die Zeit zu einem Offensivstoß ist noch nicht gekommen. Das IV. soll seine Rechte zurücknehmen, um sich fester aufs II. zu stützen." (Um diese Zeit hatte umgekehrt das II. seine Linke vorgenommen, um das IV. fester zu stützen!) Nachdem Oberstleutnant Graf Falkenhayn abgeritten, fragte Benedek den Oberst Neuber:

„Sie sprachen also vorhin Sr. K. Hoh. Erzherzog Josef?" „Zu Befehl, an Spitze seiner Brigade schon hinter Maslowed. Auch er bezog sich auf seinen Vorgesetzten." „Schon gut, das wird ja jetzt in Ordnung kommen. Aber Kronprinz Albert schickt mir ja keinen Bericht. Eher kann ich mich nicht entscheiden, was hier im Zentrum geschehen soll. Sehen Sie selbst am linken Flügel nach, wie es dort steht."

Nach einiger Zeit erschien Falkenhayn wieder und rapportierte: „F. M. L. Mollinary stellt dar: Brigade Württemberg stoße dicht an seinen rechten Flügel, Graf Thun sei bisher sonst nur schwach engagiert. Ich übermittele anbei die schriftliche Meldung."

Benedek las die etwas unleserlichen, zu Pferde geschriebenen Zeilen: „‚Ich bin mit dem II. Korps in unmittelbarer Verbindung, vor dem II. stehen wenige Feinde, habe es daher gebeten, durch Offensivstoß meine Front zu degagieren.' Er bleibt dabei! Jetzt reiten Sie mal hin!" wandte er sich an Major Freiherr v. Sacken, „und geben Sie den Befehl an Thun weiter, er soll sich an die Elbe lehnen." Als dieser zurückkehrte und Meldung erstattete, verfinsterte sich Benedeks Gesicht: seine Unterführer hatten also thatsächlich jede Warnung in den Wind geschlagen und der nahenden Gefahr mit sozusagen Blücherscher Geste die Hinterseite zugewendet. Solche Geringschätzung seiner eigenen Autorität empfand Benedek bitter und grollte er auch den Korpsführer Mollinary gehörig an, als dieser bald darauf persönlich bei ihm erschien, um Aufschub der befohlenen Angriffseinstellung bittend.

— — — — — — — — — — — — — —

Der Ansturm, wenn man es so nennen darf, der Divisionen Horn, Werder, Herwarth gegen das österreichische Zentrum war völlig zum Stehen gekommen. *Beharrlich* behaupteten Gablenz und Erzherzog Ernst die eingenommenen Plätze ihrer Hauptstellungen. An den Bistritzufern und im Wald von Sadowa ward der *Aufenthalt* immer *ungemütlicher*.

Schlag auf Schlag schmetterte die gewaltige Massenbatterie bei Lipa ihre vollen Lagen hinein. Mit genauem Auftreffen sprangen die Eisenbälle bis in die Reserven hinterm Wald und brachen im Innern polternd die Bäume nieder. Die losgerissenen Holzsplitter erschlugen manch braven Musketier. Wo man sich näher heranwagen wollte, gebot der Gegner ein donnerndes Halt. Jedes Hervorprallen aus der Tiefe stockte. Zahlreiche Leichen hinterlassend, suchte man wieder den verhängnisvollen Waldesschatten auf. Zwar setzten sich einige Kompagnien in einem verlassenen Hüttenlager näher am Abhang hinauf fest und es gelang der Bemühung mancher Offiziere, die selbst ein Gewehr ergriffen und ihrer Truppe voranschritten, eine ausgiebige Schützenlinie am Abhang zu bilden. Österreichischerseits setzte man einige Kräfte in Bewegung. Man verbot zu schießen und attakierte mit blanker Waffe, die Kavallerie nebenher. Die Preußen vermochten dem Andrang nicht zu widerstehen, weil das entsetzliche Artilleriefeuer von Lipa sich gleichzeitig über sie ergoß und ihre Reihen lichtete. Das Signal „Kavallerie kommt!“ traf jedoch die kaltblütigen Thüringer so vorbereitet, daß ein Halbregiment Mensdorf-Ulanen durch Salven gezehntet auseinanderstob. Da vielfache Hornsignale in den österreichischen Linien erneuerten Vorstoß erwarten ließen, wandte sich alles in die Waldung zurück, welche nacheinander die ganze Division Horn und Teile der Division Herwarth überfüllten.

Eine Anhäufung von Truppen, welche natürlich den Verlust steigerte, obschon ausreichende Besetzung der Waldgruppe als Stützpunkt dringend nötig erschien. Denn jeden Augenblick erwartete man eine allgemeine Offensive des Gegners, um das preußische Zentrum zu durchbrechen und in die Bistritz zu werfen. Diese blieb zwar vorerst aus. Allein, drohende Anzeichen sprachen dafür, daß Benedek, nachdem die Preußen genügend mürbe geschossen, zum Angriff schreiten werde. Glaubte er, so lange noch dazu Zeit zu behalten? Spürte er noch gar nichts vom Angriff des Kronprinzen in seine Flanke hinein?

Das 71. und 72. Thüringer Regiment, bei Podol so ausgezeichnet, thaten auch hier ihre Pflicht. Wo feindliche Kolonnen aus der Hauptstellung hervortraten und zum Angriff schritten, knieten Vorderglieder nieder und eine viergliedrige Salve, aus möglichster Nähe abgegeben, begrüßte den kehrtmachenden Gegner. Allein, die volle Wirkung der rastlos weiterarbeitenden österreichischen Feuerschlünde blieb eine unmittelbare und eine gewisse Beängstigung, ein zunehmender dumpfer Druck bemächtigte sich der Gemüter. General v. Werder — später ein historischer Mann — hielt seine Division streng am Uferrain rückwärts; wo der Feind gegen ihn versuchsweise mit Schützenschwärmen ausfiel, erhielt er Feuer genug aus den Häusern der vorne besetzten Ortschaften, um ihn in geziemenden Respekt zu halten.

Doch auch hier sank die Freudigkeit von Truppen, die bei Gitschin ihre Überlegenheit über einen tapfern Gegner besiegelt hatten und daher mit gerechtem Stolz heut früh so zuversichtlich in den Kampf zogen, tiefer und tiefer. In diesem unbekannten und unbequemen Gelände, das nicht gestattete, angriffsweise Hindernisse zu beseitigen, zog man es vor, gedeckt abzuwarten. Das preußische Zentrum spähte nach dem Pulverrauch bei Nechanic, der sich vorbewegte, lauschte auf das dorthin zunehmende Schlachtgetöse, das ein entlastendes Eingreifen der Elbarmee in Aussicht stellte. Die mittags in Marsch befindlichen zwei brandenburgischen Divisionen Mansteins setzten nun auch auf Befehl Prinz Friedrich Karls über die Bistritz, um in angemessener Aufstellung sich auf weiteres gefaßt zu machen. Schon diese Bewegung erwies sich als schwierig unter der feindlichen Kanonade, die bereits zu den Reserven reichte und die Ufer mit Schrapnells übersäte. Lange Truppenzüge, die sich zum feindlichen Zentrum hinbewegten, erkannte man durchs Fernglas: offenbar verstärkte sich Benedek hier, um seinen Stoß am empfindlichsten Punkte auszuführen.

Die preußische Artilleriereserve, vollzählig eingetroffen, mußte sich entschließen, teilweise wieder abzubiegen, weil sie aus der Niederung unmöglich nach oben hin eine Wirkung zu äußern vermochte. Begünstigt durch hügelige Deckungen und hohes Getreide schlichen feindliche Scharfschützen auch wiederholt gegen die Linke der preußischen Artillerielinie gegenüber Cistowes heran, so daß abgedrängte Teile der Magdeburger Jäger und 27er dort eine Bedeckung notdürftig herstellen mußten. Auch zur Rechten sahen sich einige Batterien zu schleunigem Abfahren genötigt. Abteilungen von Gablenz griffen mehrfach im Laufschritt an, umfaßten hitzig, wurden dann freilich, wo sie zwischen Waldkuppen und Büschen in freie Hochebene hinabrannten, sofort am Vorgehen gehindert und vertrieben. Jedes Nachstoßen der Infanterie Horns und Herwarths scheiterte jedoch trotz häufiger Anwendung des Dauerlaufs, um deckende Muldenvertiefungen im „toten Winkel“ zu erreichen, an den Generalsalven der Lipabatterie, die a tempo ein Schlachtfeuer eröffnete. Das preußische Fußvolk geriet auch hier, am Waldsaum in übelster Lage, im Innern des Waldgeviertes erst recht, in Unordnung durcheinander. Ordnende Befehle waren in diesem vollgepfropften Dickicht kaum durchzubringen. Einzelne Gehöfte vor der Front wurden zwar von einzelnen kühnen Abteilungen genommen, jede Ausnützung durch Nachrücken von Massen schloß sich aber von selber aus, der Feind zwang wiederholt zum Rückzug in die tieferliegenden Waldschluchten dahinter. Aus seiner hochgelegenen Stellung beherrschte er vollkommen den Abhang und die Zugänge zum Plateau. Auch Ermüdung der seit frühester Dämmerung anmarschierten Preußen ergab sich mit unliebsamer Wahrnehmung. General v. Horn setzte also das Gefecht einstweilen nur passiv fort. Drei seiner Regimenter hatten schon allein vierundzwanzig Offiziere und rund tausend Mann verloren, ohne irgendwie erhebliche Aktivität entfaltet zu haben. Dies Ausharren in unzusammenhängender Linie forderte große Opfer und große Hingebung. Die förmliche Verstopfung des überfüllten Raumes stieg zu so unbehaglichem Zustand, daß Brigade Bose größtenteils bis zum Roskosberge unter die Geschütze der Artilleriereserve zurückging. Fünf kampflustige brandenburgische Bataillone waren rechts bei Dohalic die Waldhöhe hinaufgerückt. General v. Werders Verbot eigenmächtiger Vorwärtsbewegungen wirkte jedoch hier nachhaltig und verursachte auch verhältnismäßige Verringerung der Verluste.

Ganz ähnlich beurteilte drüben F. M. L. Gablenz, der renomierteste kaiserliche Korpskommandant, Sieger von Översee, Selk und Trautenau, die Lage. „Wir müssen in passiver Defensive ausharren,“ äußerte er sich zu seiner Umgebung, da ihm über Unruhe der Truppen berichtet wurde, die sich zur Unthätigkeit verdammt fühlten, „um zur Offensive bereit zu stehen, sobald der Feldzeugmeister es wünscht. Ich untersage jedes unnütze Ausbrechen aus unserer Höhenstellung und werde unnachsichtlich ahnden, wo dies Verbot verletzt wird.“ Auch die Artilleriekommandanten hielten darauf, ihre Stellung nicht zu wechseln, sondern nach wie vor unermüdlich in gleicher Richtung und vom gleichen Fleck ihr konzentrisches Feuer zu vereinen. Allein, der Erzherzog Ernst, geleitet durch seinen energischen Stabschef Catty, vermochte seinen Eifer nicht zu bemeistern. „Was ist das da für eine Faxerei?“ rief Gablenz unwillig, als von dort her um halbzwei Uhr ein Vorgehen sichtbar wurde. Zum Erzherzog kam zwar soeben atemlos sein zum Oberkommando um Genehmigung abgeschickter Stäbler zurück: „Sr. Excellenz der Feldzeugmeister versagen aufs bestimmteste ihre Billigung zu Höchstdero Absichten.“

Aber der Bescheid ging zu spät ein, um den Anlauf der Brigade Kirchsberg zu sistieren. Preußischerseits hatte das Große Hauptquartier die Anweisung an die Brandenburger, offensiv über Sadowa vorzutasten, sofort, kaum daß sie erlassen, unterbunden, da ein Frontalangriff keinerlei sichere Aussichten und nur unmäßiges Blutvergießen versprach. Nur Einwirkung der Flügel solle Entscheidung bringen. Wie aber, wenn ein rühriger Gegner schon um ein Uhr, als es noch Zeit war, zu allgemeiner Offensive sich ermannt hätte?

Indem Erzherzog Ernst von dem so unbedachten Vorbrechen seines Korps, ohne daß er sich vorher mit Gablenz vereinbart hätte, nunmehr abstehen mußte, unterließ er es dennoch, Brigade Kirchsberg abzuberufen, die nun ihrerseits in Befolgung des ursprünglichen Befehls allein und isoliert die Richtung auf die Waldspitzen von Sadowa einschlug. Oder vielmehr: der gute, aber ängstlich bureaukratische Kirchsberg schickte sich ins Ungefähr, als Oberst Binder auf eigene Verantwortung das Vorderregiment der Brigade mit sich fortriß. Als sie herankam, traten ihr buntgemischt alle anwesenden Kompagnien Horns und Herwarths entgegen, wo sie grade standen, und wiesen sowohl das tapfere Regiment Heß bei Dohalic, als Teile des 3. Jägerbataillons an der Chaussee, durch Schnellfeuer zurück. Auch das halbwegs nachrückende Regiment Erzherzog Albrecht vermochte die Waldecke nicht zu berühren: Was der Preuße in Besitz nahm, betritt nie wieder ein Feindesfuß! Als die Regimentsnummern 49 beider Parteien hier aufeinander stießen, fielen beide Obersten, der Österreicher Binder und der Preuße Wietersheim, in den Tod. Binder hatte seine unbedachte Willkür bitter gebüßt.

Es mochte zwei Uhr geworden sein, als sich Division Herwarth vom Walde herauszog, um durch Nachstoßen auf der Chaussee die erschütterte Division Horn zu entlasten. Insbesondere sandte der Korpskommandant v. Schmidt das altbewährte Regiment Colberg vor. Nur ungern mußten diese brav ins Freie avancierenden Truppenkörper dem erneuten Befehl zum Weichen Folge leisten, da in der ungeschwächten Kanonade von Lipa her nichts Lebendes auszudauern vermochte. Das Zentrum Prinz Friedrich Karls verblieb nun eng echeloniert beieinander, die ihm zugeteilte Kavallerie ziemlich nahe bei der Hand auf dem Kampfplatz, um gegebenenfalls rechtzeitig zur Thätigkeit zu gelangen.

Die zur Aufklärung unternommenen Vorstöße hatten kein Licht über des Gegners Pläne verbreitet, den man nirgends „einzusehen“ vermochte. Auch was bei Mokrowous am rechten Flügel tirailliert hatte, Kavalleriechargen noch vor dem Anritt abschreckend, das Soutien in Linie aufrecht, davor in den Chausseegräben liegend die Schützen, plänkelte am Abhang, ohne etwas vom Feinde zu finden. Was bei der Elbarmee vorging, war einigermaßen zu übersehen, gab aber noch immer nicht Hoffnung auf ein ausschlaggebendes Gewinnen der Probluslinie. Des jeden Augenblick möglichen feindlichen Massenangriffs gewärtig, standen sieben preußische Brigaden jetzt im Vordertreffen, fast lautlos. Nur wenige Gewehrschüsse fielen noch, nach Abzug der Brigade Kirchsberg. Die von Gablenz getroffenen Anordnungen entsprachen zwar den eigentümlichen Verhältnissen, da bei Vorbrechen auf starken frontalen Widerstand des preußischen Zentrums zu rechnen gewesen wäre. Als aber auch Reservereiterdivision Coudenhove hinter ihm aufmarschierte, hätte ein flankierendes Vorgehen stattfinden und der Feind ins Defilé zurückgeworfen werden können, ehe Vereinigung desselben mit der Elbarmee bewirkt. Der Kronprinz von Sachsen gab anheim, ob nicht früher ein Schlag auch gegen die Elbarmee möglich gewesen wäre. Gablenz gab jedoch jede kühne Absicht auf, da vom Oberkommando nichts verfügt worden sei, behielt sich nur vor zu handeln, sobald über ihn selber von Benedek verfügt werde.

Die preußische Artillerie führte den ungleichen Zweikampf gegen die gegnerische mit Ruhe und Kaltblütigkeit fort. Aber letztere stand zu gedeckt, auch behinderten die Waldgruppen jede genaue Beobachtung der eigenen Wirkung. Hier und da entzog zwar ein schluchtartiger Einschnitt preußische Batterien dem feindlichen Granathagel, im ganzen aber blieben sie ihm gerade so ausgesetzt, wie die Bataillone beim Überschreiten der Uferhänge. Die Kruppschen gezogenen Geschütze fanden hier keine Wirksamkeit, die ihrem Rufe und später in Frankreich erworbenen Ruhme angemessen.

— — — — — — — — — — — — — — — — — — — —

„Ich muß mich beim Feldzeugmeister entschuldigen," empfing der sächsische Feldherrnfürst den Oberst Neuber. „Fabrice, habe ich Ihnen nicht befohlen, einen Bericht aufzusetzen? Wo ist er?" Und als Neuber, nachdem er den Rapport erhielt, sich mit fürstlicher Höflichkeit entlassen sah, gewann er den Eindruck, daß hier wenigstens die Leitung in sicheren Händen liege.

Währenddessen hatte auch die Elbarmee einen schweren Stand, obschon sich ihr nur die Sachsen entgegenstellten, da das an Prinz Alberts Befehle verwiesene VIII. Korps anfangs noch zu weit zurück war, um mitzuwirken. „Wir müssen alles daran setzen, nicht links überflügelt zu werden," gab der Kronprinz Albert die Direktive aus, infolgedessen seine Schlachtlinie aber länger ausgedehnt werden mußte, als seiner Streitmacht zuträglich.

Seine brave Artillerie versuchte das Menschenmögliche, die preußische Kanonade auf sich abzulenken, deren Wirkung auf die sächsischen Infanterieposten sich nach und nach zu zeigen begann. Division Münster reihte sich später an Division Canstein und die Avantgarde in stetigem Vordringen.

Stehenden Fußes erwarteten die tapfern Sachsen mehrfach den Zusammenstoß, als die Preußen bis auf nächste Nähe herandrangen. Auf beiden Seiten wuchs der Verlust, man machte vom Bajonett Gebrauch. Dem Handgemenge machte jedoch Anwendung von Schnellfeuersalven seitens nachrückender Soutiens ein Ende, der Hinterlader erprobte wieder seine schreckliche unmeßbare Überlegenheit. Die Sachsen machten Halt und Kehrt, wo ihre Offiziere sie vergeblich zum Bajonettstoß aufforderten. Sie hielten so lange aus wie denkbar, entwichen aber dann in vollem Lauf, von Verfolgungsfeuer grausam begleitet. Der Schlachtenrauch, der vor Herwarths Bataillonen und Batterien herging, schob sich regelmäßig weiter vor, stand dann freilich plötzlich still. Die Front der Elbarmee blieb Prim und Problus zugewendet. Man entwickelte sich aufsteigend aus der Tiefe. Einmal schien es, als ob die Preußen Boden verlören, im allgemeinen stand anfangs das Gefecht ganz gleich.

Kronprinz Albert, schon morgens in strömendem Regen bergauf bergab sein Gefechtsfeld bereitend, fand sich gut darin zurecht. In richtiger Erkenntnis seiner zwar selber gefährdeten, aber dem Feind bedrohlichen Lage, da seine Aufstellung Herwarth von Prinz Friedrich Karl trennte und nur Erstürmung von Problus eine Vereinigung bewirken konnte, ersuchte er schon mittags das ihm unterstellte VIII. Korps, ihn zu unterstützen. Generalmajor Weber, Stellvertreter Erzherzog Leopolds, dessen Ungehorsam gegen Benedeks Kampfverbot die schwere Niederlage bei Skalitz verschuldet hatte und der deshalb auf Drängen des erzürnten Oberfeldherrn von der Armee verwiesen wurde, stellte seine drei Brigaden — die vierte Rothkirch blieb dauernd entsendet — sofort dem sächsischen Fürsten zur Verfügung. Kronprinz Albert disponierte: „Das Korps wird entsprechend südöstlich von Problus Stellung fassen hinter und im Wald von Bor. Einige Infanterie ist nach Ober-Prim zu beordern, die Achtpfünder kommen sofort nach Nieder-Prim, um unsere dort postierten drei Batterien zu unterstützen. Ich behalte mir vor, den Zeitpunkt des Eingreifens von Fall zu Fall zu bestimmen.“ Brigade Schulz ging ins erste Treffen vor. Brigaden Roth und Wöber, deren frühere Kommandeure, General Fragnern und Oberst Kreyßern, bei Skalitz wie Helden für ihren Kaiser fielen, blieben weiter rückwärts. Das Korps, durch die herben Verluste auf fünfzehntausend Streiter geschmolzen, entbehrte auch vieler tüchtiger Cadres.

Das berühmte Regiment Reischach, das einst den Cypressenhügel von Solferino so glorreich verteidigte, hatte allein dreiunddreißig Offiziere auf fast zwölfhundert Mann verloren, Regiment Salvator gar zweiundvierzig auf fünfzehnhundert Mann, wovon allerdings mehr als die Hälfte gefangen. Auch das eine zum Korps attachierte Bataillon Crenneville, das so tapfer den Kampf eröffnete, verlor vierhundert, das 5. Feldjägerbataillon über fünfhundert Mann, Regiment Este fast siebenhundert, Regiment Nassau über achthundert, wobei fast vierzig Prozent Tote! Dagegen war Brigade Schulz noch so gut wie frisch (Verlust bei Skalitz nur über hundert Mann).

Alle Mannschaften beseelte ungebrochene Entschlossenheit, sie brannten vor Ingrimm, den erlittenen Schlag heimzuzahlen. Auch die Sachsen, die bei Gitschin so fest ihren Mann standen, waren guten Mutes und von Rachedurst erfüllt, dem „Erbfeind“ Preußen die Eroberung ihrer Heimat zu vergelten. Das alte deutsche Erblaster des brudermörderischen Stammeshasses untereinander feierte in diesem Bruderkrieg seine letzte blutige Orgie. —

General Herwarth v. Bittenfeld beurteilte sehr richtig die Kampfverhältnisse. „Ich will nicht durch zu weites Ausholen mich schwächen und Gefahr laufen, gegen die Bistritz gedrängt zu werden. Ich gehe direkt auf Problus los. Die Zeit drängt, schon Mittag, seit Morgen Prinz Friedrich Karl in schwerem Kampfe, also darf ich nicht abwarten, bis das Gros sich über Nechanic entwickelt. Mit allem, was wir hier drüben haben, muß es gewagt werden,“ äußerte er sich zu seinem Stabe. „Unsre Batterieaufstellung bei Lubno möglichst zu verstärken, dafür will ich Sorge tragen. Im übrigen muß Problus von beiden Seiten auf den Flügeln angegriffen werden, ein frontales Vorgehen würde unsre Kräfte zu rasch aufzehren.“

Gesagt, gethan. Die Waldspitze von Problus ward von F 17 F 28 und den Rheinischen Jägern erreicht und in Besitz genommen, auf der rechten Flanke ein Bataillon des Regiments Gerstner der Brigade Schulz von II 65, Nieder-Prim von II 33 angegriffen, I 40 führte von der Fasanerie, einer links von Prim liegenden Waldparzelle, ein stehendes Feuergefecht. In die Vollwirkung der verbündeten Artillerie geriet man so freilich nicht, dagegen gedachte Kronprinz Albert dies Umfassenwollen einer dünnen Linie durch Infanteriestoß zu bestrafen. Seine Leibbrigade, sowie zwei andere sächsische Bataillone der aus sechs Bataillonen bestehenden Besatzung von Nieder-Prim, beseitigten alsbald diese schwachen Avantgarden des Generals Schöler, wobei Granatbatterie Heringen bis ins Gewehrfeuer mitfuhr und die Preußen flankierend unter Schrapnellfeuer nahm. Vor ein Uhr kam die verfolgende Leibgarde freilich zum Stehen, weil II 56 die Österreicher aus dem Walde trieb und direkt auf Ober-Prim in die Flanke der Verfolger ging. Der sächsische Feldherrnfürst ließ aber keineswegs nach, sondern sandte die fünf Bataillone seiner zweiten Brigade hinterdrein ins Feuer, um zwei Uhr rückten auch Brigaden Schulz und Roth auf der linken Flanke der Sachsen an. General Schulz ritt tapfer an der Spitze seiner Leute in den Wald hinein, seine Feldjäger und III Gerstner bei Prim im Rückhalt lassend. Mittlerweile war aber Division Canstein bei Schloß Hradek eingetroffen, durch Marschkreuzung aufgehalten. Das zurückgeworfene Bataillon II 56 ward alsbald von den 68ern aufgenommen und die Tschechen des Regiments Nobili der Brigade Schulz in gewaltigem Anlauf, dem die Generale Canstein und Glasenapp persönlich beiwohnten, über den Haufen gerannt.

Die Tschechen führten sich schlecht auf und rissen fassungslos aus, nur um beim Davonrennen doppelt mörderisch zerschossen zu werden. Ein wirres Getümmel entstand in der durchbrochenen österreichischen Schlachtlinie, die teils nach Ober-Prim in Unordnung enteilte, teils nördlich auswich, hier aber von den 65ern aus Neu-Prim gefaßt und den 68ern wieder an die Klinge getrieben wurde. Brigade Schulz, da auch die Mährischen I II Gerstner sich von der Panik anstecken ließen, lief Spießruten in dieser Feuergasse und stob in Auflösung auseinander, wobei über fünfhundert Hussitensprößlinge sich gefangen gaben! Auch die zweite sächsische Brigade, umsonst eine Frontänderung versuchend, sah sich von Flüchtlingsschwärmen fortgerissen.

Ihre Hälfte ward, da die fliehenden Massen längs ihrer Front ihr Feuerabgeben unmöglich machten, in die Niederlage verwickelt, wobei sechs Bataillons- und Kompagnieführer fielen. Die andere Hälfte aber wickelte sich mit rühmlicher Festigkeit aus der unbeschreiblichen Verwirrung los, ließ die Flucht durch die Zwischenräume durch und deckte mit ruhigen Salven den Abzug auf Nieder-Prim. Ebenso wacker rettete sich die weit vorgefahrene Batterie v. d. Pforte vor den nachdringenden preußischen

Schützen und that alsbald wieder vom Dorfe aus durch Kartätschen dem Nachdrängen Einhalt. Geradeso hatten die Sachsen sich einst in der Schlacht von Dennewitz erprobt, sich durch fliehenden Train und geworfene Reiterei nicht stören zu lassen, und heut wahrlich zeigte sich, daß sie noch die alten blieben, allzeit zu den auserlesensten deutschen Kriegerstämmen zählen werden.

Neun Bataillone Cansteins stürmten jetzt Ober=Prim, wo Brigade Schulz sich neuerdings setzte. Seine vier Batterien, darunter eine ihm zugeteilte zwölfpfündige, reihten sich später auf dem Lubnohügel mit ein, so daß von dort zuletzt neunzig preußische Geschütze donnerten. Bei aller Präzision des Zielens blieb jedoch die unmittelbare Wirkung gering, weil der zu hohe Einfallswinkel das Einschlagen in den aufgeweichten Boden einer erforderlichen Sprengfähigkeit beraubte. Die entschlossene Gegenwehr der Deutsch=Mähren (Jäger und III Gerstner) der Brigade Schulz machte ihnen alle Ehre. Es entbrannte ein maßlos erbittertes Dorfgefecht, in das auch noch F 56 eingriff. Der tapfere General Schulz selber fiel, schon vorher tötlich verwundet, nachdem er sich zu seinen Leuten nach Prim zurückgeschleppt, mit ihm eine große Zahl Offiziere und Mannschaften. Das 31. Feldjägerbataillon ward fast vernichtet. Brigade Wöber nahm die Geschlagenen westlich Charbusic auf, die bei Nieder=Prim noch ausharrenden Sachsen erkämpften sich Rückzug auf Problus, da auf östlicher Höhe fast dreißig sächsische Geschützstücke das Gelände um Ober=Prim unter Feuer hielten, so daß die Preußen sich dort hinter Obstplantagen und Holzhaufen versteckten. Weiteres Vorgehen ward eingestellt. Doch bedrängte etwas später das hohenzollernsche Füsilierregiment im Wald südöstlich von Problus das Regiment Nassau der Brigade Roth.

Die Artillerie der Elbarmee avancierte ihrerseits, sie schoß Schloß und Brauerei von Nieder=Prim zusammen, indes den auf Problus repliierenden Sachsenbrigaden die Ostpreußischen 33er und Thüringer 65er vielen Abbruch thaten. Endlich wurden auch aus Nieder=Prim dort noch standhaltende drei Bataillone hinausgeschlagen, zwei Bataillonskommandeure blieben auf dem Feld ihrer Ehre. Und inzwischen entwickelte sich Division Münster hinter Lubno her.

Die Westfalen eilten hier so beherzt und unbeugsam ihren Waffenbrüdern zu Hilfe, wie dereinst bei Mars la Tour. Wie dort befanden sie sich eigentlich schon am Rande ihrer Kräfte nach aufreibendem Gewaltmarsch. Zwölf Stunden unterm Gewehr, drei Meilen Marsch auf grundlosen Wegen und durch ebenso nachteiliges Hochgetreide, Verpflegung Null — macht nichts! Was gewöhnlichen Menschennaturen unübersteigliche Schranke der Möglichkeit erschien, übersprangen die hünenhaften Söhne der roten Erde, der Lippe, Weser, Wipper und Ruhr mit ihrem unverwüstlichen stillen Humor und Phlegma. Nur vor! In gleichem Schritt und Tritt, ohne daß der furchtbare Willkomm der feindlichen Artillerie ihren ruhigen Schritt beschleunigte, obschon auch die Gablenz'sche in ihre linke Flanke wirkte.

— — — — — — — — — — — — — —

Die gewaltige Artillerieaufstellung bei Lipa hatte sich noch um eine reitende Kavalleriebatterie, sowie um zwei Divisionen der Armee-Artillerie-Reserve verstärkt, so daß zweihundert Feuerschlünde von dort in einer Reihe Tod und Verderben spieen. Nur die Elbarmee über Problus vermochte diesem lebenden Bollwerk beizukommen, das jeden Fortschritt Prinz Friedrich Karls hemmte. Dessen eigene Artilleriemassen fühlten sich auf dem unbequemen Gelände so beengt, daß dreizehn Batterien noch jenseits der Bistritz stoppten. Aufmarschraum für die Kavallerie war vollends nicht zu beschaffen. Was vorwärts an Geschützen zur Verwendung kam, fand nur unvorteilhafte Zielpunkte. „Jede Korrektur unseres Feuers ausgeschlossen," bemerkte der Kommandant einer Artilleriestaffel dem General Schwartz, der seine Reservebatterien beritt. „Man kann höchstens drüben das Aufblitzen der Schüsse markieren." Es feuerten zwar nach und nach dreiundzwanzig Batterien, doch verschoß sich ein Teil, manche Stücke wurden beschädigt, auch rückten elf davon erst später ein, so daß nummerisches Übergewicht der österreichischen Artillerie durchweg erschreckendes Mißverhältnis erzeugte.

Die Sadowabrücke verfuhren Pulverkarren und Ambulanzwagen. Mehrere Batteriechefs fielen, auch der Artilleriechef der Division Tümpling. Die am weitesten vornstehenden pommerschen Batterien Gallus und Dollen wurden mehrmals zum Abfahren gezwungen. Die brandenburgischen v. d. Goltz und Grieß verfeuerten ihre Brandgranaten, nachdem ihre ganze Munition verbraucht, wollten aber um keinen Preis von der Stelle weichen.

Die österreichische Artillerieleitung hatte in der That mit anerkennenswerter Sorgfalt jede Vorkehrung getroffen, ihre Wirkung zu verdoppeln. Man hatte Bäume niedergelegt, um freies Schußfeld auf bestimmte Ziele zu schaffen, die durch Erkennungszeichen an den Wipfeln markiert wurden. Man hatte genau ermittelt, wie weit die Fernzone bis zu den Brücken und Waldhöhen reichte, was für gezogene Geschütze einen bedeutenden Vorteil bot und von vornherein die artilleristische Vorderhand vor dem Gegner sicherte. Da man preußischerseits doch nicht durch den Sadowawald feuern konnte, wie österreichischerseits, blieb das diesseitige Schußfeld äußerst beschränkt.

Man mußte die Verteidiger des Waldes sich selbst überlassen, die dutzendweise von zerspellten Bäumstämmen zu Boden geschmettert wurden, wenn die unbarmherzigen Granaten nicht ohnehin selber Lebendes trafen.

Als die brandenburgische Brigade Schimmelmann Helme und Tornister ablegte und vor dem König vorbeidefilierte — seine Nähe, sein belebender Zuspruch entflammte seine Märker wie immer —, hob dem Greise ihr Jubelruf das bekümmerte Herz. Das Zurückströmen Versprengter, Verwundeter, ausreißender Munitionswagen über die Bistritz erbitterte sein soldatisches Gemüt, die ganze neue Art des Fechtens in aufgelösten Schwärmen befremdete seine altväterische Schulung. Er befand sich in so gedrückter Stimmung, daß er halblaut an Moltke die Frage richtete: „Werden wir nicht den Rückzug antreten müssen? Und was dann?“ Mit unerschütterlicher Ruhe erwiederte der hagere Schlachtenschweiger, der mit eisiger Kälte, kühl bis ans Herz hinan, das Getümmel des Schlachtpanoramas beschaute: „Ew. Majestät werden heut nicht nur die Schlacht, sondern den Feldzug gewinnen.“ Die trockene Gelassenheit des berühmten Mannes, dessen Glücksstern man noch nicht unbedingt vertrauen lernte, richtete die verzagten Gemüter doch mächtig auf. Der riesige grobschlächtige Landwehr-Kürassier in weißem Waffenrock, der immer den Soldaten aus Kostüm-Pose hervorkehrte, drehte sich weniger nervös im Sattel: Graf Bismarck liebte die Schlachtfelder nicht, die sein Werk waren.

— — — — — — — — — — — — — —

Um diese Zeit aber wandte sich schon Blumenthal, der sich genauer orientiert hatte, zum Kronprinzen: „Kgl. Hoheit, ich gratuliere zu der Schlacht, die Sie heute gewinnen werden.“ Der hohe Herr lächelte ungläubig und erstaunt: „Aber wir stehen ja erst zu Beginn.“ „Gleichviel! Da die I. Armee bisher dem ganzen Heere Benedeks widersteht, so müssen ja unsere frischen Kräfte als Plus entscheiden. Der Feind hat sich frontal verbissen, wir kommen ihm in die Flanke, unwiderruflich. Sie müssen von jenen Höhen herunter, es hilft ihnen alles nichts, kämpfen sie noch so tapfer!“ —

„Ich habe versprochen, um halbzwölf bei Jericek zu stehen,

und nun sind wir um 11 gar schon bei Choteborek. Soll uns Jemand nachmachen!“ rief der bescheidene und stille General v. Alvensleben mit gerechtem Stolz. So gewaltig waren die langen Beine der Garden ausgeschritten, daß weder der steile Aufstieg bei Dubenec noch der regenweiche Boden ihre bergab bergauf sich hinwindende Marschsäule aufhielt.

Von Choteborek ging es unablässig weiter, da der immer mahnender herüberdröhnende Schlachtendonner die 1. Gardedivision Hiller zur äußersten Anspannung antrieb. Die Notwendigkeit, den bedrängten Waffenbrüdern durch eigene Kanonenstimme eine Ermunterung zuzurufen und gleich niederschmetternd aufzutreten, bestimmte den Kommandierenden des Gardekorps zu dem Befehl an Prinz Hohenlohe, seine Korps-Reserveartillerie unmittelbar an die Tête der 2. Division zu stellen, die über Königinhof rastlos anmarschierte und gleichfalls die Elbbrücke überschritt. Dies verzögerte freilich den Vormarsch der Infanterie, zumal nun Hohenlohe den weiteren Auftrag erhielt, auch noch die Tête der 1. Division zu erreichen.

„Leute, es muß gehen!“ Schon sanken Pferde tot im Geschirr zusammen, von Überanstrengung getötet. Doch der überstürzte Anmarsch zur sich überstürzenden, im Stegreif improvisierten Entscheidungsschlacht erforderte solche Opfer. Das triefende mannshohe Getreide wand sich in dicken Garben um die Räder, umwickelte mit klebrigen Kränzen die Speichen, aber rastlos trabten die Gardebatterieen querfeldein an den Kolonnen vorüber. Und ihnen voraus sauste der Armee-Stab dahin, den Kronprinzen mit der historischen Tabakspfeife in der Mitte, dessen reckenhafte blondbärtige Siegfriedsgestalt so mächtig die Einbildungskraft der Truppen fesselte. Daß der kleine unscheinbare Mann an seiner Seite mit dem etwas verkniffenen und verdrießlichen Gesicht, dessen bärbeißige gallige Art jedoch oft durch sonnige Jovialität belebt wurde, daß Blumenthal der wirkliche und eigentliche Leiter des Heeres, der Vollender jeder Arbeit am Siegeswerke sei, kam den Gemeinen nicht zu Sinn, kaum schon den Offizieren. Bis Choteborek vorausgeeilt, ließ der Thronfolger die Garden vorbeidefilieren, die ohne eine Spur von Ermüdung in tadelloser Haltung dem Kanonendonner zustrebten. „Sie haben viel aktiv gedient,“ wandte sich v. Verdy an einen Herrn in roter goldgestickter Uniform, der aufmerksam die Leute musterte. Es war der englische Militärattaché Colonel Beauchamp-Walker. „Sahen

Sie je Truppen mit solchem Ausdruck ins Feuer gehen?" „Nie," versetzte der Brite offenherzig, ergriffen von der freudigen Entschlossenheit in diesen ernsten Gesichtern. „Vielleicht bei Rekruten, die den Krieg noch nicht kennen. Aber bei solchen, die schon bitter im Kampfe waren wie diese, also wissen, was das zu bedeuten hat — nie!"

Es war Mittag, als die Gardehusaren rechts mit den Magdeburgischen in Verbindung traten und an Fransecky, um die österreichische Flanke herumtrabend, erfreuliche Kunde brachten, als ferner die Reserveartillerie und die Avantgarde der Division Hiller v. Gaertringen sich in Gefechtsbereitschaft setzten. Es war Mittag, als vor König Wilhelms sorgenvollem Blick zwölf brennende Dörfer in weitem Umkreis wie Leuchtthürme über empörten Waffenwogen, wie Feuerzeichen eines Weltgeschicks loderten, das hier Vernichtung schaffen und einen Schiffbruch der Vergangenheit heraufbeschwören wollte: Wo der eine scheitert und strandet, läuft des anderen Schiff stolz bewimpelt in den Hafen des Sieges. Doch wer sollte heut siegen?

Und als der König einmal in nagender Ungeduld zur Bistritz hinabritt, blieb ihm der ungewohnte Anblick fliehender Preußen nicht erspart, versprengter Drückeberger, die sich dem unerträglichen Granathagel entziehen wollten. Erst die zornige Ungnade des Monarchen trieb sie wieder in die Schlacht zurück. „Angetreten! Pivots vornehmen! Ich schicke euch nochmals vor, fechtet wie brave Preußen!" Die Beschämten sprangen in Reih und Glied. Das stramme Auftreten des Königs hatte etwas Erhebendes. Jeder fühlte: Der geht nicht zurück, der König weicht nicht vom Platze.

„Darf ich Ihnen eine Zigarre anbieten?" Bismarck hielt Moltke seine eigene Zigarrentasche hin, indem er ihn dabei spähend ins Auge faßte. Ein unwillkürlicher diplomatischer Tric, um die äußerlich undurchdringliche Maske des steinernen Gesichts zu prüfen, ob diese Ruhe echt oder gemacht sei. „Danke schön!" Gelassen, als durchschaue er die Absicht des anderen, untersuchte Moltke die dargebotenen Rauchstücke und wählte sich kaltblütig das beste. Bismarck schmunzelte befriedigt. Das ungeheure, obschon klüglich verborgene, Selbstgefühl Moltkes verlieh ihm diese unzerstörbare Zuversicht, zudem verließ er sich auf die Begabung und Thatkraft

Blumenthals, der sicher sein Versprechen einlösen und ihn nicht zu Schanden lassen werde.

„Ich gab um 1 Uhr Graf Waldersee Auftrag, Nachrichten vom rechten Flügel Sr. Kgl. Hoheit des Kronprinzen zu bringen,“ geruhte Moltke mit seiner bekannten diplomatischen Förmlichkeit zu vermerken. Überschaute er wirklich im Geiste die Ferne, sah sein inneres Auge des Kronprinzen entfaltete Banner zur Schlacht entrollen, als seine Garde in die Arena hinabstieg? Wer kann es wissen! Jedenfalls merkte man am Standort des Königs durchaus nichts von Vorgängen, die im Nordwesten dem Blicke offen lagen.

Bei Benatek, eine halbe Meile von Sadowa, spürte man nur das stürmische Vorwärtswogen des gegnerischen Pulverdampfes. Verschwand auch die Heerreserve im unheilvollen Sadowawald, diesen Hexenkessel zu speisen, so galt es, die Kavallerie bereitzuhalten, um den Rückzug zu decken. Ein Vorwärts auf dem ewig bestrichenen Hang vor Lipa gab's nicht, ein Rückwärts über die Bistritz mußte unterm nie zum Schweigen gebrachten Gewitter der österreichischen Feuerschlünde sich auch verderblich gestalten. So tief man in alle Reserven eingriff, so Großartiges an Zähigkeit verhältnismäßig Fußvolk und Geschütz unter erschwerendsten Umständen leisteten, — das Zentrum schwebte offenbar in dringender Gefahr, durchbrochen zu werden.

Es war Mittag vorüber, als der Prinz von Thurn und Taxis, an welchen ein kühner Rekognoszierungsritt des Rittmeisters Verga über Josefstadt keine direkte Aufklärung gelangen ließ, weil dessen Boten unterwegs gefangen wurden, eine Seitenbewegung nach rechts vollzog und den kriegserfahrenen General Henriquez davon avisierte. Da Benedek sich in der Schlachtdisposition alle fünf Reiterdivisionen der Reserve „zu ausschließlicher Verfügung“ vorbehielt, so konnte Taxis nichts weiter machen, als bei Benedek vor Mittag anfragen, ob er die Preußen weiter nach vorn attakieren dürfe, doch brachte ihm sein Ordonanzoffizier Stauffenberg von den Grünne-Ulanen abschlägigen Bescheid und Oberst Tegetthoff vom Generalstab erschien mit neuem Defensivbefehl.

Es ging auf eins, als Prinz Friedrich Karl an der Brücke von Sadowa, wo auch der König vorübergehend hielt, seine Brandenburger ansprach, mit der Absicht, diese frische Truppe endlich gegen die Lipahöhe anrennen zu lassen. „Ihr seid meine Freunde, auf *die ich mich verlasse,*“ hob er an und war im besten Zuge, als der

Generalstäbler Major Graf Wartensleben im Namen Moltkes an Manstein das bestimmte Ersuchen stellte, diese Bravourarie nicht aufzuspielen, die in schrillen Mißtönen verenden konnte. „Alles sehr richtig, aber wer ist General Moltke!" zuckte Manstein die Achseln: so wenig Unterordnung unter den Stabschef beliebten damals noch die Feldsoldaten. Erst als der Prinz sich Moltkes Bitte unterwarf, unterblieb's. Als einmal Schwärme, so lose und locker wie möglich, in wilder Verwegenheit die zwei- bis dreitausend Schritt lange Schiefebene bis zum Eingang von Lipa durchmessen wollten, um die dort postierte Brigadebatterie Maistrelli und die Kavalleriebatterie Groeben zu vertreiben, ließen sich diese in ihrer Blutarbeit nicht stören, sondern wehrten die kecke Belästigung mit Büchsenkartätschen ab, als die Angreifer bis auf dreihundert Schritt heranschlichen. Oberlieutenant Maistrelli, obschon einige Minuten mit Bleihagel übergossen, schoß die Stürmer derart zusammen, daß sie nicht wiederkamen. —

Mittlerweile arbeiteten auch Thuns Batterien bei Horenowes anfangs unverdrossen, Schuß auf Schuß traf. Aber die Plänkler der Garde trieben die schwachen Jägerabteilungen in dieser Richtung vor sich her und hellblaue Preußendragoner hieben auf eine Marschkolonne ein, die sich aus dem Walde nach Nedelist vorbeiwand. Ohne sich überrumpeln zu lassen, wiesen diese hartgeprüften müden Truppen den Handstreich ab. Die große Batterie bei Masloweb setzte ihr Feuer sowohl nach Westen als Norden fort, die östlichen und westlichen Anhöhen zu beiden Seiten von Horenowes umkränzten Batterien beider österreichischer Korps, fünf Thuns östlich und auf der Lindenhöhe, bis zum letzten möglichen Augenblick feuernd. Jetzt entlud sich das Gewitter über Brigade Thom, von der nur drei Bataillone bisher am Waldzipfel gegen Benatek ins Feuer kamen. Ihre weitverstreute Linie ward an beiden Endpunkten angefallen, rechts von den Schlesiern, wo die zwei Bataillone Jellacic der Brigade Thom aus Racic vor den 50ern flohen und den Horickaberg mit dem Waldsaum räumten. Die Kavallerie Taxis wich nach Trotina aus.

Henriquez stand westlich der Chaussee in Schlachtordnung mit seiner eigenen und einer reitenden Batterie. Das berühmte Regiment „König der Belgier" machte sich schußbereit, Regiment Hessen bewachte das Gelände südlich bis Lochenic.

Und es war schon vor ein Uhr, als F. M. L. Mollinary persönlich bei den Chlumer Schanzen erschien, um dem Feldzeugmeister nochmals vorzustellen, daß ein Sieg bei Masloved sicher und nahe sei. Benedek empfing ihn mit gerunzelter Stirn. „Gestatten Ew. Excellenz, über die Situation Bericht zu erstatten," hob der Befehlshaber des IV. Korps an. „Ich erlaube mir, ein offensives Vorgehen des II. Korps am rechten Flügel des IV. nochmals zu befürworten. Der Feind wird dann dort gewiß zerschmettert und gegen den Kronprinzen könnten ja unterweilen die beiden Reservekorps aufgeboten werden, um —"

„Ich erlaube Ihnen gar nichts," unterbrach ihn der Generalissimus ungnädig, „Sie haben keine Übersicht. Ich habe andere Pläne und fasse im Großen auf, was sie nicht kennen. Ihr Korps muß sofort in Linie Chlum-Nedelist Posto fassen, da ein Korps des Kronprinzen von Preußen längs der Elbe anrückt. Hören Sie nur das Schießen an der Trotina!"

„Mein ergebenster Antrag wird also rundweg verworfen, trotzdem die obwaltende Gunst der Lage —"

„Bleibt ohne jede Berücksichtigung. Nein und abermals nein!" setzte ihm Benedek barsch entgegen. „Machen Sie, daß Sie zu Ihrem Korps kommen, und fertigen sofort das Nötige aus!"

„Zu Befehl. Werde veranlassen." Auf diese mit lauter Stimme erteilte Verfügung beeilte sich der gekränkte Korpsführer zur Heimkehr nach Masloved, um den Abzug einzuleiten. Aber es ging auf halbzwei Uhr, als er endlich dem Befehle nachkam und seine Brigaden successive aus dem Feuer zog.

F. M. L. Thun hatte bereits angeordnet: „Brigade Thom besetzt die Höhen zwischen Masloved und Sendrasic. Jede fernere Offensive unterbleibt. III Sachsen-Weimar hält einstweilen noch Masloved. Brigade Württemberg und Saffran entfernen sich staffelweise von Horenowes und Masloved auf Nedelist. Reserveartillerie östlich Horenowes deckt den Abzug und die Frontveränderung der Rechten."

Es war gegen ein Uhr, als I 2. Garderegiment in Horenowes hineindrang und die Jäger der Brigade Thom von dort ebensowohl verjagte, als die Geschützlinie zu beiden Seiten des Ortes, die allgemach nacheinander sich auflöste, bis auch die Geschütze neben den zwei Linden der Kuppe von dort entschwanden. An ihre Stelle auf dem langen Hügelwall, der sich dem Vorschreiten des Kronprinzen entgegenzustemmen schien, trat jetzt als lebendiger Wall eine gewaltige Geschützmauer von neunzig Gardegeschützen, die jedes Überrennen der vereinzelten schwachen Vorderspitzen des kronprinzlichen Heeres durch die schweren, tiefen Feindesmassen hinter Chlum vereiteln konnte. Indes wütete das Waldgefecht in der Tiefe weiter und während folgender Stunde sah man die Kolonnen Mollinarys nacheinander zu den Chlumer Schanzen bergan retirieren, bis diese sie völlig aufnahmen. Die Schlacht trat offenbar in verhängnisvolle Schwebe.

Währenddessen räsonnierte Thun immer noch hinter Sacken's überbrachter Ordre her: „Schon wieder Rückzug, wo wir doch Sieger sind! Unbegreiflich!" All dies zaudernde Unterhandeln, ob man ungesäumter Befehlsvollstreckung noch eine Frist abfeilschen könne, kostete eine volle Stunde. Und der Kronprinz kam nah und näher. —

„Belieben Excellenz doch, Korps Ramming bis Nedelist vorzuschieben, um das Loch in der Schlachtordnung zu stopfen!" stellte Baumgarten vor.

„Joa, was bleibt mir dann viel für den Zentrumstoß, den ich haben möchte?" warf der Feldherr ein, und Doktrinär Krismanic dozierte: „Es ist noch zu früh für Verwendung der Reserve."

Aber die Besorgnis Benedeks um seine rechte Flanke bestimmte ihn doch. „Schon recht! Sacken, überbringen Sie dem VI. Korps Befehl, bei Nedelist einzurücken."

Als aber Baumgarten selber sich von Ausführung überzeugen wollte, fand er Rammings Truppen nur in langsamster Fortbewegung. Sacken richtete rückkehrend den Auftrag aus, daß Ramming zwar natürlich gehorche, aber sich erlaube, sein Befremden zu äußern. „Herr F. M. L. hatte erwartet, die gesamten Reserven würden, da das Gefecht so überaus günstig stehe, das feindliche Zentrum durchbrechen sollen. Ob denn Unterstützung des II. Korps so dringlich sei?"

Benedek gab keine Antwort. Rammings Gedanke begegnete sich mit dem seinen. Aber da Baumgarten und Krismanic beide eifrig beteuerten, erst viel später dürfe man auf Offensive bedacht sein, so sandte er Sacken wieder ab: „Na, alsdann bringen Sie Ramming meine Genehmigung, er soll vorerst halten." Sacken

traf diesen kommandierenden General, weit vor seinem außer Schußbereich tiefstehenden Armeekorps, auf der Höhe, den riesenhaften Geschützkampf beobachtend. Ramming zeigte sich erfreut, daß man ihn nicht an die Rechte fessele und für den Zentrumstoß disponibel halte.

Es kam nach einer Weile nun auch Oberst Neuber zurück und überbrachte die gewünschte Mitteilung von den Sachsen, sie lautete günstig. Gleichzeitig erstattete er Bericht über persönliche Wahrnehmung: „Zwischen dem Feind gegenüber Gablenz und dem gegenüber den Sachsen klafft eine breite Lücke. Hier könnte vielleicht Kavallerie in Aktion treten."

„Bravo!" rief der Alte laut und kräftig. „Reiten Sie selbst zum Edelsheim hinüber und besprechen Sie sich! Die Attacke läßt sich unternehmen."

„Gestatten Excellenz nur, daß ich in Chlum erst mein zweites Pferd besteige, das erste ist seit 4 Uhr früh auf den Beinen und verlor drei Hufeisen." Benedek winkte bejahend. Er befand sich in unverkennbarer Hoffnungsfreudigkeit. Nicht so sein neuer Berater, Baumgarten, der in heller Aufregung — alles Blut schien ihm aus dem Gesicht gewichen — seinen Chef förmlich anfuhr: „Warum ist die Ordre ans VI. Korps kontremandiert worden?

Gefangene, die ich verhörte, sagen aus, daß der Feind bei Sadowa nur die Ankunft des Kronprinzen von Norden erwarte. Hat doch Oberst Tegetthoff vom Nachrichtenbureau festgestellt, daß unter den Gefangenen nicht Einer Regimentsnummern trägt, die zum Kronprinzen gehören. Diese ganze frische Armee werden wir bald auf den Hals bekommen."

Benedek riß das ganz zerknitterte Telegramm aus Josefstadt aus der Tasche. „Da steht nur was von einem Korps. Wir können übrigens Ramming wieder vorschieben."

„Das geht nicht so leicht, wie mit Schachfiguren," versetzte Jener spitz. „Ich fürchte, es ist zu spät."

„Ach was! Ich schickte schon längst Tegetthoff zum Prinzen Taxis, der solle sich anstrengen, Thuns Abmarsch zu decken. Und Taxis kenn' ich, der thut seine Pflicht."

„Aber haben Excellenz ihm denn nicht schon um 10 Uhr untersagt, den Preußen entgegenzurücken, als er sich dazu anbot?"

„Nun ist's aber genug!" unterbrach ihn Benedek heftig mit gerunzelter Stirn. „Jawohl hab' ich ihm jede Kriegführung auf eigene Faust verboten. Ein Unterführer hat zu gar nichts erbötig zu sein, als was sein Oberer ihm vorschreibt. Ich will, daß man den Kronprinzen stehenden Fußes erwartet, — wenn er überhaupt in Masse kommt, denn auch Taxis' Major Lederer von den 6. Husaren hat nur von einiger Kavallerie berichtet, die sich nähert. Übrigens — folgen Sie mir! Ich will selbst nachsehen." Und mit unwilliger Handbewegung kehrte er sich von Baumgarten ab und ritt nach Nedelist davon. Hier sah er thatsächlich die Kolonnen seines rechten Flügels defilieren. „Haut's noch 'n paar Bäume ab, je mehr Verhaue, desto besser!" ergänzte er persönlich die Verteidigungsanstalten in Chlum. Dann kehrte er nach Lipa zurück und sah dem Schauspiel in der Tiefe zu, das blendend vor ihm lag und auch Baumgarten sah sich gefesselt von dieser Schlachthypnose des Erfolges, der nun mit Sirenenarmen hier die harrenden Kaiserlichen zur Bistritz hinabzuziehen schien, unterm einlullenden Hexenlied der donnernden Feuerschlünde. Denn offenkundig schwankte der Feind, richtete die große Lipabatterie unendliche Verheerungen an. Plötzlich richtete sich Benedek im Sattel auf und sagte heiser, wie in aufsteigender Erregung eines geschichtlichen Wendepunkts:

„Niemand soll auch nur über ein Bataillon, eine Batterie weiter verfügen: ich werde sie alle zugleich und sogleich brauchen!“ Und doch — als jetzt grade Oberst Catty, der rühmlichst bekannte Stabschef des III. Korps, in lauten Jubel ausbrach und um Erlaubnis zum Vorgehen bat, da er rückgängige Bewegung des Feindes bei Sadowa bemerke, versagte sich Benedek dem kühnen Willen. Denn um diese Zeit kam ein atemloser Adjutant Mollinarys heran und berichtete heimlich unangenehme Dinge, die ihn betroffen machten.

Bei seinem Ritt nach Nedelist hatte er, der eigentümlichen Gestaltung des welligen Bodens gemäß, nichts von den Garden sehen können, da sich der düstere Wall des Horenoweser Bergrückens dazwischen schob. Wie um das nähere Drohen des Flankenfeindes zu bekräftigen, heulten plötzlich von rechts her Granaten über ihn hin. „Hm, da wird's doch wohl nötig sein — Sacken, wiederholen Sie dem VI. Korps meinen vorhin widerrufenen Befehl!“

Und nochmals wiederholte sich jenes Verwerflichste, das Napoleon einst in Worte faßte, die ein Stäbler vor sich hin murrte: „Ordre, contre-ordre, désordre!“ Denn neuerdings verfiel Ramming auf Gegenvorstellungen, zankten Baumgarten und Krismanic über Thunlichkeit der Reservenverwendung, widerrief der „Feldherr“ den Befehl. Nur die Kanonade, seit Mittag durch die Hälfte der Reserveartillerie verstärkt, raste wie noch nie, obschon Gablenz seine Batterien dringend anwies, langsam und nur gegen wirkliche Massen der Geschützgruppen zu feuern, was denn auch geschah. Aber das feindliche Feuer mußte doch entsprechend erwidert werden und so trat erheblicher Munitionsmangel ein.

Nach sechsstündigem nervenzerreißendem Feuerkampf drohte der Schießbedarf auszugehen, nicht aber die Spannkraft der wackern Kanoniere. Und ob sie sich hier selber ihr Grab schanzten, sie schworen sich zu, aus ihren Ständen nicht vom Fleck zu weichen. Nur bei ihnen hatten die Lazarethwagen manches Opfer abzuholen. Die Infanterie, von keinem Stirnangriff berührt, nur den verzauberten Wald von Sadowa, in dem der Feind lauerte, als Ziel vor Augen, auf den sie wie angeschossene Eber hinabzustürzen sich sehnte, litt wenig. Dagegen kam wohl vor, daß feindliche Projektile weit rückwärts die Reserven heimsuchten.

„Schießt nur tief, die Österreicher schießen alle zu

hoch!" riefen die preußischen Schützen ihren Kameraden zu, ihre Artillerie aber schoß hier umgekehrt hoch genug über den Höhenkamm.

„Wenn Ersatz von Munition schnell ankommt, benötige keine Aushilfe an anderer Artillerie. $2^1/_2$ Uhr nachmittags. Gablenz." kam ein Zettel zu Benedek, als Zeichen, daß alles noch gut stehe. Aber da hatte das Blatt schon anderwärts sich so gewendet, daß man Ersatz und Aushilfe durch etwas mehr als Artillerie bedurfte!

— — — — — — — — — — — — — — — —

„Sehen Sie sich gefälligst um, da haben Sie den besten Bescheid!"

Es war der kläglich Geschlagene von Trautenau, der unverantwortliche Rückgänger ins Gebirge, das schwarze Schaf der Armee, es war der kommandierende General des ostpreußischen Korps, Bonin, — Liebling Sr. Majestät des Königs, obschon dieser ihm später auf Moltkes Vorstellung den Laufpaß erteilte, — der mit ausgestreckter Hand umherzeigte. Graf Waldersee vom Großen Generalstab, im flotten Galopp vom Roskosberge abgeritten, hatte bei Benatek die zur Deckung der Flanke abbeorderte Kavalleriebrigade Bismarck hinter sich gelassen und bei weiterem Durchreiten der hohen Kornfelder bei Zelkowic Bonin mit seinem Stabe gefunden, der mißmutig von einer Höhe aus das langsame Vorankriechen seiner Korpsspitze beobachtete. „Im Auftrage des Generals v. Moltke bitte Ew. Excellenz um Bescheid, wann wir das sehnlichst erwartete Eingreifen des I. Armeekorps erwarten dürfen."

Der Nebel umhüllte morgens noch völlig die unscharfen Spitzen der abgerundeten und sanft gewölbten Kuppen, jetzt verzog er sich so weit, sie sichtbar werden zu lassen. Aber Regenschauer schlugen immer noch das Korn auf den Feldern nieder und füllten die Wasserläufe mit dahinschießenden Anschwellungen. Der Wind gab dem Regen schräge Richtung, er tröpfelte die Helme herunter und fiel auf die gerollten Mäntel nieder. Kleesaaten, Rinnengräben, Fichtenhölzer bis zur Landstraße, abfallende Hohlwege an wellenförmiger Senkung der mit Getreide bestellten Ebene. Durch diese Gegend wand sich stundenweit die ostpreußische Heerabteilung hin.

„Ehe Die kommen, vergehen Stunden!" dachte Waldersee. Seine scharfen, schlauen Züge mit dem schneidigen Soldatenausdruck nahmen unverhohlen eine erboste, geringschätzende Miene an, als er sich beurlaubte. Peinlich und unangenehm fiel ihm auch

der Stab auf, der in bänglicher Stille mißvergnügt dreinschaute: wie der Herr, so sein Knecht, wie der General, so sein Stab.

„Darf ich mich nach dem Verbleib des Gardekorps erkundigen?“ fragte er noch. „Das muß wohl mehr links sein,“ sprach Bonin das große Wort gelassen aus. „Konnt' ich mir ungefähr selber denken,“ brummte Waldersee verdrießlich, indem er sich auf den Rückweg machte. Im hochstehenden Getreide des welligen Geländes entging ihm völlig, daß seitwärts vor ihm dichte Kolonnen vorauseilten. —

„Fest aufgeschlossen! Kein Mann austreten! Vorwärts marsch!“ Der Kommandeur eines Garderegiments sprengte die Marschsäule hinunter. „Grenadiere, hört ihr? Die Kameraden rufen!“ In der That hallten, je näher man kam, die früher in der dicken Luft nur vereinzelt und fern vernommenen Kanonenschüsse jetzt wie ein fort und fort grollender dumpfer Donner. „Vorwärts!“ donnerte es aus den Gliedern, alle Erschöpfung schien vergessen. Feldflaschen und Kochgeschirre baumelten tanzend auf und ab, als die Leute samt ihren Marketendern vereint den Schnellschritt anschlugen.

Als Waldersee nach Benatek zurückgelangte, hatte sich das Bild so völlig verändert, daß er seinen Sinnen nicht trauen wollte. Längst während er mit Bonin sprach, ja wohl schon, als er vom Roskosberge ritt, hatte weit vor ihm im Nordwesten das Zündnadelgewehr ein gewichtig Wörtlein gesprochen. Im unübersichtlichen Gelände und trüben Wetter hatte er nicht 'mal das heftige Schießen vor ihm bei Horenowes unterschieden. Jetzt erfuhr er erst vom General Fransecky, der soeben frisch und munter seine Division neu zu ordnen suchte, daß die Garde den Ostpreußen längst zuvorkam und seit einer guten Stunde im Kampfe stehe.

„Ich bin wenigstens auf der Flanke hinreichend degagiert, habe freilich die Hälfte meiner Mannschaft verloren.“ War nicht so schlimm, im Kriege vergrößert sich alles. Offenbar stand der noch immer schwer ringende Truppenführer unter dem Eindruck, er bestehe ein siegreiches Gefecht und werde zuversichtlich die Schrecken seiner Lage überstehen.

Waldersee eilte stracks zur Bistritz, die er auf einer Laufbrücke passierte, sein Pferd an der Trense führend. „Küß' die Hand, gnä' Herr!“ Ein österreichischer Gefangener hielt ihm gehorsam sein Pferd, als er aufsteigen wollte. Er war in eine Masse entwaffneter Weißröcke hineingeraten, die ganz vergnügt ohne Eskorte ins preußische Lager marschierten, augenscheinlich froh, des nutzlosen Kriegspiels ledig zu sein. Der preußische Edelmann sah mit Verachtung auf sie herab und dünkte sich Gott weiß was. Es kommt ja alles nur auf den Gesichtswinkel an.

Es mochte zwei Uhr vorüber sein, als Waldersee wieder im großen Hauptquartier eintraf. Er sah lauter finstere bleiche Gesichter, denn vom Vordringen des Kronprinzen spürte man nicht das geringste, hatte nur immer die schreckliche Lipabatterie vor Augen und spähte nur ängstlich nach den Truppenverschiebungen drüben, ob sich feindliche Offensive erkennen lasse. Waldersees Vortrag hörte der König mit großem Ernste an, ohne sich jedoch wesentlich aufheitern zu lassen, und wandte sich zu seinem Flügeladjutanten und Günstling, dem absolut zuverlässigen General v. Boyen: „Reiten Sie so schnell wie möglich zu Bonin: ich lasse ihm sagen, er soll sofort angreifen, mit dem, was er irgend zur Hand hat.“ Die letzten Worte unterstreichend, legte der Monarch in diese nachdrücklichen Worte schon eine Färbung von Ungnade, die ein Hofmann wie Boyen wohl verstand.

„Bonin treibt's wie bei Trautenau!“ murmelten einige vorwitzige Herren des Generalstabs. Damals gab's noch wenig Streber, im alten Kurs pflegte man dem Ochsen, der da drischt, das Maul nicht zu verbinden.

— — — — — — — — — — — — — —

„Sehr gnädig von Sr. Majestät!“ beschied Fransecky einen Adjutanten der königlichen Suite, der besorgt im Namen des Königs Erkundigung einzog. „Unser Befinden läßt zu wünschen übrig, doch den Umständen nach ist's gut. Also sagen Sie unserem allergnädigsten Herren, die 7. Division hält fest, wo sie steht. Punktum!"

Um dieselbe Zeit aber wandte sich der Herzog von Württemberg, ganz fälschlich als Renommist verschrieen, ein vornehmer, leutseliger Kavalier vom reinsten Wasser, der als Regimentskommandeur von ‚König der Belgier' bei Magenta sich ausgezeichnet und auf Besuch bei seinem früheren Regiment düstere Befürchtungen gestern geäußert hatte, sehr ernst an seine Adjutanten:

„Soeben erhalte ich Ordre zum Abzug. Sehen Sie, jetzt dürfte es zu spät sein! Merken Sie, daß unsere Kanonen bei Maslowed die Richtung ändern? Nach Nordwesten! Der neue Feind ist in Sicht! Das ist der Kronprinz. Sputen wir uns, die zerstreuten Truppen zu sammeln, ehe man uns von den Elbbrücken abschneidet! Wir brauchen eine gute Stunde bis Sendrasic. Wird ein hübsches Märschchen werden, enfiliert vom feindlichen Feuer!" Plötzlich fuhr er auf: „Großer Gott! Ich will doch hoffen, daß die Lindenhöhe von Thom besetzt ist! Sonst —"

Es fiel schwer genug, die wütend verbissenen Truppen aus dem Swiepwald zu ziehen, dessen Wegschlucht in der Mitte die Leichenmassen so überfüllten, daß man kaum mehr darüber vorwärts konnte, dessen feurige Schlüfte aber immer wieder verderblich anlockten. Noch tobte das Gefecht mit unverminderter Wut ohne Unterlaß.

. . Es war um die Zeit, als Benedek bei Lipa plötzlich rückwärts deutete, wo seine Reserven lauerten. Mit der selbstgefälligen Komödianterei, die seinem sonst so ehrlichen Wesen manchmal anhaftete und bei böswilligen Beobachtern Mißfallen erregte, stellte er laut die Frage auf: „Na, lassen wir's los?" Niemand wollte durch Beistimmung die Verantwortung auf sich nehmen. „Jetzt ist es Zeit," fügte Benedek nach einer Weile hinzu, als schwebe ihm das erlösende Wort schon auf der Zunge. Als aber seine Umgebung nun in Unruhe geriet und Stimmen sich erhoben: „Wenigstens warten, bis Nebel und Pulverrauch sich etwas verzogen!", warf der einst so unerbittliche und selbstherrliche Heerführer bloß mit gespieltem Unwillen hin: „Na meinetwegen!" Dies anscheinende Nachgeben unter Beeinflussung kam ihm gerade recht, da er heimlich vor dem entscheidenden Schritt zurückbebte . . .

Der grause Hexentanz tollte dahin in vielfältiger Verschlingung, in schiefen Windungen. Im Widerschein der Benateker Feuersbrunst leuchtete die glitzernde Schlange der aufwärts sich hinschlängelnden Bajonetthaufen, die Massen selbst hoben sich dunkel vom Gebüsch zu beiden Seiten ab. Soweit der Waldweg abwärts sichtbar war, sah man die Weißröcke laufen. Ihre abgewiesenen Schlachtreihen sausten mit erdrückendem Schwall den im Anzug begriffenen entgegen, die in Gefahr gerieten, so von den eigenen Kameraden selber umgerissen, niedergestürmt und gesprengt zu werden. Der hinabbrausende Wirbel von Menschen, Kanonen und Pferden wickelte auch tollkühn zu weit vorgewagte preußische Schützen ein. Protzwagen am Waldsaum kippten um. Rasend gewordene Gäule heruntergeschossener Stabsoffiziere rissen sich aus dem Knäuel heraus und die Fußgänger mit sich, die krampfhaft wie Ertrinkende nach Sattelknopf und Steigbügeln um sich griffen. Wer zugepackt und festhielt, ward im Fluge nach Maslowed hinausgetragen. Doch auf der nassen Haide platzte dann die arg gestraffte Sattelgurt, ohnmächtig betäubt blieben die Geretteten liegen. Im daherrasenden Getümmel strängten Kanoniere steckengebliebener Geschütze unter den vordersten Bäumen die Pferde ab und jagten in den Wald hinein. Es wimmelte überall von Versprengten, der vorübergebrauste Hauptsturm schien lauter Wracke an den Strand zu speien. Doch neu heranziehende kaiserliche Massen brachen sich Bahn durchs wühlende Branden, traten an Stelle der Aufgelösten in die Schlachtlinie ein. Bei Maslowed rückwärts brüllte die große Batterie, die eine Weile fast allein die Schlacht für Österreich zu tragen schien. Ihr Kugelhagel wetterte blindlings über die Felder in den aufstöhnenden Wald hinein, aus dem die Geschlagenen rückwärts ins Freie stürzten, an umgestürzten Munitionskarren und niederkrachenden Bäumen vorbei. Um den vorliegenden Batteriehügel wogte und sauste es von flüchtigem Getümmel, als seien alle Waldesgipfel in einem Orkan lebendig geworden und rauschten in heulendem Winde dahin.

Im Waldesdüster tappte man sich förmlich vorwärts durchs Dickicht, stolperte und strauchelte bei jedem Schritt über ausgestreckte Leichen und winselnde Verwundete. Vornehmlich an der nördlich vorgelagerten Waldzunge steckte jeder Busch voll davon, das Nadelgewehr hatte hier erbarmungslos gewütet. Ein halbersticktes Gurgeln wie von Ertrinkenden schien aus der Bistritz aufzusteigen, unheimlich wie Stimme unterirdischer Klagegeister.

Aber dann rasselten wieder die Trommeln auf der langen österreichischen Schlachtlinie, rasselten in scharfer Gangart vorfahrende Batterien, jäh und unversehens ergoß sich neue eiserne Flut in den Swiepwald, daß die vorderen preußischen Schützenschwärme bei Seite taumelten, rollte überm Haupt der besinnungslos Niedergeschleuderten fort. Hinter Verhauen und ineinander verfahrenen Wagen, im Gestrüpp auftauchend und verschwindend, blitzte das Pulver auf den Pfannen der Jägerbüchsen. Was soeben noch in sinnlosem Schrecken davonrannte, machte wieder kehrt. Aber das ungeahnte Schnellfeuer des Hinterladers, das diese Heerteile zum erstenmale im Feldzug schmeckten, rasselte wie zehntausend Teufel. Auf jeder Lichtung schichteten sich neben dem Klafterholz Haufen von Leichen. Unbesonnen Nachstürzende stäubten vor solch unvermutetem Empfang auseinander, die aufgezwungene Flucht teilte sich ganzen Bataillonen mit. Auch versagten von Nässe verdorbene Vorderlader mehrfach, was üble Befürchtungen weckte. Doch fochten die braven kaiserlichen Offiziere zu Fuß immer unter den Vordersten, alle Tapfern hielten um sie zusammen, und dies schien gegen die schwachen Häuflein der im Swiepwald verstreuten Preußen auszureichen. Die Strohdächer der Schuppen von Maslowed fingen nun auch Feuer und loderten auf. Noch qualmte das nasse Stroh mehr als es brannte, doch die Flamme griff leckend um sich und ihre Helle erleichterte den preußischen Batterien bei Benatek das Zielen. Kaum daß jedoch frische preußische Verstärkungen hinter den letzten Bäumen verschwunden, suchten die Österreicher schon wieder die nördliche Waldspitze in ihren Rücken zu gewinnen, die Entscheidung an sich zu reißen. „Hoch unser Kaiser!“ jubelte es aus dem tobenden Gemenge. Die Bataillone ordneten sich wie von selber, die Schmerzenslaute der Getroffenen erstickten unter dem Wutgebrüll, womit die Rotten sich über die geöffneten Lücken zusammenschlossen. Die Aussicht auf endlichen Sieg, den sie schon in Händen zu haben glaubten, entzündete bei den leicht erregbaren Slaven, Ungarn und Süddeutschen des Habsburger Heeres eine stürmische Begeisterung. Mit zweifelloser Bravour stürzten sie sich auf die Preußen, ihre Anstürme erfolgten blitzschnell mit dem Bajonett. Auch riß die furchtbare Wirkung der feindlichen Massenbatterie hinter Masloweb die Preußen wider Willen und unversehens wieder rückwärts. Wie von einer Windsbraut getragen, in kreisendem Wirbel drehte sich das Waldgefecht her und hin. Der Tod wütete um die oberen preußischen Führer her. Eine Kartätschkugel traf das Pferd des Generals v. Gordon durch den Kopf, doch bald emporgerissen kommandierte er zu Fuße weiter. Die preußischen Soutiens stürmten ihrer angewiesenen Bestimmung zu. Vor unerwartet geführten Gewaltstößen wichen die Weißröcke, auf die sich ergrimmte Norddeutsche warfen, die alte teutonische Furie.

„Es wird nur mit dem Bajonett angegriffen!“ vernahm man lautes Befehlwort, als einzelne Kompagnien stürmisch aus der Schlachtlinie ausfielen. Aber auch Kolbenschläge sausten, wo Stahl an Stahl klirrte. Die berühmten österreichischen Bajonettstöße, von denen man soviel geprahlt, erwiesen sich geradeso wie die französischen dem Preußen gegenüber als Legende, der sich im Handgemenge überlegen erwies. Wenn vorübergehend kein Schuß fiel, selbst naßgewordene Trommeln mal keinen Laut mehr gaben, scholl immer noch das furchterregende Hurrah der norddeutschen Kämpen. Dann wieder entschied ihr Schnellfeuer. Nur die vollen Granatlagen der Masloweder Feuerschlünde, über den Kopf von Freund und Feind auf die Kampfverschlingung am östlichen Waldsaum hingeschleudert, schafften zu weit vorgeprallten kaiserlichen Heerhaufen Luft, sich wieder gegen die eigene Schlachtordnung zurückzuwenden. Andere im Westteil des Swiepwalds vermochten dem furchtbaren Stoße nicht zu stehen. Was davon nicht augenblicklich niedergeworfen, flüchtete hinter die Reserven am Waldsaum, Wehr und Waffen von sich werfend. Aber ihre Feuerschlünde gaben dann wieder erschütternde Salven ab und räumten unter den Vordringenden auf, die wieder ins Innere zurück mußten. Die so befreite kaiserliche Infanterie rückte hinterher nach. „Fällts Gewehr!“ An gesonderte Büsche gepreßt, umzingelt, schafften die Magdeburger sich durch die starrenden Bajonettzäune berserkerhaft mit Kolbenschlägen Raum. Die Kolben knackten und krachten, andere preußische Kompagnien brachten Entsatz, der Strom der Nachdrängenden schloß über den Gefallenen zusammen. Dann lenkte das Gefecht wieder ins Innere ab.

Denn erst jetzt, als schon Benedek den Abzug befahl, setzten Thun und Mollinary ihre ganzen Kräfte ein. Aus dem Westwald brachen dichte Massen vor, grade auf Benatek los, in den Rücken des im Nordwald fechtenden Fransecky. Doch der Ort, von gesammelten Versprengten besetzt und zur Verteidigung hergerichtet, erwies sich haltbar und widerstandsfähig. Durch die Flammen des langsam niederbrennenden Dorfes hindurch tauschte man wechselseitig Salven aus, die Österreicher mußten eilig zurück. Aber sie hielten den Waldsaum in Besitz, ihr Granatfeuer äußerte fortdauernd seinen durchschlagenden Einfluß, sich in das dichte Holz richtend, dessen nordöstliche Ausläufer die ruhmvollen Verteidiger immer noch nicht fahren ließen. Auch konnten die sich drängenden Sturmangriffe der Kaiserlichen auf den schmalen Waldwegen nicht recht fortschreiten, die so viel schneller arbeitenden Zündnadelgewehre räumten allemal schrecklich unter den dichten blindlings daherstürmenden Massen auf.

Häuser, Bäume, Geschützrauch verdeckten jede Sicht zwischen Benatek und Maslowed, man feuerte durch Dampf und Dickicht dem Gehöre nach, wo man Signale und Kommandos der Attakierenden vernahm. Gleichwohl verbesserte sich zusehends die Siegesaussicht der Österreicher. Laut jauchzten schmetternde Klänge kaiserlicher Regimentskapellen durch den blutgetränkten Wald und das Vivatrufen der Kaiserlichen übertönte noch die Musik. Obschon sie jeden Zollbreit gewonnenen Bodens mit ihrem Blute taufen und mit vielen Leben zahlen mußten, rückten doch immer neue Massen in den Wald ein. Mit jedem Buschfleck, den sie gewannen, verloren sie Leute; den großen Waldweg in der Mitte bedeckten rotbetupfte weiße Haufen weißröckiger Verwundeter.

Aber Mut und Ausdauer bei solch ungeheurer Übermacht mußten doch den Ausschlag geben. Schon lag ein Viertel der Magdeburger Division tot und verwundet. Hageldicht fielen die Granaten von Maslowed und Cistowes her auch unter die Verteidiger von Benatek und das entstandene Blutbad vermehrte sich noch. Wohl erwog Fransecky den Gedanken an das Unvermeidliche. Sollte man sich mit dem Vorsatz versöhnen können, nun doch den Wald ganz zu räumen? Fast faßte er den Entschluß, doch verwarf er ihn wieder.

„Hier sterben wir!“ rief der kleine General den Seinen blitzenden Auges zu und hochherzig hielten sie aus. Ihre unermüdliche Anstrengung, nach Süd, Nord, Ost gleichzeitig ringend, wahrte sich immer noch Kraft genug, in den ferneren Gang der Schlacht einzugreifen. Sie ließen nicht nach.

„Man hat's in der Schule gelernt: ‚Ich wollt', die Nacht wäre da oder der Blücher!' Wir sind hier keine Wellingtons, aber uns ist's gradeso ums Herz. — Gott sei Dank!" begrüßte Fransecky einen Generalstäbler, Major v. d. Burg, der ihm das Eintreffen der kronprinzlichen Heeresspitzen auf der Walstatt verkündete. „Aber nun bitte ich sofort in die feindliche Flanke bei Maslowed zu wirken. Überbringen Sie auf der Stelle die Aufforderung! Gott mit Ihnen!" Dies war schon nach ein Uhr.

Bravourös die feindlichen Schützenketten pfeilschnell durchreitend, gelangte der treffliche Generalstäbler wirklich zur Tête des heraneilenden Gardekorps. Fransecky aber durchflog die Reihen seiner Braven oder sandte Offiziere umher mit der Kunde: „Der Kronprinz kommt!"

Es mochte zwei Uhr sein. Der Wiederabzug der Angreifer von Benatek nach dem Walde ließ gleichzeitig ein Bataillon des Regiments Erzherzog Ferdinand ohne Anlehnung, das ganz weit nordwestlich den Bistritz-Büschen zustrebte. Auf der Stelle ward es vom Magdeburger Husarenregiment — Major v. Hymmen, später als Kommandeur der Gardehusaren in Nordfrankreich hervorragend — überrumpelt und streckte die Waffen auf den entsprechenden Zuruf, wobei ein Gefreiter das Bataillon durchritt und dessen Fahne herausriß. Wo die letzten mürben Abteilungen Franseckys aus der inneren Waldweghöhe in den Nordzipfel der Waldecke hinabgeworfen wurden, fochten I und F 66 mit staunenswerter Energie, jedes Nachstoßen des Gegners durch vernichtendes Schnellfeuer und nachfolgende Bajonettattacke züchtigend. Bei Cistowes wogte das Gefecht immer auf gleicher Stelle, General v. Gordon opferte sich in vordersten Reihen auf, mit ihm überboten sich alle höheren Führer in Todesverachtung. Die Westseite des Dorfes und die Nordallee blieben im Besitz der heroisch standhaltenden Häuflein, eine schwarzgelbe Fahne ward stürmender Hand erbeutet, schneidige Anläufe der hier fechtenden Teile III. und IV. k. k. Korps blutig abgeschlagen. Doch verlor ein Halbbataillon 67er allein neun Offiziere hundertsiebzig Mann. Die mannhaften Kämpen, die hier ein Beharren sondergleichen bethätigt hatten und sich heimlich doch schon verloren gaben, sahen sich erst gegen drei Uhr befreit, als zu ihrem grenzenlosen Erstaunen dicht vor ihnen die Gardefüsiliere in Cistowes eindrangen. Bis halbdrei dauerte das Waldgefecht bei Maslowed fort, doch schon vor zwei Uhr merkte Fransecky aufatmend ein stetiges Nachlassen und Verebben der feindlichen Angriffe. Und plötzlich avancierte preußische Garde gegen die Scheunen von Maslowed, wo Feuer ausbrach! „Hurrah, hurrah! Wir kriegen sie doch noch! Sie ziehen ab!"

Die Divisionsartillerie trabte vor, die geräumte Höhe von Masloweb einnehmend, von wo so lange gegen sie selber Vernichtung spie. Und während das Gros der Heldendivision sich endlich sammelte, blieben die Vorderteile dem Feinde auf den Fersen und beschossen kräftig die Marschkolonnen des nordöstlich Chlum und Nedelist zustrebenden Mollinary.

Rund neunzig Offiziere zweitausendzweihundert Mann (einschließlich Artillerie und zwei Bataillone Horns) lagen tot und verwundet, wovon die 26er reichlich ein Drittel alleine trugen. Aber der feindlichen Übermacht floß das Blut in Strömen aus noch viel schmerzlicheren Wunden. Denn das Korps Festetics verlor heut allein an Toten und Verwundeten zweihundertsiebzehn Offiziere viertausendsiebenhundertsiebenundachtzig Mann, wozu der spätere Nachmittagskampf in den Chlumer Schanzen wohl nur noch wenig beigetragen haben mag. Rechnet man die Gefangenen und Thuns Einbuße hinzu, so darf man Fransechys Waffenwirkung getrost aufs Drei- bis Vierfache der eigenen Einbuße schätzen.

Dies Endergebnis blieb um so erfreulicher, als die an sich vorzügliche und heut in vorzüglichen Stellungen vorzüglich geleitete Artillerie des Gegners diesmal das bisher entscheidende Übergewicht des Zündnadelgewehrs größtenteils lahmlegte und ausglich, zumal es bei solch unübersichtlichem Waldgelände nicht ausgiebig wirken konnte. Nur wo die immer noch zu unbehilflich massierten Österreicher glatte Flächen betraten, wuchs ihr Verlust ins Maßlose und übertraf weit den der Preußen. Sonst aber trat sogar deren Überlegenheit im Tiraillieren, die sich speziell im Waldgefecht später selbst den Franzosen furchtbar machte, hier nicht mal unbedingt in Erscheinung, da fünf so prächtige Jägerbataillone der Alpenländer ihr Handwerk musterhaft übten. Überhaupt schlugen sich II. Korps (ganz intakt) und IV. (nur bei Schweinschädel neulich ein wenig mitgenommen, eigentlich nur Rgt. Erzherzog Josef, das dort tausend Mann verlor) durchweg gut, teilweise hervorragend, und die zweitausend Gefangenen, die sich zuletzt hinter der Front Fransechys ansammelten, entstammten wohl kaum einer minderwertigen Bravour des k. k. Soldaten, vielmehr dem Verwirrenden der Waldkämpfe, wo das ungestüme Vorstoßen der Preußen bis zum jenseitigen Waldsaume ganze Teile im Innern unversehens abschnitt. Übrigens dürften zahlreiche Versprengte, Gefangene, Vermißte, Abgekommene Fransechys später beim Umschwung der Schlacht wieder befreit worden sein.

— — — — — — — — — — — — — — — — — — — —

An Befreiung der bei Benatek Gefesselten hatte schon II 2. Garde teilgenommen. Auch heraneilende Reiterei Prinz Friedrich Karls, welche Verbindung mit dem Kronprinzen aufsuchen sollte, vereinte sich den Gardehusaren, um abziehenden Weißröcken die Bekanntschaft mit preußischen Klingen zu verschaffen. I Jellacic (Thom) sah sich beim Abzug aus Racic wiederholt von Pommerschen Dragonern und Brandenburgischen Ulanen, sowie einer Schwadron Gardehusaren angefallen, entzog sich aber in geschlossenem Viereck hinter den Hügel von Horenowes dem Anreiten, das mit müden Pferden in aufgeweichtem Hohlweg nicht durchzudringen vermochte. Zwar attackierten die Dragoner dann nochmals die Queue des auf Nedelischt abmarschierenden Herzogs v. Württemberg. III Sachsen-Weimar wies aber durch nahe Salven den Anritt völlig ab, wobei sechs Geschütze, die dies Nachhutbataillon mit sich führte, an den eingeschnittenen Wegrändern spielten. Den Kommandeur des Dragonerregiments durchbohrten vier Kugeln, als er an der Spitze seiner Schwadronen den Choc leitete. „Trifft denn mich weder Stahl noch Blei?" suchte umgekehrt der tapfre Herzog, in Verzweiflung über das Schwinden jeder Siegeshoffnung, hier umsonst den Tod.

Regiment Roßbach und das 2. Feldjägerbataillon, das früher Horenowes-Fasanerie hielt, waren zum Trotinawäldchen zurückgegangen. Auf den Wiesen winkten die Jäger mit weißen Tüchern, als ob sie sich ergeben wollten, worauf die preußischen Schützenschwärme sich aus ihren Deckungen erhoben. Da traf sie alsbald ein Kugelregen, einen Major verwundet niederstreckend. Die erbitterten Preußen stürmten aber auf der Stelle den Abhang hinauf in den verräterischen Feind, der schleunigst ausriß. Seine Gefangenen machten unliebsame Erfahrung mit deutschen Fäusten.

Trotina=Mühle, Dorf Trotina und Sendrasic fielen nacheinander. Um zwei Uhr suchte Brigade Henriquez nur noch die wichtige Brücke von Lochenic zu decken. Zwischen sie und Brigaden Saffran und Württemberg, die sich noch auf dem Marsch nach Nedelist befanden, drängte sich die Avantgarde des Generals v. Hiller. Nur Brigade Thom stand schon vorwärts Nedelist gefechtsbereit an der sogenannten ersten Schanze. Hinter ihr die voraufeilende Artillerie von Mollinary, die im Schanzenabschnitt Chlum=Nedelist Posto faßte. Schon früher gingen zwei Divisionen der Armeegeschützreserve — zwei unter Oberst Tiller hatte Benedek nach Lipa schon mittags abgeschoben — von Sweti, wo bereits Granaten des Prinzen Hohenlohe einschlugen, bis in Höhe von Nedelist vor. So donnerte denn dem Kronprinzen schon in den ersten Nachmittagsstunden eine bedeutende Geschützlinie entgegen. Maslowed bis zuletzt mit II. Steininger festhaltend, war die noch unberührte Brigade Josef bis zur Schanze östlich von Chlum zurückgeeilt, hinter ihr rückten die trümmerhaften Brigaden Poeckh und Brandenstein ein, was von ihnen noch übrig war. Oberst Fleischhacker hingegen verblieb für seine Person mit seinem Truppenkörper bei Cistowes, wo gleichfalls erhebliche Verschiebung inzwischen stattfand. Denn die dort bislang fechtende Hälfte der Brigade Appiano III. Korps nahm Erzherzog Ernst größtenteils nach ein Uhr hinter den Höhenkamm zurück.*)

Das tapfre Regiment Mecklenburg der Brigade Württemberg hatte 55% der Offiziere, 37% der Mannschaft verloren: nach der Kopfzahl mehr, als irgendeine Truppe in diesem Feldzug. (Rgt. Preußen bei Nachod 60% Offiziere, 25% Gemeine, Rgt. Salvator bei Skalitz 60% Offiziere, 35% Gemeine, 5. Jäger 75% Offiziere, 30% Gemeine.)

---

*) Die Berechnungen über die Fransecky gegenüberstehende Bataillonsanzahl sind alle falsch. Einerseits rechnet man Hälfte Appiano irrig nicht mit: Also nicht „51“, sondern „53“ ist richtig. Nun fochten aber von Brigade Josef nur die Jäger, von Thom nur drei Bataillone. Sind somit acht abzuziehen, bleibt 45.

Auch Rgt. Erzherzog *Wilhelm* hatte gestritten und gelitten, seiner Tradition würdig: einst Rgt. Botta bei Collin, wo Daun das große Wort gelassen sprach: „*Man sollte ihm das Mariatheresiakreuz in die Regimentsfahne sticken!*“, und bei Magenta neun Stunden lang fechtend mit 600 Mann Verlust. Das *Siebenbürger* Rgt. Karl *Ferdinand* war nicht mehr kampffähig. — Bis zum letzten Augenblick fochten die kaiserlichen Truppen mit unveränderter Bravheit. So Brigade Mondl (Trautenau) bei Blumenau, wo auch die heut so wenig engagierte schwarzgelbe Brigade Henriquez ihre Steirer des Rgts. Belgier und 9. Jäger aufs bravste einsetzte und Graf Thun sich entschlossen genug benahm, einen berühmten Gewaltmarsch hinter sich. Und bei Tobitschau ließ die erst zuletzt angelangte, bisher fehlende Brigade Rothkirch des VIII. Korps weder Schneid noch Hingebung vermissen (Rgt. Toscana verlor hier zehnhundertdreiundvierzig Mann.) — Es verlangt besondere Erwähnung, daß die Mehrheit der preußischen Offiziere keinerlei Kriegserfahrung hinter sich hatte. Nur ein Teil der Garden, die Brandenburger und die hier nicht anwesende Westfalendivision Goeben schmeckten Pulver bei Düppel und Alsen; was aber bedeutete dies im Vergleich zu dem großen italienischen Feldzug mit seiner Hauptschlacht Solferino! Damals standen die heutigen Korpsführer Gablenz, Ramming, Festetics (Rgt. Reischach bei Solferino), Hartung (jetzt hervorragend bei Custozza) noch als Brigadiers. Die heutigen Brigadiers Thom und Ringelsheim (letzterer auch eine zeitlang Militärbevollmächtigter in Dresden vor Eröffnung des Feldzugs) waren damals Stabschefs von Clam-Gallas und Stadion; der heutige Stabschef des Korps Clam, Litzelhofen, hatte damals das gleiche Amt beim Korps Benedek, das allein so glänzend abschnitt. Catty und Doepfner bekleideten die gleiche Charge wie heut. *Durch welche ernste Schule gingen sie also alle hindurch! Wie unbekannt erschienen daneben die preußischen Namen! Wer sollte im Brigadier Alvensleben und im Stabschef Prinz Friedrich Karls, Voigts-Rhetz, die künftigen Helden von Vionville-Mars la Tour ahnen!* Aber was half die Kriegserfahrung bei der unausrottbaren nationaleigentümlichen „Schlamperei“ im kaiserlichen Heere! Unerklärliche Verwirrung herrschte mehrfach bei Befehlsübermittelung. So traf ein Generalstabshauptmann, um ½3 Uhr an Edelsheim gesendet, erst um 4 Uhr bei diesem ein und meldete unfaßlicherweise: es bestehe ein „Loch“ zwischen Gablenz und Edelsheim, das gefüllt werden müsse! Im Gegenteil hatte er melden sollen, es bestehe beim Feind eine Lücke zwischen Elbarmee und Prinz Friedrich Karl, die Edelsheim benützen solle! So ward dieser hervorragende Reiterführer völlig lahmgelegt. Ach, die Thaten des kühnen Oberst Pulz mit Tranaulanen und Kaiserhusaren bei Custozza mußte er heut umsonst beneiden!

— — — — — — — — — — — — — — — — — —

„Was liegt in Chlum?“ erkundigte sich der Feldzeugmeister kurz, der immer noch in Gegend von Lipa scharfen Blicks das feindliche Zentrum musterte, ohne sich viel um seine Rechte zu kümmern.

„Zu Befehl, II III Sachsen-Meiningen, Brigade Appiano, wie sie schon seit neun Uhr vormittags dort Stellung faßten.“

„Das genügt vollkommen. Graf Thun flankiert ja den Feind, sollte er stärker debouchieren, von Sendrasic her.“ Daß dieser wichtige Punkt, elend schwach verteidigt, schon von Zastrow besetzt, wußte Benedek noch nicht. Ihn beschäftigten augenblicklich viel mehr die Meldungen des Kronprinzen von Sachsen über Vordringen der Elbarmee. Er ahnte nicht, daß die schwerste Wetterwolke sich in entgegengesetzter Richtung zusammenballte.

Der Kommandant der Gardeartillerie, Prinz Hohenlohe, hatte gegen den Abzug Mollinarys, der mit unleugbarem Geschick hinter dem verbergenden Vorhang des Höhenrückens Horenowes-Masloweb erfolgte, wenig wirken können. Um halbdrei Uhr zog er aber seine Artilleriemassen über die Baumschule Masloweb-Nedelist hinweg und bewarf den Feind auf vierzehnhundert Schritt, während sein rechter Flügel Cistowes beschoß, wo immer noch starkes Gefecht wogte. Auch nach Sweti reichten seine Geschosse in die tiefen Massen hinein, die dort als allgemeine Heerreserve Benedeks aufgestapelt. „Das I. und VI. Korps dürften möglichenfalls eine Frontveränderung ausführen“, begnügte sich dieser Feldherr als Weisungswink hinzuwerfen, indes sich schon Gardedivision Hiller zum Angriff formierte. Unter dem Granathagel von mindestens hundert Geschützen nur in der Front nebst entsprechender Flankenbeschießung trat I 2. Garde zum Sturme an, gefolgt im Vordertreffen vom 1. und 3. Garderegiment nebst I II Gardefüsilieren der Brigaden Pape und Obernitz. F 1. und 2. Garde und III Füsiliere unter Oberst v. Kessel folgte nebst den Gardejägern und den Pionierkompagnien. Bei weiterem Vorgehen traten jedoch I II 2. Garde hinter das sich öffnende Gros zurück und folgten als Echelon hinterm rechten Flügel. Den Obersten v. Pape hieß Hiller im Grund von Masloweb und I 2. Garde auf der Wiese nach Chlum haltmachen, und kam so, während Obernitz zum Rangieren der Schlachtformation mit auseinandergezogenen Bataillonen stehen blieb, das Füsilierbataillon 2. Garde mit in erste Reihe.

„Auf den Kirchturm los!“ lief die Losung die Reihen hinunter. Und der Eifer, an den Feind zu kommen, drängte die Hintertreffen dicht an die Vordersten heran. Das I. Bataillon 1. Garderegiments, die vornehmste Truppe des Königreichs Preußen, das Leibbataillon der Hohenzollern, hatte die Ehre, zuerst auf den Feind zu stoßen östlich von Chlum.

Die sogenannte „dritte“ Schanze deckten dort links III Schmerling und I Steininger, rechts 30. Jäger. Die kümmerlichen Reste der im Wald von Masloweд so gut wie vernichteten 8. und 27. Jäger schlossen den Kreis weiter östlich, rechts von der „zweiten“ Schanze, hinter welcher und zwischen der zweiten und dritten I II Schmerling II III Steininger die Vertiefung füllten. Die „vierte“ Schanze westlich des Nordeingangs von Chlum lag links der „dritten“, von III Schmerling zunächst gedeckt. Fünf Batterien füllten diese Geschützstände. In den Hohlweg nach Nedelist zu führte Major Jaczkowski III Sachsen-Meiningen, in Chlum selbst stellte Oberstlieutnant Baron Schimmelpfennig das II. Bataillon auf.

Die „zweite“ Schanze ward alsbald erstiegen, zwei Geschütze erobert, der Feind geworfen. Die „dritte“ erstürmte II 3. Garde im Verein mit einem Schützenzug 2. Garde unter Lieutnant Chorus, dem einzigen Bürgerlichen im Gardeoffizierkorps. Eine reitende Batterie feuerte noch auf fünfzig Schritt mit Kartätschen, aber es war die letzte Lage, die sie abgab! Zur Stelle sank ihre gesamte Bespannung unter Schnellfeuer zusammen, auch die übrigen dortigen Batterien wurden ereilt, nur zwei Stück entkamen.

Die drei Füsilierbataillone des Obersten v. Kessel brachen auf beiden Seiten der dritten Schanze in der Mitte durch, ohne sich um schwaches Gewehrfeuer aus Chlum zu kümmern. Die Achtpfünder der vierten Schanze suchten der Abschneidung zu entrinnen, erlagen aber dem Schnellfeuer der Leibkompagnie 1. und einem Halbbataillon 3. Garderegiments.

Es traten nun jedoch neue Kräfte auf, die eine rückwärtige Schlachtordnung gebildet hatten. Nämlich ganz östlich der Schanzreihe Teile der Brigade Thom, während als Bedeckung von acht Batterien Hoffbauers, die natürlich kräftig dem Kampf um die Schanzen sekundiert hatten, in der Wiesensenke hinter der zweiten und dritten Schanze das jammervoll geschmolzene Rgt. Erzherzog Josef und weiter rechts, zwischen die Reste der Brigade Brandenstein geschoben, das schon ganz zu Grunde gerichtete Rgt. Erzherzog Ferdinand der Brigade Poeckh dienten.

„Halt an! Halt an!“ Verwegenen Mutes jagten ein paar Adjutanten und Ordonnanzen des Divisionsstabs und der Kommandeur der Gardehusaren, v. Krosigk, einem Achtpfünder nach, der im

Galopp sich zu retten suchte. „Nimm das, verflixter Preuß!" Oberst v. Krosigk erhielt zwar von einem Reitkanonier einen gehörigen Denkzettel, dennoch brachte er das Stück zum Stehen und die paar Offiziere zwangen es triumphierend zur Rückfahrt in die preußische Linie.

Das alles hatte sich blitzschnell abgespielt. Brigade Poeckh konnte ja naturgemäß nur schwachen Widerstand mehr leisten, aber Brigade Josef betrug sich unter aller Kritik. „O ihr Memmen, so steht doch, feige Hunde!" Verzweifelt schlugen die tapfere Offiziere mit flacher Klinge auf ihre Mannschaften ein, die ritterlichen Kinder Arpads beim Regiment Schmerling und die armen Slowakischen Rastelbinder des Regiments Steininger. Wie durch Hexerei jählings vor ihnen auftauchend, überschüttete sie der gewaltige Feind, dessen Ordnung und Schnelle im Laufschritt mit voransprengenden Kommandeuren, kurzen Trommelschlägen und langatmigem Hurrah ein überwältigendes Bild von Unwiderstehlichkeit erschütternd vor Augen führte, mit seinem höllischen Bleihagel. Schon der ungewohnte Anblick, mehr noch als die Kugelsaat, entmannte die Magyaren und Slowaken. „Kinder, laßt mich nicht im Stich!" Der tapfere Erzherzog Josef, persönlich schon mit seinen Jägern in den Masloweder Kampf verwickelt, wobei ihm zwei Pferde unterm Leibe getötet, brach verwundet mit seinem dritten Streitroß zusammen. Aber so beliebt dieser Prinz als Sohn des alten Palatinus von Ungarn, sein Zuruf verhalte in dem Flüchtlingsschwall. Umsonst schrieen der Artilleriekommandant Hoffbauer, ein Held im vollen Sinne des Wortes, und seine deutschen Offiziere und Kanoniere, die aufopfernd heranflogen und hart hinter den Schanzen auffuhren, die Weichenden an. „Haltet stand bei uns! Wir stützen euch!" Man hört nicht oder will nicht hören, der Ungar vergißt ja immer das wohlbekannte Deutsch, wenn's ihm paßt. Beide Obersten der Brigade wälzen sich sterbend in ihrem Blute, neben ihnen ihre besten Offiziere tot niedergestreckt. Erst bei Sweti kann der verwundete prinzliche Brigadechef, der zähneknirschend zusieht, wie seine Truppe sich mit Schmach bedeckt, sie wieder zur Ruhe bringen.

Schließlich ward, nachdem das Schicksal von Chlum selber entschieden, auch Brigade Brandenstein weggedrängt, welche Oberstlieutnant Gareis, der interimistische Stabschef, zum Stehen brachte. Hoffbauers Artillerieabteilung entzog sich staffelförmig den vorprallenden Schützenlinien, wobei seine Rechte schon mit den Schlesiern südlich Nedelist in unangenehme Berührung trat.

Dreiundzwanzig Geschütze hatte die Garde schon erbeutet, die ganze vordere Schanzreihe in Besitz, als erst ernstlich aus Chlum das Feuer eröffnet wurde. Unerwarteterweise hatte man nicht nur bei Horenowes, sondern sogar hier im Herzen der österreichischen Schlachtordnung den Feind förmlich überrascht. Dies erschien unbegreiflich, läßt sich jedoch einigermaßen erklären, obschon die kühnste Hoffnung bei Anlage dieses gepriesenen Schlachtplans auf solch anscheinende Unmöglichkeit niemals rechnen durfte. Das Überschreiten der Elbe und der Anmarsch der Kronprinzenarmee blieb freilich in gewissem Sinne unbemerkt, insofern die Kavalleriepatrouillen der 2. Leichten Division den an der Elbbrücke entdeckten Anmarsch der Schlesier nicht rechtzeitig genug meldeten, diese Reiterdivision an der Trotina überhaupt mit sträflicher Nachlässigkeit das Flußgelände bis Dubenec und Daubrawic nicht aufklärte. Aber bei der so großen Ausdehnung der Walstatt entgingen die verhältnismäßig noch so schwachen preußischen Schlachthaufen, die jenseits der Trotina und auch später überm Höhenzug von Horenowes im Nordwesten auftauchten, anfangs dem Auge, auf der weiten Fläche verloren, wo so riesige Massen im Südwesten und Nordosten sich gegenüber anhäuften. In der weiten Entfernung hielt man das verhältnismäßig geringe Schießen selbst noch bei Sendrasic für irgend eine Demonstration, das bei Horenowes für bloße Fortsetzung des Flügelkampfes bei Benatek. Selbst als die zahlreichen Feuerschlünde des Prinzen Hohenlohe um zwei Uhr ihren Chorgesang erhoben, verhallte dies gleichsam unbeachtet im ungeheuren Toben bei Cistowes-Lipa-Problus. Auch erschwerte der noch immer brauende Nebel thatsächlich jede Fernsicht. So kam es, daß Hören und Sehen aller zwischen Chlum und Lipa stehenden Truppenkörper, sowie die ganze Aufmerksamkeit des Oberbefehlshabers selber fast ausschließlich sich dem gewaltigen Frontalkampf an der Bistritz zuwendete, der seit Morgen alle Sinne gefangen hielt. Wie dem auch sei, die schwache Besatzung von Chlum war nicht verstärkt worden, als schon der blitzschnelle Anlauf der Garden die Verschanzungen in ihre Hand brachte. Mit gleicher Schnelligkeit richtete I 1. Garde sich nun gegen das Dorf.

„Schießt's nur fesch, Bursche!“ General Appiano durchritt mit erprobter Ruhe seine am Boden liegenden und emsig feuernden Mährer Jäger, die noch bis zwei Uhr gegen die Allee von Cistowes im Anschlag lagen. Obschon die Besatzung von Chlum meldete, die feindliche Artillerie beschieße den Ort, kümmerte sich der sorglose Brigadier durchaus nicht um seinen Rücken. „Den hält mir ja das IV. Korps frei, im übrigen müssen halt schauen, daß wir nicht unnütz uns der Kanonade aussetzen." Er verdeckte daher Rgt. Erzherzog Heinrich hinter einer Bodensenkung, weit hinter Chlum, von wo man das Dorf nicht mal sehen konnte, I Sachsen-Meiningen unter Major Noak etwas näher, seitwärts hinter dem Hohlweg. Beide Regimenter bestanden aus Magyaren, unter denen Klapkas Emissäre lang schon wühlten, vom Aufopfern für eine verlorene und den Ungarn gleichgültige Sache wenig erbaut.

„Herr Oberst, kommen Sie rasch! Ein Angriff steht uns bevor!" eilten Offiziere in Chlum stürmisch an ihren Kommandeur heran. „Von der Nordspitze können Sie's sehen!" Aber Oberst Slawecky, kurzsichtig, vermochte die Helme der Garde nicht zu erkennen, wie sie unter Getreidewellen und Bodenvertiefungen aufblitzten und untertauchten: „Meine Herren, Sie sind Schwarzseher."

Vom Durchbrechen der Schanzreihe Nedelist-Chlum konnte auch Appiano rückwärts nichts bemerken, und während das vierte Korps regellos zur Chaussee südöstlich auswich, sah sich die befestigte Westseite von Chlum umgangen. Von Osten her drangen die Garden so überraschend in Dorf und Hohlweg ein, daß beide ungarischen Bataillone im Handumdrehen buchstäblich in Stücke geschmettert waren. Der Oberst deckte die Walstatt mit der Mehrzahl seiner Offiziere. In Mitte des Dorfs sammelte sein Bataillon zu entschlossener Gegenwehr Oberstlieutnant Baron Schimmelpfennig, doch blieb er schwer verwundet liegen.

Kaum aus dem Dorf herausgeschlagen, wo die Meisten schon erschossen oder entwaffnet, vermengten sich die Überreste mit dem I. Bataillon, das Major Noak pflichtgemäß heranführte, vom Gehör dem Schalle nachgeleitet, da man von rückwärts das Gefecht selber nicht sah. Appiano selber rührte sich noch nicht. Dagegen folgte das erste Treffen der Brigade Brandenstein dem anfeuernden Korpsstabschef. Noch wäre denkbar gewesen, die so wenig zahlreichen Eroberer von Chlum ins Innere zurückzuwerfen. Doch den verhängnisvollen Augenblick verdüsterte eine neue Laune des Schicksals. Wie eine Windsbraut brauste es gegen Nordspitze und Hohlweg von Chlum, erst Husaren, später Ulanen, Kürassiere durcheinander. Sie kamen und gingen, aber sie brachten nicht Hilfe, sondern Verwirrung, wo sie den Hohlweg mit Leichen von Mann und Roß verstopften. Weithin bezeichneten Tote die Bahn, wo Fußvolk und Reiterei durcheinanderwirrten, Bataillon Noak noch vor der Entwickelung sich umgeritten sah. Das Schreien der Durchbrochenen, das Abprallen der Reiter vor Chlum, ihr Davonstäuben mit verhängtem Zügel drängte sich wie ein Theatereffekt in wenige Minuten zusammen. Aber sie besiegelten den Untergang des Regiments Sachsen-Meiningen, das auf ein schwaches Drittel seines Bestandes binnen einer Viertelstunde schmolz. Über Vierhundert tot, dabei die Unglücksziffer dreizehn der Offiziere, dagegen nur über Zweihundert verwundet, und vierzehnhundertvierzig gefangen, dazu meist unverwundete sechsunddreißig Offiziere. Zwar ging das erste Treffen der Brigade Brandenstein, die heut am längsten focht, entschlossen genug vor, brach aber unter mörderischem Kugelregen zusammen, zwei Bataillonskommandeure blieben auf dem Platz und auch Oberstlieutnant Gareis beim mißglückten Versuch, schwer getroffen. Auch die Jäger waren nach geringem Kampf über den Hohlweg hinausgeworfen worden.

General v. Hiller in Chlum sah auf die Uhr: „Ein Viertel vor Drei!" Unverzüglich schickte die Garde sich an, nun auch bis Rosberic vorzustoßen. Ihre rückwärtige Flanke hatte bereits durch ein scharfes Gefecht gesichert werden müssen. General v. Alvensleben, der mit I II Gardefüsiliere II 2. Garde um halbdrei Uhr auf den Wiesenweg Masloweb-Chlum avanzierte, bemerkte nämlich eine bedeutende Abteilung, die von Cistowes her aus dem Lipaer Wald debouchierte. Oberst Fleischhacker, begleitet vom 7. Husarenregiment, rückte auf Nebelist seinem Armeekorps, von dem er irrtümlich abgekommen, derart nach, daß hierdurch der Rücken jener östlich Chlum heftig fechtenden Garden bedroht erschien. Die Husaren, welche nördlich von Chlum herumbiegen wollten, stießen jedoch bei der, schon vom vorrückenden Gros der Garden verlassenen, Schanzreihe auf Gardepioniere und I 2 Garde, das kürzlich in Reserve geblieben war, nachdem es den Weg für das Gros der Garden freigemacht. Umsonst suchte Oberst Graf Degenfeld sich bei Chlum durchzuschlagen, das Husarenregiment ward ganz zerrissen, einen Rest führte der Oberst um den äußersten Flügel der Gardedivision herum in Sicherheit, der Hauptteil irrte in weitem Bogen nach Masloweb, wohin auch die Batterie Fleischhackers trabte, da man den Ort noch von Brigade Josef besetzt glaubte. Oberst Fleischhacker ward auf dem Marsch alsbald von den Gardefüsilieren in der Flanke gepackt und teils nach Cistowes, teils nach Lipa-Wald versprengt, wobei er all' seine Geschütze an drei verschiedenen Punkten liegen ließ. Förmlich abgeschnitten, ging er südwestlich um Chlum herum, auf Umwegen Anschluß an Mollinary zu finden. Drei Batterien der Gardekorpsartillerie — eine vierpfündige, eine sechspfündige, eine zwölfpfündige — hatten hierbei den abgesprengten Hauptteil der österreichischen 7. Husaren mit Kartätschen bearbeitet, die vom Südausgang von Masloweb nun nach den Wiesen von Sendrasic hinüberbrausten.

„Was sind denn das für Kerle? Österreicher, hier?!“ Der Kronprinz, mit seinem Gefolge auf die Höhe von Maslowed vorgeritten, mußte vor dem verzweifelten Schwarm den Abhang hinab zur zweiten Gardedivision flüchten, die soeben hinaufrückte. Eine Schwadron Gardehusaren warf sich zur Bedeckung des Kronprinzen auf den Reiterhaufen und trieb ihn abwärts, so weit, daß die Avantgarde des ostpreußischen Korps ihn auffing.

„Ich bitte dringend alle verfügbaren Kräfte mir sofort nachzuschieben,“ sprengte General v. Hiller persönlich zu Alvensleben heran. „Der Feind scheint mit starken Massen von Sweti vorzugehen und die 1. Division bedarf des letzten Mannes, um sich zu behaupten. Ein sehr schwerer Kampf steht noch bevor.“

Die drei Gardebataillone, welche Fleischhackers Niederlage vollendet hatten, suchten also ihr Gros wieder auf. Ihre Verfolgung nach Cistowes hatte dort endlich auch den rechten Flügel Fransecky's befreit, wie seinem linken bei Benatek vordem durch II 2. Garde unter Oberst v. Pape Hilfe gekommen war. Die ursprüngliche österreichische Artillerielinie zwischen Nedelist und Chlum war in der Mitte durchbrochen worden, ging daher nach Verlust von dreißig Geschützen — wozu sich dem Sieger noch die acht Fleischhackers gesellten — in eine neue rückwärtige Aufstellung, stellte jedoch ihr Feuer nur vorübergehend ein, das sofort wieder nachdrücklich begann. Dies um so mehr, als Prinz Hohenlohe sich zur Linken der Gardedivision setzte und gleichzeitig auch das Schlesische Korps bedrohlich weiter rückte. Die Brigade Hanenfeldt, insbesondere die dereinst bei Wörth so ruhmreichen 50er, gerieten alsbald in böses Kreuzfeuer der Reserveartillerie-Abteilung des Obersten Hoffbauer und des südlich Trotina frontmachenden alterprobten Regiments „König der Belgier“ (Brigade Henriquez). Es schien kaum denkbar, aus Sendrasic vorzukommen.

Alles duckte sich in Hohlwegen oder hinter steinernen Baulichkeiten zusammen, auch hinter Bienenkörben. „Was haben denn die Biester? Das ist ja zum Tollwerden!“ „Ja, 's is eben ihr Tollpunkt! Mit den Bienenmächten ist kein ewiger Bund zu flechten!“ fluchte und lachte es durcheinander. Eine in die zahlreichen Bienenstöcke eingeschlagene Granate hatte die Tiere in Raserei versetzt, so daß sie über die daran schuldlosen preußischen Musketiere mit unablässigen Stichen herfielen! — Als aber Nedelist in völlig überraschendem Anlauf erobert, konnte man um drei Uhr Sendrasic verlassen, da ein Schützenzug von II 50 sogar in die österreichische Batterielinie eindrang und mit Hurrah eine ganze achtpfündige Batterie wegnahm. Ihr Kommandeur, durch den Kopf geschossen, blieb auf der Stelle tot, vierzig Pferde der Bespannung und fast dreißig Kanoniere und Fahrer lagen erschossen, die im hohen Getreide versteckte Infanteriebedeckung ward sofort verscheucht: so glänzend wirkte der Hinterlader in geübten Händen. Hier wurde man nicht nur durch den Kopf geschossen, man verlor überhaupt den Kopf — in hellen Haufen stob die Flucht der Weißröcke und Graumäntel durch's Korngewirr, das jedes Umschauen sogar im flachen Gelände den Vordringenden erschwerte. „Nach der 7./6. auch 8./6. genommen," kam die Schreckenspost an Oberst Hoffbauer.

In der That hatten zwei andere Schützenzüge, deren man sich vergeblich mit Kartätschen zu erwehren suchte, noch auf eine zweite Achtpfünderbatterie größtenteils ihre Hand gelegt. Drei Geschütze waren verlassen steckengeblieben, an denen die 50er achtlos vorübereilten. Vier Bataillone des Generals Henriquez auf der Chaussee hatten das eine II 50 nirgends zu hemmen vermocht, eine recht klägliche Leistung. Wahrlich, „König der Belgier" hatte heut keinen Ehrentag.

Doch darf wohl mit veranschlagt werden, daß Division Prondzynsky gleichzeitig auf Lochenic drückte, wo Rgt. Hessen am nördlichen Hüttenlager einigermaßen in Deroute gebracht wurde. Lochenic selbst hielt sich jedoch. Die Masse des Korps Thun-Hohenstein schlug dorthin und nach Predmeric den Rückweg ein, Brigade Thom beteiligte sich so gut wie gar nicht am Ringen um die Chlumer Höhen, sondern zog über Nedelist den andern Brigaden des Armeekorps nach. Da so vor drei Uhr recht ansehnliche Kräfte zur Deckung der Reserveartillerie Hoffbauer und Behauptung von Nedelist, vielleicht gar Wiedereinnahme von Sendraschitz vereinigt standen, muß man dem Grafen Thun-Hohenstein die Verantwortung überlassen, weshalb er dem überkecken Auftreten der schwachen Brigade Hahnenfeldt und der durch Detachierungen auf Brigadestärke eingeschrumpften „Division" Prondzynski nicht gebührend auf die Finger klopfte.

Nun, auch Thun hatte eben eine Verletzung am Kopfe — und alle persönliche Bravheit schützt nicht davor, den Kopf hängen zu lassen. Ihn behielt nur die schwere Reiterei oben, die schon nach Einnahme von Chlum sich beherzt auf die preußische Garde stürzte, um ihr Fortschreiten auf Rosberic zu zügeln und den Aufmarsch der Artillerie, sowie nachfolgenden Infanterie, der sich vorbereitete, ergiebig zu decken. Grade als kaum erst die Spitze der zweiten Gardedivision die Höhen von Masloweđ erklomm, als kaum dreißigtausend Gewehre des Kronprinzen ihren jähen Siegeslauf fortsetzten, kam Regung in die tiefen unbeweglichen Quadrate der Korps Clam-Gallas und Ramming und bei Langenhof zog sich die drohende Wolke zahlreicher Geschwader zusammen. Die Reservekavalleriedivision Prinz Holstein war schon nahe herangerückt, in Doppelkolonnen formiert und ihre beiden Batterien vor der Front. Ihr rechter Flügel ging alsbald zur Attacke über.

Stolz auf ihren hohen Ruf, überzeugt von der Wichtigkeit ihres Auftrags, ritten die Behelmten unter den Augen ihrer Artillerie drauf los. Sie wurden jedoch von vermischten Kompagnien 1. 2. und Füsilierregiments, die bereits gegen das Nordende von Rosberic frontmachten, übel in Empfang genommen. „Auf mein Kommando hören! 200 Schritt! Feuer!“ Eine Menge Reiter und Rosse des Kürassierregiments Kaiser Franz Josef wälzte sich am Boden, unter ihnen Oberst Kodziebrodzki schwer verwundet. Auch das andere Leibregiment Franz Josef-Ulanen wurde besonders schlimm zugerichtet. Mit Verlust von zweihundert Mann suchte Brigade Schindlöcker das Weite. Ihre Ulanen ritten dabei I Sachsen-Meiningen nochmals nieder, das gegen Chlum vor wollte, bereits von den 7. Husaren überritten. Die Têteneskadron der Kaiser-Kürassiere existierte nicht mehr, fast völlig aufgerieben. Das dritte Regiment der Brigade, Stadion-Kürassiere, das im zweiten Treffen folgte, machte sich aus dem Staube und die andere Brigade Prinz Solms der Division Holstein ging unverrichteter Sache bis Langenhof rückwärts.

Das tolle Durcheinanderwirbeln der Husaren, Ulanen, Kürassiere mit dem Stahl in der Faust diente immerhin dazu, das aufgesparte Feuer der Gardegewehre und -Geschütze von Appiano abzuziehen. Dieser unbedeutende Mensch blieb jedoch zaudernd stehen und schlug sich nur rückwärts nach Rosberic. Seine Jäger besetzten den Ort. Nur eine Kompagnie von I Sachsen-Meiningen hielt sich noch brav über dem Hohlweg. „Steht fest, Kinder! Zeigt, daß ihr Magyaren seid! Wir lehnen uns ja noch an Brigade Josef in den Schanzen!“ tröstete Hauptmann Ruff die Seinen. Der fromme Wahn währte eine endlose halbe Stunde, während welcher die tapfere Schar, um den legendären Nimbus ungarischer Bravour zu retten, sich allseits umzingeln ließ. Die Waffen rasselten nieder und der heransprengende Oberst v. Obernitz, ein stattlicher Gentleman, versicherte freundlich: „Brav geschlagen, meine Herren, doch haben sich zu lange aufgehalten.“ — Inzwischen hatten die Ereignisse sich weiter entwickelt, da nach dem völligen Weichen des Korps Mollinary aus der Schlachtlinie das dritte Korps bei Lipa sich bedroht fühlte und alsbald nach dieser Richtung kehrtmachte. Insbesondere die Kavalleriebatterie v. d. Groeben, die bisher am Eingang von Lipa Verderben in die Thüringer schmetterte, schwenkte rücklings Front, als die weitgespannten Schwärme von F 1. Garde wider die Artillerie des Erzherzog Ernst loszugehen Miene machten, sie von hinten bedrohend. Der heldenhafte Batteriechef beschloß sich zu opfern, bis die anderen Batterien Zeit gewönnen, ihre Front zu verkehren oder stärkere Bedeckung zu erhalten, als das vorerst nur dazu anwesende Halbbataillon. Entgegenfahren, aufprotzen — „zweihundert Schritt mit Kartätschen!“ — ein Wolkenbruch von Bleistücken, die in ganzen Schwärmen heranflogen — „hundert Schritt!“ kommandierte der verzweifelte Offizier — das alles ein Werk weniger Atemzüge. Drei Grafen, die Hauptleute Finkenstein, Rantzau, Schlieffen, hatten sich die unglückliche Batterie ausschließlich zum Ziel erkoren. Als sie zum Sturm einschwenkten, stand schon niemand mehr aufrecht! Held Groeben ergiebt sich nicht, er stirbt.

Sein Oberleutnant und mit ihm zweiundfünfzig deutsche Kanoniere lagen tot und verwundet auf Kanonen und achtundfünfzig Pferdekadavern hingestreckt. Als sich keine Hand zur Bedienung mehr regen konnte, sprang Fahrführer Schunk vom Gaul und riß die Zündschnur von einer geladenen Kanone, deren Richtkanonier soeben sich im Tode krümmte, ehe er den Schuß abziehen konnte. Das waren die letzten Kartätschen. „Fort mit mir!“ Lieutnant Merkel riß den braven Schunk zu sich auf einen Protzkarren und beide sprengten unversehrt durch die Kugeln ins Freie, dies letzte Überbleibsel als Reliquie rettend. Vor der denkwürdigen Hekatombe entblößten die Sieger ihr Haupt. „Nr. 8./8. Artillerieregiments,“ las man andächtig ab. Diese reitende Batterie lebt fort in der Kriegsgeschichte. „Dem braven Mann sollte man das Maria-Theresienkreuz noch auf's Grab legen!“ hieß es vor Groebens

Leiche. Und so geschah es, ein Denkmal ziert heut' die Stätte zu unvergänglicher Erinnerung an die Batterie der Taten. —

„Der verfluchte Appiano! Füsilieren sollte man ihn!" verwünschten die beiden kühnen Obersten Catty und Alexander Benedek den schlaffen ungetreuen Wächter der Heeresblöße, der seine Unbehutsamkeit nicht mal durch Ingrimm wieder gut machte. Mit schneidiger Disziplinfuchtel, wie Appiano sie gegen die revolutionären Ungarn zu handhaben beliebte, wird man noch kein guter Soldat: die sehen meist ganz anders aus, besonders die wahren Helden, ruhig und sanft.

Gleichzeitig brachen Truppenteile des Erzherzog Ernst vom Lipaer Wald hervor, bis in den Rücken Hillers. Doch vierzehn Gardekompagnien, wobei II 1 vorn und III Füsiliere im Rückhalt, welch letzteres unterwegs das umgerittene Bataillon Sachsen-Meiningen abfing, stürzten sich schon auf Rosberic hinab. Durch den Ort hindurchfegen, den Feind hinaus über die Chaussee treiben, war das Werk eines Augenblicks. Vor der Nordostecke des Umfassungsrandes traf III 2. zwar auf bedeutende Übermacht und eine Batterie, die eben aufprotzen wollte, jedoch unterm Schnellfeuer der Kompagnie Graf Rantzau die Hälfte ihrer Stücke nicht mehr durchbrachte. Auch das ungarische Regiment Erzherzog Heinrich, dessen Aufmarsch freilich in den verwickelten Reiterschwall der geworfenen Ulanen und Kürassiere empfindlich hineingeriet, benahm sich hier schlecht; nach kurzer Gegenwehr über den Haufen geworfen, ließen die Ungarn wiederum eine brave deutsche Kavalleriebatterie im Stich, die verzweifelt mit Kartätschen um sich feuerte. Umsonst warf sie ihre Flügelgeschütze herum, als man sie beim Abfahren ereilte: wieder brachten zwei Gardeoffiziere allein, Major v. Eckert und sein Adjutant, zwei Stücke zum Stehen. Ein drittes lief II 1 in die Hände und II 3 eroberte selbständig noch fünf Geschütze zwei anderer gen Sweti abfahrender Kavalleriebatterien. Ein mäßiger Gegenstoß auf Rosberic, den Appiano mit seinen Mährer Jägern unternahm — Truppen, die gradeso lange fochten wie die Ungarn — ward blutig abgeschlagen, General Appiano selbst verwundet, der nun ohne weiteres das Feld räumte und nach Königgrätz abzog. Aber nun überschüttete die österreichische Artillerie im Halbkreis Chlum und Rosberic, die sie bald in Brand setzte, mit einem gräßlichen Feuer und die Garde-infanterie fühlte fast schon den eisernen Keil zersplittern, den sie so beharrlich zwischen die Fugen der kaiserlichen Rüstung einbohrte. Einen Keil hineintreiben, ist leichter, als ihn wieder hinausziehen, wenn man ihn packen und zerbrechen will. Denn das feindliche Fußvolk schien noch nicht gewillt, die wichtigen Wegsperren der beiden Dörfer fahren zu lassen. Trümmer der Brigade Fleischhacker sammelte sich am Lipawald um die frische Brigade Benedek, welche Erzherzog Ernst zur Bedrohung der Westseite von Chlum bestimmte. Massenhaft prasselten die Geschosse über die Chlumer Höhe hin, wo sich ein weiter Feuerbogen von Langenhof bis Sweti spannte. Und die mächtigen Reserven kamen dort in Fluß. Eine Brigademasse (Korps Clam) löste sich los zum Angriff auf Chlum, die Hauptmacht seines Korps hatte der bedächtige F. M. L. Ramming auch ohne Befehl in Bewegung gesetzt, als die Gardebatterien ihn zur Zielscheibe nahmen. Er durfte Wegnahme von Rosberic in seiner Nähe um keinen Preis dulden.

Daß der Raum zwischen Masloweb, Cistowes, Chlum um zwei Uhr von Truppen fast gänzlich entblößt schien, als die vielfach durcheinander verflochtenen Teile von Thun und Mollinary sich entwirrten und ihren Abzug bewerkstelligten, daß bei Besetzung des Geländes Chlum-Nedelist jeder innere Zusammenhang aufhörte, daß Division Hiller bei ihrem Vormarsch durch die so gerissene breite Lücke die Linke Thuns streifte, ohne von diesem irgendwie belästigt zu werden, daß endlich die Truppen Mollinary's in den Chlumer Schanzen eine so ungenügende Haltung zeigten, mag man ja auf Rechnung der voraufgegangenen zerrüttenden Kämpfe setzen. Die Kühnheit des neuen, so plötzlich erstandenen Gegners verblüffte die kaiserlichen Generale, die ohnehin an Umsicht keinen Überfluß hatten und am Starrsinn vorgefaßter fixer Ideen litten. Denn auch Benedek selber, so besorgt er sich scheinbar für Sicherung seiner rechten Flanke bemühte, wies bis jetzt den Gedanken weit von sich ab, daß die Stellung des Kronprinzen am Elbufer ernste Gefahren für ihn berge. Deshalb sein Unterlassen aller Maßregeln, die eine gesunde Vorsicht nahelegte. Nicht mal für den Rückzug waren hinlängliche Vorkehrungen getroffen. Anlegung von Brückenköpfen an den Elbübergängen hätte bestimmt einen Abzug beschirmt, der sonst vernichtendes Unheil heraufbeschwor, falls das kaiserliche Heer ordnungslos an die Elbe gequetscht, an die wenigen Brückenstellen bei Königgrätz geklemmt wurde.

Fluß wie Festung bildeten gemeinsam ein Defilee, und was solch ein Defilee beim Rückzug bedeutet, zumal für eine so unbehilfliche Maschine wie das österreichische Heerwesen, lehrt manches Blatt der Kriegsgeschichte. Doch derlei las ja Benedek nicht, er las überhaupt nicht. Er hatte persönlich zwischen ein und zwei Uhr von der Stellung der Brigaden Henriquez und Thom Kenntnis genommen, da er nur für diese bei Trotina-Racic einiges Bedrohliche vermutete, nämlich seitens des aus Josefstadt gemeldeten Preußenkorps über Salnei. Auf seinem Ritte hin und her, indem er sich zur Lipahöhe zurückbegab, nahm er von der Garde nichts wahr, die damals noch hinter Nebel und Höhen steckte, obschon sie bereits mit allen Kräften über die Landmarke der Zeichenbäume von Horenowes wegstrebte.

Dicht zusammengepackt, eng aufgeschlossen, stand ja sein Heer in sich massiert mit konzentrierter Kraft, und so altfränkisch diese Auffassung der Dinge, so konnten die breiten Fronten des preußischen Halbkreises immer noch einen Gewaltstoß gewärtigen, der sie sprengte. Dazu gehörten dann freilich ebenbürtige Truppen und vor allem ebenbürtige Bewaffnung. Denn nicht irgendwelche Strategie, sondern der Hinterlader siegte hier wie bisher, getragen vom selbstgewissen Wagemut des altpreußischen Vorwärts. Glückte es Benedeks taktischer Erfahrung und richtigem militärischen Blick auch vorläufig, durch geschickte Verwendung seiner Artillerie den grellen Unterschied der Handfeuerwaffen wettzumachen, jetzt auf freier offener Fläche der Chlumer Chausseefelder stellte sich erschreckend das Gegenteil heraus. Die unerhörte Verwegenheit des kronprinzlichen Fußvolks im Vertrauen auf seine schon bei Skalitz und Soor erprobte Feuerkraft grenzte ans Märchenhafte. Ununterbrochen angriffsweise gegen diese gefürchteten Feuerschlünde verfahrend, in denen die ganze Stärke der kaiserlichen Streitmacht beruhte, schlugen sie angesichts der erschreckten k. k. Infanterie die Artillerie in die Flucht. Und diese Infanterie, so brav sie im allgemeinen sich schlug, war ohnehin der preußischen nicht gewachsen, von der Bewaffnung ganz abgesehen, weder in taktischer Ausbildung noch auch größtenteils an moralischem Rückgrat. Dem IV. Korps, das sich bisher ja ganz wacker benahm, steckte eben doch jene Nervendepression in den Knochen, welche das ungewohnte rastlose Rollen des Hinterladerfeuers erzeugte. So ließ es sich von einer Handvoll Garden überrennen, obschon es noch nach seinen Verlusten um mehr als doppelte überlegen. Und dem II. Korps, gegenüber den zunächst nur zur Hand befindlichen zwölf schlesischen Bataillonen, erging es nicht besser. Es bezeugte, bis Mittag zu jedem Opfer bereit, jetzt aber mürbe und müde, keine Lust, mit dem neuen Gegner anzubinden, und sah thatlos zu, wie er sich schreckenerregend ausbreitete. Nicht unerklärlich, doch unrühmlich genug. Ja, um die später nach äußerem Erfolg fälschlich abgestrittenen und geleugneten Vorteile einer eng massierten inneren Zentrale taktisch auszunützen, dazu bedurfte es eben gewandterer und zäherer Krieger, als der damaligen des Hauses Habsburg. Das sollte ihr Feldherr bald inne werden. Doch bezieht sich dies eben nur auf's Fußvolk, während nicht nur die herrliche Artillerie, sondern auch die Kavallerie vollauf ihre Schuldigkeit that.

Nach zwei Uhr auf seine Feldherrnhöhe bei Lipa zurückgekehrt, überblickte Benedek nochmals das Schlachtpanorama. „Gewahren Sie nicht eine rückgängige Bewegung im feindlichen Zentrum?“ fragte er den F. M. L. Henikstein in seinem Stabe. Dieser nickte: „Wollen Excellenz die Reserven einsetzen?“ Benedek wiegte nachdenklich das Haupt. „Ich möchte wohl —“ kam es zögernd von seinen Lippen. „Doch ob der richtige Augenblick schon da? Unsre Artillerie muß noch stärker ihr Werk thun: Wir wollen noch gründlicher Bresche schießen.“

„Ich erlaube mir die Bemerkung,“ fiel Generalmajor v. Baumgarten ein, „daß bedeutender Munitionsmangel gemeldet wird. Die Staffeln können nicht so rasch den Schießbedarf ersetzen.“

„Schlimm! dann wäre am Ende doch das Beste — ja, reiten Sie zu Ramming!“ wandte er sich wieder an den Adjutanten Baron Sacken. „Der Aufmarsch des VI. Korps in Richtung auf Cistowes-Sadowa soll in Kraft treten.“ Aber kaum war Jener abgeritten, so schüttelte Benedek den Kopf, spähte durchs Fernglas und befahl einem Andern: „Reiten Sie gleich nach, ich widerrufe den Befehl! Muß erst Kunde vom rechten Flügel abwarten, was sich da begiebt.“ „Halten Excellenz unsre Flanke immer noch nicht für gesichert?“ fragte Henikstein unsicher. „Das II. Korps ist doch im Defensivhaken aufmarschiert und das IV. vor Chlum, Herr Feldzeugmeister haben sich ja selbst durch den Augenschein überzeugt.“ „Ja gewiß! Den ersten Choc, was da von Nordwest kommen mag, halten sie mir sicher vom Leibe. Ich vertraue auf die Chlumer Schanzen und unsre Artillerie. Indessen —“ In seiner inneren Unsicherheit verschob also Benedek die um ein Uhr noch mögliche Offensive von Stunde zu Stunde. Eine jetzige Verschiebung hätte ihm teuer zu stehen kommen können. Denn schon hob die Umklammerung an. So arg dämpften die dicke Luft und der schwere Nebel die Einzeltöne der Schlacht, daß Benedek und sein Stab nichts davon hörten, als Schnellfeuer schon die Chaussee entlang rasselte, zuletzt keine Viertelstunde entfernt.

„Plauschen's net so dumm!“ fuhr der unglückliche Feldherr einen schreckensbleichen Reiter an — Oberst Neuber —, der mit mühsamer Selbstbeherrschung und unterdrückter Stimme, als traue er sich kaum, das Undenkbare in Worte zu fassen, ihm zuraunte: „Ich habe eine Meldung unter vier Augen zu erstatten.“ „Wir haben keine Geheimnisse, lassen's nur los.“ „Dann melde gehorsamst, Chlum ist über! Die Preußen sind drin!“ Gefaßt erwiederte er auf den barschen Anruf, der sein Blut in Wallung brachte, den Unwillen bezwingend: „Es ist so. Bitte, mir eine Truppe zu geben, um zu rekognoszieren. Ich selbst glaubte, unsre Leute wären toll geworden, als ich von dort beschossen wurde. Wollen Ew. Excellenz sich selbst Gewißheit verschaffen?“ „Was? und die Schanzen?“ „Erstürmt, voll von Preußen. Das hohe Oberkommando ist avertiert, ich that nur meine Schuldigkeit.“ „Baumgarten, schauen's nach, was das für 'ne Dummheit ist!“ Doch als besinne er sich auf etwas Besseres, warf Benedek sein Roß herum: „Unmöglich! Folgen Sie mir, meine Herren, wir wollen selber zum Rechten sehen!“ — Aber das Verderben, so jäh hereingebrochen, überstürzte jede Meldung, denn um diese Minute stürzten sogar schon Fliehende aus Rosberic. Keine noch so rasche Niederwerfung eines ganzen Flügels in irgendeiner früheren Schlacht der Geschichte erreichte die Wirklichkeit dieser vollständigen Niederlage, die sich im Laufe der letzten halben Stunde dicht hinter seiner rechten Schulter begab! — Kurz vor drei Uhr geschah es, daß Benedek auf Chlum zuritt. Noch immer setzte er Zweifel in die Richtigkeit der Hiobspost. Im nächsten Augenblick stürmte sogar ein Stäbler auf schäumendem Gaul vorüber und schrie: „In Rosberic der Feind!“ Wütend, einen Fluch zwischen den Zähnen knirschend, drückte Benedek seinem Renner die Sporen ein. „Wer ist der Lump, der so was lügt!“ Aber den Glauben, den er keinem leeren Worte beimaß, brachte ihm alsbald ein gewichtiges Beweisstück bei: eine Flintenkugel, noch heiß und frisch aus dem

Lauf eines Zündnadelrohrs, die ihm aus den nächsten Hütten um den Kopf pfiff, eine zweite und dritte, eine ganze Salve, die seinem stattlichen Gefolge entgegenprasselte. „Auch das noch!“ Sein Adjutant Major Graf Grünne, Sohn des Oberstallmeisters und Generaladjutanten, sank sterbend aus dem Sattel, dem F. M. L. Henikstein ward sein englisches Vollblut erschossen, ebenso dem Leutnant Prinz Esterhazy. Die Stabswache zählte viele Getroffene.

„Also wahr, alles wahr!“ Und als der Stab an Rosberic, wobei ihm auch noch Feuer einer österreichischen Batterie entgegenschlug, vorübersauste, knallten auch von dort her Schüsse in Fülle. Ein kaiserlicher Prinz sogar ward nicht verschont: Erzherzog Wilhelm mußte sich den blutenden Kopf verbinden. Seine Stirn blutete aus einer quer bis unter die Seitenhaare verlaufenden Streifwunde. —

Er mußte sein Roß herumwerfen und in Hast zu seinen Reserven fliegen. Unterwegs ereilte ihn ein neues Schreckgespenst der Unglücksstunde: ein sächsischer Adjutant meldete die Erstürmung von Problus. Aber Benedek fand sich wieder, seine Energie wuchs im Kampfe. Hochauf reckte sich seine elegante, zierlich gebaute, geschmeidige Gestalt. Nicht groß, eher klein, sah er zu Pferde doch sehr stattlich aus. Seine Augen strahlten einen harten Glanz aus, unwillkürlich drehte er das an beiden Enden nach oben gewichste spitze Ungarbärtchen. Der Held in Benedek erwachte. Und eine seltsame fatalistische Frömmigkeit, die recht zu seiner Soldatenpoesie paßte, hob ihn immer in bitteren Stunden hoch über sich selbst empor. Mit größter Schnelligkeit, Umsicht und Thatkraft leitete er Abwendung des nahenden Verderbens in die Wege, traf alle nötigen Vorkehrungen zum Entscheidungskampf auf Leben und Tod.

„Ew. Kaiserliche Hoheit werden das Schlachtfeld sofort verlassen und sich von Königgrätz per Bahn nach Wien begeben,“ entfernte er fürsorglich den Erzherzog Wilhelm. „Ich befehle es.“ Seine loyale Anhänglichkeit an jedes Mitglied des Dynastenhauses hatte ihn freilich nicht abgehalten, sich äußerst zornig über Erzherzog Leopold zu äußern und ihm sofortiges Verschwinden aus den so beliebten Gesundheitsrücksichten nahezulegen, obschon sich über dessen ungehorsames Verfehlen bei Skalitz einigermaßen streiten läßt.

„Wir haben halt 'ne Ohrfeig übers ganze Gesicht bekommen,“ *lachte* er auf, „doch ein Mann von Ehre zahlt so was mit Zinsen heim. Nun, wie Gott will!“ Und fest und bestimmt diktierte er seine Befehle, die er kurz und bündig vorher in großen Zügen entwarf: „Das VI. Korps soll sich sofort zum Angriff formieren, die Preußen aus Chlum und Rosberic hinauszuwerfen. Das IV. Korps geht rückwärts bis Sweti zur Deckung der Reserveartillerie, neben 1. und 3. Reiterdivision. Brigade Piret wird dem Kronprinzen von Sachsen nach Problus überwiesen. Brigade Ringelsheim geht auf Chlum. Die drei andern Brigaden des I. Korps werden auf Lipa dirigiert, um die Frontlücke zu füllen, wo das III. Korps sich gegen Chlum rückwärts wendet. Die noch disponible Division der Artilleriereserve soll in Aktion treten. Die 2. schwere Reiterdivision geht nach Klacow, um mit General v. Edelsheim eine dortige Umgehung zu hindern. Für unsre rechte Flanke darf ich wohl unbesorgt sein. Thun und die 2. leichte Reiterdivision werden dort dem Feind genügend entgegentreten. Ich vermisse freilich Meldung von dorther. Sacken, reiten Sie sofort zu Ramming, er soll sich sputen! Wo bleibt er nur! Sandten Sie nicht schon Woinowits?“ fragte er hastig, was Baumgarten bejahte.

Brigaden Poschacher, Ringelsheim und Leiningen I. Korps formierten sich, so gut es gehen wollte, unterm weitreichenden Sphärendurchmesser der gezogenen Geschütze, welche nach und nach von der Chlumer Höhe donnerten, und rückten in die ihnen vorgezeichneten Gefechtsstellungen ein. General Piret marschierte alsbald in Direktion Problus ab. Brigade Abele blieb in Reserve hinter Sweti.

Vom Korps Mollinary, welchem Brigade Fleischhacker gänzlich abhanden kam, hielt jetzt die allein noch einigermaßen kampffähige Brigade Josef vor Sweti zur Bedeckung der Reserveartillerie, welcher sich auch der Rest des 4. Korpsartillerieregiments anschloß. Auch hier rettete die Haltung der Artillerie die Ehre ihres Korps. Denn verlor man auch zweiunddreißig Geschütze, so ließen diese Batterien des IV. Korps nicht weniger als zehn Offiziere, dreihundertneun Mann, dreihunderteinundsiebzig Pferde auf der Walstatt, zum Zeugnis, wie lange sie in und vor den Chlumer Schanzen sich wehrten, als ihr Fußvolk schon lange floh.

Weiterhin auf der rechten Flanke befand sich der Fürst von Thurn- und Taxis in vollem, unbehelligtem Abzuge, statt seinerseits den Feind herzhaft zu behelligen. So pünktlich hatte er sich Benedeks Warnung vor Husarenwagnissen zu eigen gemacht, der von solch wörtlicher Befolgung seiner Ermahnung nichts ahnte!

Umsonst wandte der Feldherr sich halbwegs Chlum an ein ungarisches Bataillon, um es mit feuriger Ansprache gegen das noch nicht stark besetzte Dorf zu führen. Die Kerle schrieen „Elchén Benedek!“ aber kein Mann rührte sich. Und als die Truppe schwerfällig von den Offizieren in Fluß gebracht, schien es noch, als klebe ihr Fuß am Boden, wie mit Betäubung geschlagen. Es war das 78. Regiment, das den vielen unrühmlichen Vorfällen bei Chlum sich anfangs nachahmend anschloß, wieder Ungarn und Kroaten. „Heut muß man sich schämen, Ungar zu sein!“ murrte Benedek in hellem Zorn vor sich hin, doch er ließ sich nicht nehmen, die Brigade seines Namensvetters Alexander persönlich zum Sturme zu führen. Sein Beispiel riß endlich Alle fort. „Mir nach, Ruthenen!“ rief Hauptmann du Nord vom Generalstab, zu Fuß, weil sein Gaul erschossen, das nächste Bataillon Marinic vom 52. Regiment Franz Carl heranbringend. Die reitende Batterie des Prinzen Holstein, die so rasch gegen Chlum losdonnerte und dabei den unglücklichen Feldherrn selber in schwerste Todesgefahr brachte, setzte soeben ihr Feuer aus: „Halt, halt! Feuer stoppen!“ war der Rittmeister Fürst opfermutig auf sie losgesprengt. An diesem Unglückstage ging den Österreichern alles schief: diese Schrapnelladungen, dem Feinde zugedacht, trafen fast nur die im Dampf unkenntlichen eigenen Scharen vor Chlum, die schon vorn vor preußischen Granaten zurückschraken. Doch unter diesem Feuerbaldachin, der ihn von allen Seiten glühend überdachte, behielt der alte Sieger von San Martino seine alte ruhige Fassung. Wenn die Kanonen recht nahe donnerten, jetzt erst ward ihm wieder wohl. „Du, mein Österreich, wirst mein letzter Gedanke sein, und du, mein Kaiser!“ betete er unbewußt vor sich hin, während die zischenden Schwärme der eisernen Bienen sein Haupt umsummten, als er in den vordersten Schlachtreihen des Regiments Franz Carl auftauchte. Und diesmal fand seine Stimme volles Gehör, die Notwendigkeit des Opfermuts volles Verständnis, nicht bei seinen Landsleuten, den sogenannten ritterlichen Magyaren, sondern bei den armen galizischen Ruthenen. Mit der herrlichsten Todesverachtung stürmte das vom Hauptmann du Nord angerufene Bataillon nach Chlum hinein, auch die andern Bataillone 52er machten augenblicklich kehrt und stürmten nach. Auch ermannten sich jetzt die 78er unter persönlicher Führung des Brigadiers Alexander Benedek. Mit der Sorgfalt eines emsigen Generalstäblers ordnete Oberst Catty, ein etwas eigensinniger und eingebildeter, aber ganz ausgezeichneter Offizier, das Korps des Erzherzogs Ernst in neuer Front. Sein Prinz, sonst ein etwas phlegmatischer Herr, erwies sich heut jedenfalls als schneidig und brav, dem Feuereifer seines Stabschefs durchaus beistimmend. Der Angriff der Brigade Benedek schien anfangs einen günstigen Fortgang zu nehmen, durchzudringen.

Bataillon Marinic ward zwar sogleich durch gräßliches Schnellfeuer in Unordnung gebracht, mit unübertrefflicher Tapferkeit blieben die Ruthener aber im Vorgehen, ihr Anlauf gegen die Stirnseite kam schon am jenseitigen Ende des Dorfes wieder heraus, so ununterbrochen hatten sie die Gasse durchstürmt. „Waffen nieder! Ihr seid umzingelt!" Eine ganze Kompagnie fiel abgeschnitten in Gefangenschaft. Die übrigen Teile Benedeks hatten nicht so rasch folgen können, überhaupt trieb III 1 Garde diese überlegenen frischen Massen weit zurück, bis sich die Strecke Rosberic-Chlum immer dichter mit Preußen füllte.

Auf blutiger Bahre trug man einen hohen Offizier nach Langenhof zurück. „Alexander Benedek ist nun auch zum Teufel, hör' ich!" Der strenge barsche General Koller, Gablenz' Adlatus, kam daher. Er hatte schon den Vorfall vernommen und bat um Weisungen. Doch er traf nur Oberst Neuber, denn der Feldherr hatte schon selber die Weisung vorweggenommen. Das Wichtigste blieb jetzt natürlich, daß nun erst recht das Zentrum so lange standhielt, bis der Eindringling aus Chlum westwärts verscheucht. Mit eingesetzten Sporen flog Benedek deshalb zum Standort von Gablenz heran. Dieser schnitt ein bedenkliches Gesicht. Auf Benedeks hastigen Befehl, festzuhalten, murmelte er etwas von „wissenschaftlicher Methode der Preußen", er habe dies ja schon immer prophezeit.

„Jaja, studierte Leute sind's, die Herren Preußen! Mit denen kann unsereins sich nit messen!" spottete Benedek grämlich. „Doch Gelehrte haben wir auch noch zu präsentieren, die sogenannten

Nervösen, sie haben die theoretische Weisheit mit Löffeln gefressen und plauschen, als wären's der liebe Herrgott, eitle Schwätzer wie —" Er verschluckte den Namen Rammings, den er nicht ausstehen konnte. „Nein, alter Freund, nicht solche nervösen Geister brauchen wir jetzt, sondern alte gelenkige Feldsoldaten wie dich, von der nötigen Ruhe und Kälte. — Nun, ich sehe ja," er blickte scharf in Gablenz' Stab umher, „hier giebt's keine bleichen Fratzen und schlotternde Trotteln, sondern mutige Köpfe. — Übrigens, Sie, Herr Major, Ihr Kragen könnte wohl auch vorschriftsmäßiger sitzen. Und Sie da, Oberleutnant, machen's doch net so 'nen Katzenbuckel!" Dies Achtgeben auf Adjustierung und Sitz im Sattel gehörte ihm mit zur Heeresdisziplin, zum Soldatenevangelium.

„Also halt' fest, Gablenz! Ich thu's ja auch. Alles für den Kaiser, Leben und Ehre, ergeben bis in den Tod! Ich bin ein recht demütiger Soldat, aber wenn unser Herrgott Österreich heut segnet, dann bleib' ich gern auf der Strecke liegen und mein bischen Leben ist millionfach bezahlt, und mein edles Weib wird sich trösten. Prügeln lassen wir uns nicht — nicht wahr, Bruder? — aber wenn's denn sein muß, so wollen wir's schweigend tragen, wie dem Manne ziemt." Und noch im Davonsprengen rief er laut, daß Viele es hörten: „Nur Ruhe! Setzt euch über alle Bedenken weg! Ramming kommt gleich. Ich werd' die sakrischen Kerls gleich aus Chlum hinausgeworfen haben!" Ich werde, du wirst, er wird — das sind immer drei verschiedene Dinge. — —

Als die vorderen Massen Rammings sich unmittelbar an der Chaussee zum Sturme ordneten, überraschte sie schon der Wirbelsturm feindlicher Granaten. „Wer ist denn General Baumgarten?" hatte F. M. L. Ramming, hochaufhorchend und pikiert, den Generalstabshauptmann Woinowits gefragt, als dieser den Befehl des Generalstabschefs zum direkten Sturm auf Chlum überbrachte. Auch dieser Korpskommandant wußte nicht mal, daß dieser Unbekannte seit heut früh als oberster Vertrauensmann des Armeeführers arbeite, wie aus den Wolken hereingeschneit. „Excellenz verzeihen, Genaueres weiß ich nicht. Aber die operativen Geschäfte leitet thatsächlich heut G.-M. Baumgarten." „Und Krismanic? Teilt er sich mit dem darin? Nun gleichviel! Ich habe vom Armeekommandanten nur früheren Befehl, das IV. Korps zu unterstützen. Indessen, ist Chlum vom Feinde besetzt, so greife ich es an." Die methodische Langsamkeit, mit welcher die Brigaden Waldstätten und Rosenzweig anrückten, war freilich nicht nach dem Geschmack des Generalstabsboten, der besser als Ramming den ganzen Ernst der Lage durchlebte. „Excellenz, es ist Gefahr im Verzuge!" entfuhr es ihm. Ramming runzelte unmutig die Stirn: „Nun, ich muß doch das Gefecht vorbereiten. Das werden Sie schon gütigst gestatten, Herr Hauptmann!" Aber als der Gerüffelte sich auf die Lippen biß, kam schon Baron Sacken herangesaust und drängte im Namen Benedeks selber. „Ja wohl, Excellenz, ich bin fertig," bestätigte General Rosenzweig, ein früherer Gendarm, kluger, tüchtiger Führer, dem hastig nach vorn eilenden Korpschef. „Ich ziehe 17. Jäger und die Deutschmeister ins erste Treffen, werde Rosberic von allen Seiten umfassen und, so Gott will, nehmen."

— — — — — — — — — — — — —

Die obersten Führer der Elbarmee, nach vorne reitend, begrüßten die eroberten Stellen, von wo der Feind aufwärts auswich, dort aber erneut mit standhafter Ausdauer sich zur Wehr setzte. Die letzten preußischen Batterien, anfangs im Flußdefilee eingeschlossen, rasselten hinüber, sobald ihr Fußvolk den Weg freiließ, und gewannen die nächsten Höhen.

Die sächsischen Geschütze schossen energisch, sie zogen sich um Problus und nährten einen ziemlich aussichtslosen Kampf gegen die sicher treffenden, an Zahl überlegenen preußischen. Als erstere merklich langsamer zu schießen anfingen, führte der rechte Flügel der Elbarmee seinen Stoß bis in Bereich des Büchsenfeuers, das die kundigen sächsischen Jäger auf erhebliche Distanz von der Höhe entsendeten. Nieder-Prim war ja schon genommen, eine preußische Batterie durcheilte in vollem Galopp das in lichten Flammen stehende Dorf. Um ihren Abzug aus dieser Stellung zu decken, verteidigten die Sachsen aber hartnäckig jeden Fußbreit Bodens. Aus Balken und Schwellen hatten sie in Problus mehrfach Brustwehren errichtet, Barrikaden sperrten die Zugänge. Preußische Stürmer fanden nur Schutz in Gräben.

Die vorgetrabte Husarenbrigade kam der Weisung nach, zu weit vorgewagte Batterien zu decken. Angriff und Verteidigung erwiesen sich auf gleicher Höhe, als ein prachtvoller Ansturm der Brigade Schwartzkoppen (Westfälische 16er und 56er) vielversprechend anhob.

Mörderisches Feuer streckte ganze Sektionen nieder. Der tiefe Boden, durchnäßt und aufgeweicht, die scharfen Böschungen vor dem Dorfe hielten den Anmarsch auf, der in Richtung des Kirchturms erfolgte. Gleichwohl erstieg man die Dämme und Barrikaden, würgte sich mit Kolben und Bajonett in Straßenkämpfen fort, in denen mancher Offizier den Tod fand. Hinter Gartenzäunen, Erdkanten, in jedem Gehöft setzten sich die Sachsen und feuerten aus allen Fenstern. Batterie Schmelzer, zwölfpfündige, zur Unterstützung Schwartzkoppens, fuhr hierbei mit besonderer Bravour über die viaduktartige Senkung vor dem Dorfe fort.

„200 Schritt gradaus mit Kartätschen!“ schmetterte die klare Stimme ihres Chefs, eines hochgebildeten und humanen, aber um so schneidigeren Offiziers (als Generalleutnant gestorben), indem er im Galopp ins dichteste Schützenfeuer fuhr und alle Zugänge der Dorfumfassung mit Schrapnels bestrich. Der kommandierende General hätte an seine reitenden Batterien Befehl erlassen sollen, Problus zu beschießen. So fiel dies Amt hier ausschließlich den Zwölfpfündern Schmelzers zu. Der Ort, aus welchem noch empfindliches Feuer belästigte, ward mit Granaten beworfen, bis aus dem letzten Abschnitt darin die tapfern drei Sachsenbataillone verdrängt wurden. Die feindliche Artillerie sah sich durch ihre eigenen zurückflutenden Truppen maskiert. Es war Brigade Hiller, die gleichzeitig zum Sturm auf die Höhe bei Problus überging. Schützen vor der Front, in zwei Treffen von Kompagniekolonnen in Halbbataillonen, unter klingendem Spiel, führten Regimenter 17 und 57 (Wesel) die Bewegung mit einer Ordnungsruhe aus, wie auf dem Exerzierplatz. Unter Trommelschlag und Hurrah schloß sich diesem imposanten Schlachthaufen an, was schon vorher in gleicher Richtung stritt, ohne zur Schlacke verbraucht zu sein. Der Feind in Nähe des Fleckens, hinter Buschwerk und Schützengräben verschanzt, schien anfangs beherzt und stehenden Fußes den Anprall erwarten zu wollen, dann aber stürzte er plötzlich, wie vom Donner gerührt, der Höhe zu, auf und davon. Beim Forträumen der Wegsperren in Problus machten sich noch die Pioniere nützlich, nur Kavallerie war nicht zur Hand, Jagd auf die Fliehenden zu machen. Dafür fuhr nun auf dem gewonnenen Höhenkamm die Batterie Schmelzer auf und sandte den Weichenden böse Abschiedsgrüße auf die Reise nach. Es war dies mit die glänzendste artilleristische That des Tages auf preußischer Seite.

Bei dem glänzenden Vorrücken der Division Münster hatten sich der Divisionär und beide Brigadegenerale vor der Front befunden, was einen sehr förderlichen Eindruck auf die feste Haltung der braven Westfalen machte. Seit sie das Plateau erstiegen und ihre Fahnen entrollten, hatten sie eine volle Viertelmeile binnen zwanzig Minuten unter einem Granatfeuer zurückgelegt, das blutige Lücken in ihre durchfurchten Reihen riß, ohne daß sie je aus dem ruhigen Schritt in hastiges Tempo verfielen. Dies majestätische Vorwärtswälzen des Sturmbocks verfehlte seine moralische Wirkung auf den Gegner nicht und es ehrt nur die tapfern Sachsen, daß sie trotzdem festen Mutes auf der Höhe deployierten und im Dorfe sich zur Wehr setzten. Dies unaufhaltsame Vorgehen mit klingendem Spiel über einen heldenhaften verzweifelten Feind hinweg mußte ja Opfer kosten. F 56 hatte allein zwölf Offiziere, zweihundert Mann außer Gefecht; Brigade Schwartzkoppen, obschon nur noch aus vier Bataillonen bestehend — zwei zur Avantgarde abgegeben —, verlor fast vierhundert Köpfe. Sächsischerseits trug man den General v. Carlowitz und Oberst v. d. Mosel auf Leichenbahren aus dem Getümmel. Zahlreiche Leichen umher bezeugten die Bravheit dieser Nachhut. Denn nur um eine solche handelte es sich.

Kronprinz Albert erkannte um drei Uhr, als der konzentrische Anlauf auf sein Hauptbollwerk erst beginnen konnte, schon die Unhaltbarkeit seiner Stellung. Von seiner Feldherrnhöhe aus sah er Benedeks Rechte zurückströmen, Preußen bei Chlum auftauchen, auch seinen Nachbarn Gablenz langsam weichen. „Es scheint angezeigt, eine rückgängige Bewegung einzuleiten,“ ordnete er an. „Indes wir sie antreten, mag Problus thunlichst lange gehalten werden.“ Sein Stabschef flog umher, um diese Disposition zu übermitteln und die Stellung zu verbessern, indem man rückwärts bei Charbusic und Bor Posto faßte.

General v. Herwarth aber, persönlich beim Kampf um Problus anwesend, erhielt soeben eine Mitteilung des großen Hauptquartiers. Er las, lebhafte Erregung arbeitete in seinen Zügen, die sich in lautem „Donnerwetter!“ Luft machte. Aber es klang nicht bös, sondern freudig. „Hören Sie, meine Herren!“ las er lebhaft den nächst um ihn Versammelten vor. „Vom General v. Moltke!“

„‚Kronprinz bei Zizelowes, Rückzug der Österreicher nach

Josefstadt abgeschnitten. Es ist von größter Wichtigkeit, daß General v. Herwarth auf dem entgegengesetzten Flügel vorrückt, während im Zentrum die Österreicher noch standhalten. Bei Sadowa $1^3/_4$ Uhr. gez. v. Moltke.'"

„Na, meine Herren, ich glaube, wir haben dem schon durch die That vorgegriffen. Weiß Gott, ich habe so eine Ahnung, die Schlacht wird gewonnen, und die Elbarmee hat das Ihrige gethan!"

— — — — — — — — — — — — —

Der ununterbrochene einstündige Dauerlauf preußischer Garden nach dem Siegesziel, ein wahres Rennen mit Hindernissen, diese Steeplechase rücksichtsloser Kampflust, gehörte gewiß zu den wundersamsten Erscheinungen, die je ein Schlachtfeld sah. Aber nun that in äußerster Gefahr ihre Tapferkeit neue unerhörte Wunder, nur sie gab dem immer noch zweifelhaften Ringen die entscheidende Wendung. Ein Schlachtsturm brauste los, wie man ihn selten gehört, ein reckenhaftes maßlos blutiges Kämpfen entspann sich, wie nur ein Nibelungensänger in seines Geistes Aug' es schauen konnte.

F. M. L. Ramming, als Stabschef Haynaus im ungarischen Insurrektionskrieg hervorragend, aber bei Magenta kaum ein tüchtiger Brigadier, galt als der vorzüglichste wissenschaftlich gebildete Militär Österreichs, als militärisches Genie, was ihn freilich nicht vor der bösen Nachodschlappe behütete. Der böse Leumund behauptete, er sei „nervös", was etwas viel Gröberes bedeuten soll, sei bei Magenta mit dem Säbel in der Hand zurückgesprengt: „Melde gehorsamst, daß meine Brigade zersprengt ist!" Dabei hing er Benedek keineswegs mit herzlicher Ergebenheit an, verehrte ihn nicht, wie andere Korpsführer es thaten, als den erkorenen Erwählten des kaiserlichen Heeres, als das Ideal eines Feldsoldaten. Sein lehrhaftes Wesen mißfiel Benedek, dem heißblütigen Magyaren. Die Art, wie er jetzt Chlum und Rosberic seinem geprellten und getäuschten Feldherrn wieder in die Hand zu spielen suchte, zeugte immerhin von Thatkraft und Umsicht.

Wohl lag den Kühnen in den eroberten Dörfern die ganze österreichische Schlachtordnung zu Füßen, aber ihre Höhe glich einer Insel in empörter Brandung. Denn von allen Seiten umringte sie die anschwellende Übermacht.

Von Nordwesten her freilich hatten sie nichts zu besorgen. Graf Thun dachte nur an Sicherung seines eigenen Rückzugs bei Lochenic, als ob gegen die schwachen Kräfte Prondzynski's nicht Henriquez schon genugsam deckte. Südostwärts der Elbe bannte ihn sein ungerechtfertiges Bedenken fest, indes Division Zastrow westwärts eilte, um Hiller herauszuhauen. Sie kam nur, die Ähren aufzulesen, die der Schnitter gemäht. Denn, ganz auf sich allein gestellt, wurde die Garde mit dem Gegner und ihrer unendlich schweren Aufgabe fertig. Der große Einsatz rechtfertigte hier alle Opfer des Vabanquespiels.

Infolge der anscheinend günstigen Vorbereitung durch die Geschützmassen von Wsestar her und gestützt auf die gutgewählte Aufstellung der Brigade Benedek am Lipawald, welche nach ihrem abgeschlagenen Handstreich auf Chlum an ihren vorherigen Standort zurückkehrte, entwickelte Ramming sofort seine Vorderbrigaden zum Gefecht. Der einen fiel das Amt zu, ausschließlich Chlum zu bestürmen, für die andere sollte bei Rosberic die Entscheidung fallen, auf dessen Wiedergewinnung er es vor allem abgesehen hatte. Der allgemeine Gang der Dinge wies auf dies Verfahren hin. Ohne sich mit Geplänkel der Tirailleure aufzuhalten, sollten die Sturmsäulen mit der so beliebten „Stoßtaktik" ihren Sturmbock ansetzen, mit dem Bajonett die Schießzone durchrennen, um die Überlegenheit der Feuerdistanzen auszugleichen. Es handelte sich um möglichsten Zeitgewinn, um den förmlichen Überfall, welchen dieser tollkühne Feind beim Einbruch in die feindliche Mitte ins Werk setzte, nicht durch Nachrücken ansehnlicher Verstärkungen sich in der eroberten Stellung einwurzeln zu lassen. Als Benedek selbst den Befehl zum Losstürmen überbrachte, stand Ramming schon im Feuer. Hier kamen alle Gründe in Wegfall, die für Schonung der Truppen sprachen, dem Gegner durften nicht neue Kräfte zuwachsen, koste es was wolle. Und vorläufig rückte nur die Avantgarde der zweiten Gardedivision hinter Hiller auf, während General v. Alvensleben seine Brigade seitwärts gegen das Lipaholz führte. Diese Schwenkung, um eine offensive Flankendeckung zu vollziehen, erschien nötig, aber schwächte immerhin die vorgeschobene Hauptstellung Hillers. Den schon in heißem Gefecht gewesenen Garden setzte sich bei Rosberic nicht nur ein Ziel ihres Vordringens, sondern man erkannte sofort, daß nur mit Aufbietung der letzten Kräfte bis zur Ablösung durch frische Truppen ein Festhalten denkbar sei. Jede Unterstützung kam zu spät und wäre zu schwach gewesen, wenn einmal die Dörfer wieder verloren gingen. Der unwegsame Anstieg hielt die Nachrückenden wiederholt auf, rechtzeitige Ankunft der Ostpreußen schien ausgeschlossen. Ein Zusammenhang der kronprinzlichen Einzelteile, wie sie jeder für sich in die Schlacht rückten, fand nicht statt, zwischen jedem klaffte ein Lückenraum, in welchen eine feindliche Offensive sich werfen und einzwängen konnte. Nur durch ihr Feuer erfuhren die Teile voneinander, wie sie ins Gefecht traten. So mußten denn die isoliert dem

Feinde ausgesetzten Einzelteile in ihrer zerstreuten Lage das Außerordentlichste leisten und leiden, die Oberleitung ließ sie einfach gewähren, ohne sie in der Hand behalten zu können. Man mußte sich begnügen, wenigstens den artilleristischen Angriff möglichst geschlossen fortzuführen. Doch bei diesen Dorfgefechten gab gewiß nicht das Geschütz, sondern das Gewehr den Ausschlag. Die herbeigeeilte Avantgarde der zweiten Gardedivision folgte bisher als linkes Flügelechelon; der Kommandierende des Gardekorps, Prinz August von Württemberg, zog sie aber jetzt von dort hinweg und stellte sie auf dem rechten Flügel auf. Alles, was hier zur Stelle war, erschien sofort vor dem Lipaholz.

Aus hochgelegenem Kornfeld und zwischen den Bäumen durch gab sich des Feindes Stärke durch lebhafte Salven zu erkennen. Nahe Batterien feuerten in die Gardereihen hinein, deren etwas voreiliger, aber geordneter Angriff trotzdem nicht erlahmte. Die jetzigen preußischen Verteidiger von Rosberic feuerten inzwischen aus den oberen Stockwerken der nach Lipa auf die Chaussee hinaussehenden Häuser und faßten so den Sturmangriff in der Flanke, der aus dem Wald nach Chlum hinüberwogte.

Brigade Benedek im Wald that ihre volle Schuldigkeit, aber der Vorteil blieb auch hier den Preußen, in Angriff wie Verteidigung. Auch fehlte es am Lipawald an Raum zum Entwickeln größerer Massen, die unbeschäftigte Brigade Prohaska befand sich bereits im Abzuge, der jedoch noch nirgends in Flucht ausartete. Noch ging gute soldatische Haltung dem unglückgeweihten Heer nicht verloren, nur das jetzt kampflos ausweichende Korps Mollinary zeigte sich völlig erschüttert. General v. Hiller hatte schon allzufest auf den günstigen Stand des Gefechts gebaut, im Hinblick auf die rings angehäuften Streitmittel des Feindes bat er jetzt dringend um Aushilfe. Sie konnte ihm nicht werden. Hinter ihm gähnte der Abgrund, denn wurden seine Tapfern die Höhe hinabgeworfen, so mußte das Kreuzfeuer der feindlichen Artillerie eine zermalmende Wirkung äußern. Also eine trotzige Front zeigen! Nichts verloren geben! Nur entschlossenes Handeln entscheidet das Schicksal der großen Schlachtentage.

Jetzt geschah es, daß Alvensleben auf eigene Verantwortung den entscheidenden Schritt wagte, das dominierende Lipaholz in seine Hand zu bringen. Nach der folgenschweren Eroberung dieses Knotenpunkts hatten weder Rosberic noch Lipa länger Wert für den flankierten Feind. Erzherzog Ernst nahm zwar den Kampf sowohl hier als an der Chaussee auf, noch wankten seine Truppen nicht, aber zu wenig belangreich war seine vorhandene Stärke, um die Garden in Nachteil zu setzen.

An Geschicklichkeit weit nachstehend, stellten die Österreicher meist gleiche Tapferkeit und Hingebung entgegen. Mit Elan setzte ein Ruthenisches Bataillon auf die Reservebatterien Hohenlohes an, die im Erklimmen der Chlumer Höhe so einen erheblichen Aufenthalt fanden und Hillers Infanterie so lange ohne Unterstützung vorne im Kampfe lassen mußten. Rechtzeitig erschien I 2. Garde, sich den kühnen Angreifern entgegenzuwerfen, das soeben den Wiesenpaß von Masloweb zum Ostrand Chlums glücklich durchzog. Es kam zu heftigem Nahgefecht, in welchem das kaiserliche Bataillon sich endlich umzingelt und entwaffnet sah. Mit einer Bewährung ihrer Treffsicherheit, die jede Erwartung übertraf, begann jetzt die wieder befreite Gardeartillerie ihre beherrschende Höhenaufstellung zu verwerten und trug allmählich den ersten Erfolg über die sonst heut überlegene feindliche davon. Sie hielt für angemessen, immerfort sowohl die vorbrechenden als noch fern Gewehr bei Fuß stehenden Infanteriereserven bei Sweti zu bestreichen.

Die nach Lipawald verwiesenen Abteilungen, insbesondere die ungarischen Kroaten, verscherzten nicht die taktische Begünstigung ihrer Lage und setzten einen grimmigen Widerstand entgegen, der jenen vorher in den Chlumer Schanzen weit überragte. Eine halbe Stunde dauerte die Durchführung des blutigen Gefechts, in welches die hierher abgezweigte Avantgarde der zweiten Gardedivision aus eigenem Antrieb so stark eingriff. II 2 Garde verlor seinen an der Spitze fechtenden Bataillonskommandeur. Wie vorher das ruthenische, so schlug sich jetzt das kroatische Regiment der Brigade Benedek aufopfernd. Feuernde Geschütze mit stürmender Hand zu nehmen, vergönnte man hier den Garden nicht, aber anderthalbtausend Gefangene wurden zusammengetrieben. Regiment Coronini der Brigade Fleischhacker, schon früher schwergeprüft, ging hier endgültig zu Grunde. In voller Breite normaler Schlachtordnung standen jetzt die ruhmgekrönten Garden von Chlum bis Lipaholz.

Aber mit fliegenden Fahnen und klingendem Spiel stieg jetzt Korps Ramming die Chaussee herauf. Ein Schlachtmanöver größten Styls schien alles vor sich niederzuwerfen, die Bewegung hatte etwas Imposantes, um so mehr, als kurz vorher die mannhaften Streiter des Erzherzog Ernst, gleichzeitig zur Wiedereroberung des Wäldchens, einen neuen Flankenstoß gegen die Höhe westlich von Chlum ausübten. „Her zu mir, was ein österreichisch Herz hat!“ Stabschef Catty hatte nach der schweren Verwundung des Brigadiers Benedek persönlich das Kommando über diese Truppen übernommen, auch Teile der Brigade Kirchsberg zusammengerafft. Dies geschah mit rühmlicher Entschlossenheit, aber in den veralteten und heut schon so bald verderblich gewordenen Formen der Stoßtaktik. Selbst ein so tüchtiger Mann wie Catty konnte sich von solchem Unfug nicht losmachen. Die ausgesetzten Schützen nur wenige Schritte vor geschlossenen Kolonnen, ohne das Feuer aus Rosberic zu beachten, schritten die Braven über die Chaussee weg, von Lipa an Rosberic vorüber, und schon erstiegen sie den Chlumer Hügel, als ein entsetzliches Schnellfeuer (von fünf Kompagnien auf der Höhe, fünf westlich) den Tod in ihre Reihen schleuderte, bis auf hundert Schritt aufgespart. Unter ungewöhnlichsten Verlusten, nach kurzem Halten, wich die grausam gelichtete Sturmsäule über die Heerstraße zurück, Rückenfeuer aus Rosberic begleitete weit ihre Bahn. Oberst Catty selbst, das Maria Theresienkreuz am Hals mit Blut übergossen, lag röchelnd am Boden. Die Avantgarde der zweiten Division aber stürmte weiter vorwärts auf Lipa, um den Feuerherd zu zerreißen, der so lange Verderben über Prinz Friedrich Karl und sein Heer ergoß.

In unablässiger Heftigkeit wälzte sich auch das Gefecht vorwärts und rückwärts zur Seite von Chlum, wo Zastrow seine Streiter in Richtung auf Sweti und Wsestar lenkte, um dort die große Königgrätzer Heerstraße zu durchschneiden. In der Flanke des Korps Mutius hatten sich bei Lochenic beträchtliche Kavalleriemassen gezeigt, und zwar war es die 2. leichte Division, die wiederholt gegen Nedelist attakierte, um den dortigen Aufmarsch Zastrows zu beeinträchtigen. So viel frischen Reitergeist rang sich der Fürst von Thurn und Taxis doch noch ab. Scharfes Feuern beider Waffengattungen wies diese Störung ab und die Korpsartillerie bestrich bequem die Elbniederung, durch welche Thun schleunig enteilte, statt pflichtgemäß das bedrohte Zentrum zu entlasten. „Der Feind erreicht mir sonst die Brücken früher als ich,“ entschuldigte er vor dem widerstrebenden Herzog von Württemberg, während die tüchtigen, aber leichter lenkbaren anderen Brigadiers schweigend gehorchten, sein ununterbrochenes Weichen von Maslowed bis zur Elbe. Die ungarischen Husarenregimenter Palffy und Haller warfen übrigens mit Benutzung des schluchtartigen

Geländes, dessen Tücken durch den hohen Getreidewuchs verdeckt blieben, und unter Beihilfe einer Batterie in überraschendem Auftreten die schlesische Reiterbrigade Wichmann, die ihre Pferde vor einem Hohlweg kaum noch parierte und außer Kartätschenbereich zurücktritt. Aber Thun und Thurn schienen beide froh genug, nach den Brücken kampflos abziehen zu dürfen. „Horch, wie die Kerle durcheinander blasen! Ich wette, das bedeutet Rückzug!“

Und Prondzynski befahl sofortigen Sturm auf Lochenic, dessen Eisenbahndamm an schlammigem Gewässer bei hohem Wasserstand die Schlesier überstiegen und durchwateten. Die Umwallung der Brücken ward jedoch von II Belgien und III Hessen gehalten, nur die Nachhut ungarischer Husaren litt noch unter vorteilhafter Beschießung, das ganze Thun'sche Korps barg sich vor vier Uhr jenseits der Elbe. „Ich schätze mich glücklich, einer großen Gefahr entronnen zu sein,“ atmete der hochgräfliche Korpskommandant auf, statt lieber Besorgnis für die Kameraden zu fühlen, denen er für Chlum-Rosberic die Flankendeckung geraubt.

So jeder Kümmernis vor etwaigen Flankendrohungen entledigt, keinen Gegner mehr vor sich, konnte das schlesische Korps daran denken, ungesäumt von Nedelist auf Rosberic und Sweti der Garde nachzurücken. Es mochte eine Viertelstunde an vier Uhr fehlen, als man in mörderisches Feuer der Ramming'schen Artillerie geriet, das auf der Swetihöhe aus Nordwest kam und sofort starke Verluste verursachte. Was von der Reserveabteilung des Oberst Hoffbauer noch übrig war, nach Abgang so vieler vom Feind ihr abgenommener Geschütze, schoß mit gesteigerter Tätigkeit. Denn ihr verehrter Feldherr Benedek erschien selbst bei den wackern Kanonieren, wie er denn furchtlos nach allen gefährdeten Stellen der Schlachtlinie seine ungestümen Ritte richtete, denen sein Gefolge kaum nachkommen konnte. So war er schon zu Ramming geeilt, — „der ist wohl wieder nervös“, schwebte ihm die Grobheit auf der Zunge — überflüssigerweise: „Was verzögern Sie noch den Angriff?“ „Sie sehen, ich bin dabei!“ versetzte dieser Korpsführer gelassen, dessen Kolonnen in beschleunigtem Tempo sich Rosberic zuwandten. „Bah,“ murmelte der Haudegen verächtlich, „das ist so'n *geschriebener* Sommerfeldzug!“ mit Anspielung auf Rammings bekanntes Werk über seine ungarische Kampagne.

Benedek spornte sein Pferd den Geschützstellungen zu und ritt in die Batterielinie ein, um die Leute durch seine Gegenwart und sein Lob zu ermutigen. Donnerndes Hoch bekräftigte ihm, daß ihr Pflichtgefühl für Kaiser und Reich sich zu opfern bereit sei.

Während die Schlesier im Avancieren die Hochfläche reichlich mit ihrem Blute tränkten, den ebenso tapfern wie wissenschaftlich hochgebildeten „alten Zastrow“ an ihrer Spitze, dessen heldenhafte Ruhe Vertrauen einflößte, tobte vor ihnen seitwärts die furchtbarste Feldschlacht. Denn Hillers Garden überstanden mittlerweile die schwerste Stunde ihres Lebens, wenn nicht noch eine schwerere bei St. Privat die Überlebenden erwartet hätte.

Erzherzog Ernst, seiner militärischen Beiräte Baumgarten und Catty nacheinander beraubt, suchte nunmehr hinter den Reservekorps weg zu entkommen, welche Bewegung er mit Schnelle und Sicherheit ins Werk setzte. Sein Korps schlug sich durchweg mit höchstem Mute, es kam bis auf den letzten Mann ins Feuer. Nun aber besaß es keine Kraft mehr, das soeben Verlorene wiederzugewinnen, alles verfügbare Fußvolk war im langen zerreibenden Kampfe in Front und Flanke aufgezehrt, wobei die einzelnen Brigaden sich bei Sadowa, Cistowes, Chlum, am Sadowa- und Lipawald mit den Magdeburgern, Thüringern, Garden maßen, aus zäher Verteidigung zweimal zu rücksichtslosem Vorstoß übergehend. Die gleich tapfere Artillerie hielt zwar immer noch ihren anfänglichen Standort inne, das Gros des bitter heimgesuchten Korps aber trat endlich den Rückzug an, da Gablenz gleichzeitig Befehl dazu empfing. Jetzt blieb nur das noch etwas geschonte 3. Jägerbataillon der Brigade Kirchsberg nebst Teilen der zerstörten Brigade Benedek im Dorfe Lipa zurück.

Das Korps Gablenz, allerdings in den Tagen von Trautenau um neuntausend Mann geschwächt und nur noch achtzehntausend Mann stark — zehntausend Mann weniger als das Korps Ernst, das neben Korps Thun das stärkste der Armee blieb, weil beide bisher noch keinen Feind gesehen hatten — das Korps Gablenz leistete heut wenig genug. Der rührige Brigadier Knebel, der bei Trautenau so initiative Selbstthätigkeit entfaltete, feierte müßig. Nur die Regimenter Stephan und Bamberg hatten etwas gefochten, sowie Überreste des im Juni fast vernichteten Regiments Airoldi. Jetzt begann allgemeiner Abzug über Langenhof. Der eitle Popularitätshascher Gablenz, dessen gewinnendes Wesen eine maßlose lebemännische Genußsucht und ordinäre Schneidigkeit verbarg, sah hier keine Gelegenheit zu persönlichen Ehrgeizes Befriedigung. Nur seine Artillerie feuerte immer noch kaltblütig und fest.

Nachdem die zwei Angriffe des III. Korps gescheitert und dies dem IV. nach im Abzug, kam jetzt das VI. an die Reihe.

Korps Ramming hatte in dem Treffen von Nachod, der erstaunlichsten Gewaltprobe der neuen Hinterladertaktik, fast sechstausend Mann eingebüßt. Einschließlich der schweren Reservereiterdivision Holstein, deren altberühmtes Kürassierregiment Kaiser Ferdinand dort sogar an die schlesischen Dragoner seine beiden Standarten verlor, obschon die Kürassiere Ferdinand und Hessen den drei gegen sie attakierenden preußischen Regimentern einen größeren Verlust zufügten und fünfzehn Offiziere, darunter einen Brigadegeneral und zwei Regimentskommandeure, vom Rosse hieben. (Nur das später hinzukommende Feuer schlesischer Schützenschwärme vergrößerte dann den eigenen Verlust der Kürassiere.) Rammings Regimenter Frank und Hartmann der Brigade Waldstätten, die erst zuletzt in den Kampf eintraten, hatten teilweise nicht minder gelitten als die Regimenter Gorizutti und Kellner der Brigade Hertwegh, die den Kampf eröffnete. Bei den Regimentern Kronprinz von Preußen und Wasa der Brigade Jonak, Gondrecourt und Deutschmeister der Brigade Rosenzweig blieben drei ihrer Obersten: Wimpfen, Oldofreddi, Peinlich, an der Spitze ihrer Leute verwundet. Gleichwohl war das Korps des besten Mutes voll und sogar das andre Reservekorps Clam-Gallas, das bei Podol, Münchengrätz, Gitschin so üble Erfahrungen machte, befand sich in gehobener Stimmung. Die tagsüber eingelaufenen Nachrichten über siegreiche Kämpfe bei Masloweb und Sadowa hatten die Zuversicht auf einen endlichen Erfolg gesteigert. Österreichs gepriesener Feldherr und Soldatenvater Benedek hatte ja nun selber die Dinge in die Hand genommen, da konnte es wahrlich nicht fehlen!

Das Wiener Regiment Deutschmeister befand sich in patriotischer Erregung, ließ sich von Ramming und Rosenzweig selber zu äußerster Hingebung anfeuern, als es mit tosendem Schlachtgeschrei auf Rosberic hinanstürzte. Das Schwesterregiment Gondrecourt folgte mit gleichem guten Willen.

Doch waren diesem bedeutungsvollen Angriff schon mehrere voraufgegangen, von ungleichartiger Stärke und gleichmäßig schlechtem Enderfolg. Teils durch die Jäger Appianos, ehe diese Brigade endgültig kehrt machte, teils durch einzelne Teile des III. Korps, ehe es das Feld räumte. F 2, II 1, III Füsiliere nebst vier anderen von ihren Bataillonen abgekommenen Kompagnien ertrugen eine maßlos heftige Beschießung von Rosberic.

Ein wahrer Wolkenbruch von Granaten, Shrapnels und Raketen zerklopfte das Südende des Dorfes, wie von einem Mörser zerrieben, in einen brennenden Trümmerhaufen. Trotzdem die Feuerfunken umherstoben und die Uniformen ansengten, nahmen die Füsiliere ihre völlig aufgelöste Linie nicht zurück.

Zwei andre kühne Kompagnien wagten sogar einen Ausfall auf die Chaussee, um eingenistete Jäger aus einem Einzelgehöft westlich Rosberic zu vertreiben. Der Versuch scheiterte, doch lagen die Schützen im freien Gelände, das weithin von Rammings Batterien beherrscht wurde, auf ein paar hundert Schritt vom Feinde. Vier heftige Vorstöße, von verschiedenen Regimentern unternommen, zerschellten auf der Westseite des Dorfes an III Füsiliere.

Der Nebel hob sich in seltenen Augenblicken verschwebend in die Luft und gestattete kurzen Rundblick auf das wogende Schlachtgetümmel. Dann wirrte alles wieder schattenhaft durcheinander wie Nebelbilder einer Laterna Magica und nur wie Irrlichte tanzten hüpfend darin die Glühpünktchen der Geschütze, die sich nur selten zu grellen Blitzen und länger aufzuckendem Wetterleuchten verstärkten, den unaufhörlich lastenden Flor durchbrechend. Vom Standpunkt des Kronprinzen aus vermochte man hinter Chlum nur ein Durcheinanderkrabbeln und -kribbeln zu unterscheiden. Regendunkel und Pulverdampf verhängten jede Fernsicht. Ununterbrochen leuchteten nur die Schüsse nach allen Richtungen rings um das unglückliche Dorf, aus dessen roten Dächern nun auch rote Flammen züngelten und Feuergarben emporschossen. Wo diese Rauchsäulen zum Himmel aufstiegen, wo diese Lohe emporschlug, da bildeten Geschütz- und Gewehrsalven einen unheimlichen Flammenkreis um diesen Kraterherd der Verwüstung. Verwirrt scholl das Schlachtgebrüll herüber, der wechselnde Kampfruf beider Parteien.

Gleichwohl hatte das Fernglas feindlicher Artillerieführer die Reitergruppe wahrgenommen. Der Kronprinz und sein Stab sahen sich von eisernen Boten begrüßt, die jedoch unschädlich im feuchten Boden sich eingruben. —

Die Hoffbauer'sche Reserveabteilung verdoppelte ihre Anstrengungen derart, daß endlich alle außerhalb Rosberic ausgeschwärmten Schützenhaufen hinter das Dorf und in den Chlumer Hohlweg zurückgetrieben wurden. Ein besonders kühner Kompagnieführer brach zusammen. „Hauptmann v. Goerne schwerverwundet, große Verluste" meldete man dem Bataillonskommandeur v. Erkert von F 2. Auch auf den hinter Rosberic ansteigenden Höhen, wo Hohenlohe's schon so lange thätige und Position wechselnde Batterien seit halbvier Uhr mit Zusammenraffung der letzten Spannkraft sich hinaufarbeiteten, fielen reichlich Mann und Roß. Eine zwischen Sweti und Rosberic vorgegangene reitende Batterie faßte die preußischen Geschütze mit schrägem Flankenfeuer, sechs zuerst oben eingefahrene Vierpfünder mußten nach halbstündigem Kampfe an Hohenlohe melden: „Bitte um Erlaubnis zum Rückzug. Keine Munition und wenig Mannschaft übrig." Noch ließen die sechzehn Gardekompagnien in Rosberic und dahinter keinen geschlossenen Vorstoß nahe herangelangen und schossen brav in die Sturmkolonnen hinein. Doch Rosenzweigs mährische Jäger drangen so nahe heran, daß sie nur noch Chausseebreite vom Südende trennte. Neunzig kaiserliche Feuerschlünde konnten von der Chlumer Höhe gezählt werden, nach annähernder Schätzung. Aus weitem Umkreis flogen ihre Geschoßmassen heran. Deutlich aber sah man auch die tiefen Anhäufungen der Heerreserven. „1000 bis 1800 Schritt! Das läßt sich nicht fehlen! Ein Fressen für gezogene Geschütze!" Schon nach einiger Zeit genoß man die Freude, ein Abwärtsweichen der Kavalleriemassen bei Langenhof zu bemerken. Eine bis ins Zündnadelfeuer vorgefahrene reitende Batterie Rammings konnte nicht mal abprotzen und machte sich wieder aus dem Staube. Dagegen trabte eine Gardebatterie bis auf achthundert Schritt vor, ihr Chef ward getroffen, doch sie bestrich unverzagt den Fuß der Swetihöhe, wo Rammings Hintertreffen den Angriffsbefehl erwarteten.

„Das geht so nicht mehr! Wieder verzettelte Einzelstöße! Unser altes Laster von Magenta und Solferino!" rief Benedek den Korpsführer an. Er durfte tadeln, denn er selbst hatte bei Solferino (San Martino) geradezu mustergültig sein Korps in Masse eingesetzt, ganz hervorragender Taktiker, der er war, was man später ungerecht vergessen hat. Unter seinem belebenden Einfluß ordnete Ramming einen umfassenden Gewaltstoß an, mit so vereinten Kräften, daß der beharrlichste Feind mutmaßlich davon weggeschwemmt werden mußte. Dies um so mehr, als den meisten Garden vollständig die Munition ausging, so daß sie ihren Bedarf den Pulvertaschen der Toten und Verwundeten entnehmen mußten. Und letztere lagen zahlreich genug umher, auch Versprengte waren abgekommen. „Wir sind auf die Hälfte unsrer Stärke reduziert,“ glaubte der Rangnächste, Hauptmann v. Kropf, dem Major v. Erkert melden zu müssen. So schlimm war es aber nicht, inmitten der Schlacht übertreibt man leicht. Immerhin reichten die geschmolzenen Häuflein nicht hin, mit der blanken Waffe ins Freie hinauszustürmen, und die schon arg geschwächte Feuerkraft erlosch, als der tapfre Feind dem äußersten Schnellfeuer, mit Verausgabung der letzten Munition, beherzt trotzte und selber mit gefälltem Bajonett ins Innere einfiel.

Im Pulvernebel wirrten die österreichischen Kompagnien so durcheinander, daß sie sich zuschrieen: „Hier 17. Jäger!“ „Hier Deutschmeister!“ um sich nicht gegenseitig anzuschießen, als sie in den Dorfrand von mehreren Seiten einbrachen und die Verhaue niederrissen. „Halt's enk, Leutle, nur alleweil voran! Alle bleib'n mer nöt, und wann mer a alle bleib'n, so san mer do a schöne G'sellschaft!“ Der eigentümlich forsche Charakter der Hauptstädter, welcher von jeher Berliner und Pariser zu den disziplinlosesten oder allerbesten, immer aber zu den tapfersten Soldaten machte, bewährte sich auch bei diesen Wienern. Ihres alten kriegerischen Rufes eingedenk, jagten sie in der Dorfgasse die Preußen vor sich her. Umsonst sprühte der Kugelregen aus jeder Dachluke. „Hinaus mit der Bande! Gut kaiserlich allzeit!“ trieben sie jubelnd und lachend die deutschen Brüder aufs freie Feld hinaus, während die deutsch-mährischen Jäger bis unter die Kanonen von Chlum sich heranschossen.

Sobald der gewaltige Andrang der Brigade Rosenzweig das schmale Dorfende von Süden, Osten und Westen überschritt, wirkte das österreichische, ob noch so langsame, Gewehrfeuer auf nahe Distanz mörderisch. „Steht fest, Füsiliere! Ich bin hin!“ Von zwei Kugeln schwer getroffen, sank der Major v. Erkert aus dem Sattel. Hauptmann v. Kropf, nach übernommenem Kommando die kleine Schar Schritt vor Schritt die Dorfgasse hinabführend, hatte Mühe, die Bataillonsfahne zu retten, nach welcher schon gierige Hände langten. Der fahnentragende Sergeant hatte mit altpreußischem Soldatenhochmut nicht von der Stelle weichen wollen.

„Zur Fahne, Füsiliere! Die Garde reißt nicht aus vor solchen schlappen Holters!“ brüllte er noch, als die Stange schon ergriffen wurde. „Sind Sie des Teufels, Gursch? Zurück, zurück!“ Mit dem lauten Angstruf: „Zu mir! Rettet die Fahne!“ hatten zwei Leutnants und Porteefähnrich v. Bülow eine handvoll Mannschaft gesammelt und sich zum geliebten Ehrenzeichen Bahn gebrochen. Den einen dieser Helden, Leutnant v. Versen, über und über mit Blut überströmt, riß der andre, Leutnant v. Fallois, mit Fahne und Fahnenträger Gursch aus dem Getümmel.

„Oberstleutnant v. Helldorf gefallen!“ durchlief Trauerkunde die hier fechtenden sieben Kompagnien 1. Garderegiments. Und noch erschütternder klang die Mär ans Ohr, daß der junge Sproß des königlichen Hauses, Leutnant Prinz Anton Hohenzollern, hier tödlich verwundet niederstürzte. (Eine grausam schmerzliche Zerreißung des Zellengewebes lautlos mit dem dumpfen Röcheln „Ich bin doch ein Mann!“ verbeißend, verschied der Jüngling später nach langen Qualen.) Wie ein unhemmbarer Gießbach strömten die Kaiserlichen allwärts in das Dorf, das nur an der Nordostseite an der Ziegelei noch eine Weile verteidigt blieb. Das fürchterliche Gedränge löste alle Bande der Ordnung. Gleichzeitig pirschten Jäger gegen die Chlumer Höhe vor. Der Divisionsadjutant des Generals Hiller wurde totgeschossen, Oberst v. Obernitz gehörig verwundet. Das zur Aufnahme vorgehende dritte Garderegiment kam schon unweit Chlum ins Gedränge.

„Brav gemacht! Nu verschnauft's halt, Leute!“ lobte Rosenzweig die Deutschmeister, deren stürmischen Anlauf erst vor Chlum ein mächtiges Feuer aus großem und kleinem Gewehr gehemmt hatte. „Nun wollen wir Andre auch was thun!“ Die Wiener nach Rosberic zurücknehmend, führte er seine Ruthenen vom Regiment Gondrecourt vor. „Vorwärts, 55er! Jetzt nehmt's Chlum ebenso brav, wie eure Kameraden Rosberic!“ Das ließen sich die Galizier nicht zweimal sagen. Sie hatten bei Nachod noch reichlicher ihr Blut vergossen, als die Deutschmeister, welch letztere dort um ein Siebentel ihrer Stärke schmolzen. Doch die dortige Einbuße von zwanzig Prozent schüchterte die Ruthenen so wenig ein, daß sofort Siegesgeschrei der nämlichen Slavensprache den Eingang von Chlum erfüllte, wie schon früher beim Einbruch des Bataillons Marinic. Bis zur Kirche blitzten ihre bluttriefenden Bajonette. —

So unglaublich es den stolzen Garden schien, mußten sie doch dreihundert der Ihren gefangen in Händen der Deutschmeister lassen, darunter den jungen Hohenzollern selber, und die Wiener schickten sich, rasch geordnet, zu neuem Sturme an. Auf drei preußische Geschütze legten sie erobernd ihre Fäuste: zum erstenmal an diesem Tage!

„Sehr bedenklich! Das Dorf wird kaum zu halten sein!“ fertigte Hiller v. Gärtringen, dessen Generalsachselschnüre zerfetzt herunterhingen, einen Sendboten finster ab. „Sie sagen immer: Bonin kommt, aber wir merken nichts. — Ehe der herankriecht, wird von der Garde des Königs nicht mehr viel übrig sein!“ murmelte er bitter.

Aber der fortreißenden frischen Keckheit der Rosenzweig'schen Erfolge entsprach nicht die nötige Nachhilfe. Ramming hatte Brigade Waldstätten nicht gleichzeitig vorgeschoben. Die bei Nachod arg zugerichtete Brigade Hertweck hielt ihre Westgalizischen und Bukowiner Regimenter im Hintertreffen; nur die 25. Jäger, deren Bravour bei Nachod so überaus wacker Dorf Wenzelsberg verteidigte, ließen es sich nicht nehmen, mit vorzugehen, während Oberst Jonak erst zwei Bataillone des Magyarischen Regiments Wasa bis Rosberic vorbrachte. Sein andres polnisches Regiment, Kronprinz von Preußen, schrumpfte freilich bei Nachod auf fast zwei Drittel seines Bestandes ein und seine dreiundzwanzig toten Offiziere nebst vierundzwanzig verwundeten bezeugten seine Hingebung. Aber die 17. Jäger hatten dort noch mehr eingebüßt und diese Brünner und Olmützer Deutschen fochten doch schon wieder mit größtmöglichem Elan. Warum konnten die Magyaren und Polen heut nicht das nämliche leisten!

Der feine und ritterliche Baron Waldstätten, weiland Adjutant des Kaisers, dessen Tritt so sicher auf dem Schlachtfeld wie in der Wiener Hofburg, ließ sein ruthenisches Regiment Hartmann seitwärts auf Chlum antreten.

Seine Italiener aus Pordenone des Regiments Frank, bei Nachod um ein Fünftel gelichtet, wollten auch heut die Legende Lügen strafen, daß der Italiener sich nicht gut schlage, wie schon heut das Italienerregiment Großfürst Michael der Brigade Brandenstein widerlegte. Doch diese frischen Kräfte trafen alle zu spät ein, während die Heldenbrigade

Rosenzweig sich allein verblutete. Doch es bedurfte des beispiellosen soldatischen Wertes der Garden, um ihrer Herr zu werden.

„Rosenzweig verdient seinen Namen mit Recht, er pflückt heut den ersten Rosenzweig des Sieges!“ deklamierte Benedek begeistert.

— — — — — — — — — — — — — —

Vom Roskosberge, wo das Große Hauptquartier hielt, vermochte man die Flügelkämpfe nicht wahrzunehmen. Auch vom Gegner sah man nichts als den donnernden Berg von Lipa und die dunkeln, massigen Wolkenballen, die er unablässig ausspie und zu deren Füßen weiße dünne Dampfwölkchen des preußischen Flintenfeuers sich ohnmächtig kräuselten.

Das Fußvolk von Gablenz und Erzherzog Ernst blieb völlig hinter den Geländewellen versteckt, in welche diesseits keine Einsicht gewährt. Mit Ausnahme des kurzen Vorstoßes, den Erzherzog Ernst ohne Vereinbarung mit seinem Kollegen Gablenz, geschweige denn mit dem Oberkommando, zu inscenieren beliebte, sowie jener schmalen Bruchteile seiner Heerabteilung, die bei Cistowes stritten und litten, hatte die preußische Generalität hier nirgends das Vergnügen, Weißröcke und Graumäntel kaiserlicher Infanterie zu begrüßen.

Der Rauch der Schlachtmasse lagerte über der weiten Walstatt, vermischt mit dem trübseligen Nebel, bis zu den beiden Linden von Horenowes, deren Konturen sich scharf vom Horizonte abhoben. Dort und fern an der Trotina erkannte man bisher wohl das Aufblitzen von Schüssen, merkte auch wohl Bewegungen im Nebeldampf, doch das alles nur schattenhaft in unbestimmten Umrissen.

Jetzt aber zerriß zeitweilig der Dampfkreis, weil das Gefecht sich ostwärts wälzte und in der oberen Höhe tobte, wohin man schon eher einen Ausblick gewann. „Da blitzt es schon von Chlum herab!“ „Bei Gott, das Feuer geht ostwärts!“ „Es geht gut!“ Der König warf Moltke, mit dem er letzthin kein Wort gewechselt und in Schweigen verharrt hatte, einen warmen Blick zu. Deutlich sah man durchs Fernglas die Dunkelblauen ihre Sturmsäulen den Chlumer Abhang entlang wälzen. Am vorspringenden Waldzipfel des Holawaldes erblickten preußische Führer der vordersten Schützenzüge schon mit unbewaffnetem Auge das Getümmel des Gardevorrückens. —

Bisher dienten die vereinzelten Vorstöße des preußischen Zentrums nur dazu, unnütze Verluste zu verursachen, und scheiterten schon an der verderblichen Wirkung und ungeschwächten Heftigkeit des Artilleriefeuers von Lipa, während preußische Batterien mehrfach abfahrend verstummten. Den Abzug von fünf erschütterten Bataillonen und mehreren Batterien über die Bistritz rückwärts hatte der Kommandierende den Pommern gebilligt.

Österreichische Granaten schlugen in die Wagenstaffeln ein, planschten in die Bistritz hinein, daß die Wogen hoch aufspritzten, steckten alle vor ihrer Front liegenden Baulichkeiten in Brand. Der Sicherheit ihres Wirkens that nur Eintrag, daß die Geschosse oft in hohem Bogen heransausten und im Herabkommen sich zu tief in den weichen Boden einbohrten, was ihr Krepieren verhinderte. Was bei Gitschin mitten im Tosen der Gewehrsalven so gottesfürchtig Kirchenlieder angestimmt, verlor heut jede Lust dazu: Auch bei diesen handfesten stämmigen Pommern überall bleiche Gesichter, bange Spannung. Mit verminderter Zahl, doch unvermindertem Mute klammerten sich die Thüringer Bataillone an das eroberte Ufergelände, auf jedes Vorgehen verzichtend. Plötzlich aber ließ der Geschützdonner von Lipa nach.

Wer zuerst von den vermischten Truppenteilen es bemerkte, wer vermöchte es zu entscheiden! Plötzlich kam der Ruf die ganze Linie hinunter: „Der Kronprinz ist schon bei Chlum!“ Was durch Felsgestein und Gestrüpp bei Münchengrätz geklettert, wie Horns Thüringer, was im felsigen Waldgebirg vor Gitschin gerungen, wie Tümplings Brandenburger und Werders Pommern, erkannte sofort mit richtigem Blick, daß jetzt endlich die Krise nahe, wo man die unangreifbare Lipabatterie zum Schweigen bringen könne.

Alles drängte über den sumpfigen Wiesenstreifen der Bistritz, um die eigenen Geschütze auf wirksamere Nähe heranzubringen. Nicht mehr auf Geduld am Fuß der Höhen sich beschränken, die Höhen selber stürmender Hand nehmen, hieß jetzt die Losung. Die Angriffsfront erlangte durch Ausgreifen der Elbarmee nach Nordosten eine gedeihliche Dehnung, die eine Entwickelung ermöglichte. Die Reserve bestand nur noch aus der Kavallerie, da auch Division Tümpling nach vorne einzuschwenken suchte. Bereits spürte man an der Haltung des Gegners, daß ernste Besorgnisse für seine Flanke seine Frontalstärke lähmten. Immerhin bereitete das Vorgehen noch einige Verluste. Wo die Chaussee das Plateau durchschneidet, drang man zu beiden Seiten hinauf. Bei weiterem Vorgehen erblickte und fühlte man auch die eingeschnittenen, durch Blöcke und Holzstämme dem Auge in der Ferne entzogenen Geschützstände der Lipa-Verschanzungen. Gleichzeitig stieß man mit Gardeschützen in dieser Gegend zusammen. Bei Angriff und Verteidigung leitete auch hier noch den Zusammenstoß ein gesteigertes Geschützbrüllen ein.

Durch eine entfaltete schwarzweiße Fahne ging eine volle Granate hindurch. Dann erscholl das Signal: „Schnell avanzieren!" auf allen Punkten der vorgewälzten Angriffskette und die Schützenzüge stürzten sich in den Feind.

Kam's hier noch zu erbittertem Handgemenge, wo Preuße und Österreicher sich gegenübertraten? Nein, schon gab der Feind Lipa, später auch das Dorf Langenhof auf, ohne daß Prinz Friedrich Karls Fußvolk zufassen konnte. Aus Mißverständnis wurde auch die Schäferei geräumt, die nachhaltiger hätte verteidigt werden sollen. Die Preußen überklommen mit ihrer bekannten „affenartigen Geschwindigkeit" Verhaue und Kuppen. Hart dahinter stehende, bislang noch nicht engagierte Kräfte wurden vertrieben, weggeschoben, und Division Manstein stieß das Korps Gablenz vor sich her, das jedoch wie vom Erdboden verschwunden schien.

Was sich vom abziehenden Gegner noch festzusetzen suchte, ward zurückgetrieben. Die Preußen marschierten immer weiter aufwärts, ihre Batterien folgten, so schnell die Ermattung der Kanoniere es gestattete, ihre Reserven dnrch den Wald. Gablenz schaffte sich nicht mal durch kraftvollen Gegenstoß vorübergehend Luft, welcher ihn zeitweilig aus mißlicher Lage befreit hätte. Sozusagen der Ausbau seiner Höhenstellnng war in Feindeshand, in ihr selber hätte er noch mit der Hauptkraft stehen bleiben können, da er noch keinerlei Befehl zum Rückzug erhalten hatte. Mit musterhafter Ruhe löste seine Artillerie ihre Aufgabe, den Gegner ihm vom Leibe zu halten, auch verfügte er noch über unberührte Kräfte.

Von oben her schien es, als ob all die Wälder sich in Marsch gesetzt hätten, als im Nebel die dunkeln preußischen Massen aus dem dunkeln Nadelholz hervorquollen.

Nicht eher zu ruhen, als bis man sich „im Feind" auf der Höhe mit dem Kronprinzen vereint, solche Weisung hinterließ Prinz Friedrich Karl den Führern, ehe er selbst an der Spitze der Reiterbrigade Groeben die Bistritz passierte, welche ihre vorgehende Infanterie schon bei Langenhof überholte.

Die schlachtfrohen Märker, so lange schon den Kanonendonner vernehmend, ohne werkthätig teilnehmen zu können, schwelgten umsonst in dem Wunsche, mit dem Feind heut endlich in Berührung zu kommeu. Man empfing bald Meldung, daß noch bedeutende Kräfte des Gegners bei Stresetic sich befänden, von dem nur ein breiter Wiesenstreifen trennte.

Am jenseitigen Rand der Hochfläche tauchten zahlreiche Jägerhüte auf. Aber man ward nur noch Zeuge großartiger Reitergefechte. —

Die Elbarmee, noch immer ohne ihre weit zurückgebliebene dritte Division Etzel, setzte ihren Offensivstoß fort, aber man hatte anfangs Mühe genug, langsam vorwärts zu kommen. Überraschende Beschießung fügte beträchtliche Verluste bei, störte die taktische Ordnung. Doch der bedenkliche Augenblick war schnell überstanden, der bis zuletzt im Wald von Charbusic frontmachende Feind unterlag. Zurückgedrängt, zur Umkehr gezwungen, erlag er endlich dem umfassenden Vordringen. Noch wechselte man bei Charbusic Schüsse aus nächster Nähe. Von Stresetitz aus ersahen sich die dorthin zurückgegangenen Batterien von Gablenz Brigade Schwartzkoppen zur Beute, weithin sichtbar beim brennenden Problus. Die Erschöpfung der preußischen Truppen, wo manche vor Überanstrengung leblos umsanken, nötigte von selber, ihnen etwas Ruhe zu gewähren. Gleichwohl übernahmen 16er die Spitze und langten bei Charbusic an. Als heftiges Feuer eine starke Besatzung erkennen ließ, wurden die eingedrungenen Mannschaften teilweise vom Marktplatz herausgezogen. „Drauf, Bursche!“ hörte und sah man einen österreichischen General von riesiger Gestalt die Leute anfeuern in vorderster Reihe. Es war der General Piret, ein wahrer Koloß. Bei Annäherung nachrückender Soutiens gab aber der Feind den Widerstand äuf. Zahlreiche Versprengte abgedrängter Teile fielen den 16ern in die Hände, bei Durchsuchung der Gehöfte. Es zeigte sich, daß Brigade Piret vom Korps Clam-Gallas hierher dirigiert worden war, den Rückzug zu decken. Sie that es mit Hingebung. Sämtliche oberen Zugänge zum Plateau waren nun besetzt, man traf nur noch auf verirrte Nachzügler. Die Folgen der Eroberung von Chlum machten sich auch darin geltend, daß die Expedierung der Befehle des Oberkommandos verspätet oder ganz vereitelt wurde. Die abziehenden Kommandeure treten daher den Abmarsch auf eigene Faust an. Während die Sachsen beim Rückzug zusammenhielten, ihre Schlagfähigkeit bewahrend, befanden sich die österreichischen Korps der

Mitte in einem schon ganz ungeordneten Zustand. Die 1. leichte Reiterdivision Graf Edelsheim leistete heut gar nichts, was der weltweiten Celebrität ihres Chefs entsprochen hätte, der als bester Reiterführer Europas galt. Sein Versuch, die rechte Flanke der Elbarmee zu umgehen, verunglückte schon im Keim. Dagegen war die preußische Kavalleriedivision Alvensleben bei Lubno vorbeigegangen und eilte in schnellster Gangart auf die Hochfläche los, um noch Trophäen zu sammeln. Die vorn bei Langenhof noch standhaltende Artillerie, von derjenigen Prinz Friedrich Karls und Herwarths gleichzeitig bekämpft, schloß sich nunmehr dem allgemeinen Rückzug an.

Auch am linken Flügel schlug der Überwundene sich bis zuletzt ehrenhaft. Oberst Roth, der interimistische Brigadechef, hatte sein galizisches Regiment Nassau, das er bei Skalitz so unvorsichtig in den Tod geführt, und das andere galizische Regiment Salvator wiederholt dem Feind entgegengestoßen. Oberst Baron Wöber, Kommandeur des deutsch-böhmischen Regiments Reischach, deckte mit dieser bewährten Truppe und den Deutsch-Magyaren des Regiments Este den Abzug. Die Artillerie des achten Korps aber dirigierte der erfahrene General Weber nach Briza, von wo sie aufs vortrefflichste wirkten. Diese braven Batterien hatten schon bei Skalitz über hundert Kanoniere eingebüßt und setzten heute ihre Hilfeleistung unter nicht geringen Opfern fort. Die bei Skalitz nahezu aufgeriebenen Jäger Nr. 5 und 24 harrten als Bedeckung aus, letzteres bis zuletzt neben dem 1. sächsischen Jägerbataillon. Auch den heftigen Angriff des Generals Piret, der bei Gitschin so energische Selbstthätigkeit bewies, mit den Regimentern Sigismund und Constantin, sekundiert von den 29. Jägern, hatte nur die erstaunliche Unüberwindlichkeit der Westfalen so rasch abwehren können.

Noch färbte reichlich Blut die Grünröcke sächsischer Jäger, indes nicht sparsam norddeutscher Lebenssaft in böhmische Erde floß. Die Schauer des Todes umrauschten den Wald von Bor, den späte Abendsonne vergoldete. Aber ein herzhaftes dreifaches Hurrah so recht aus vollem Gemüte stieg aus den Kehlen des sächsischen Leibjägerbataillons auf, das bis zuletzt als Nachhut blieb, so sorglos mutig durch den Schlachtengraus dahinwandernd, als wär's der schönste Sonnenschein. Ein freundliches Lächeln flog über das ernste, von keinem Gebärdenspiel belebte, vornehme Gesicht des Kronprinzen Albert, den seine Getreuen begeistert in ihrer Mitte willkommen hießen, als er sich von der Borer Höhe, wo er bis zuletzt Umschau und Wache hielt, den letzten Kämpfern anschloß. Nerven schien der hohe Herr nicht zu kennen, seine stählerne Mannheit überwand jede Anfechtung. Sein durchdringender Blick hatte etwas Leuchtendes: dieser erste und letzte Rückzug seines Feldherrnlebens kam ihm vor wie ein halber Sieg, wie Verheißung künftiger Siege.

— — — — — — — — — — — — — — — — — —

Bis zum schlesischen Gebirg dröhnte das laut erweckte Echo, in unglaubliche Ferne entführt, der Entscheidung um Deutschlands Herrschaft. Und der Kampfstrom schwoll aufwärts zu dem kleinen Hügel und Kirchlein von Chlum, zu welchem das Schicksal diese Schlacht hindrängte, als sei ein Haus der Liebe ein passender Tempel der Zwietracht. Schon verriet zunehmendes Getöse, wildes Lärmen, daß dort der letzte Verzweiflungskampf begann. Eine Salve nach der andern schleuderten die kaiserlichen Batterien unter die Marschsäulen des Kronprinzen, wie sie nacheinander in die Schlacht zogen. Granatstücke flogen über sie hin wie ein Wirbelwind eiserner Bienen. Auch die Weißröcke der Infanterie feierten nicht müßig, mit aller Kraft drängten sie vorwärts, umzingelten die Garden, warfen Feuer in die Dörfer und auf ihre Verteidiger, wo sie auf Rosberic und Chlum stießen. Den Weg vom Wäldchen bei Chlum bis ans Dorf bezeichnete eine Blutspur.

Dreiviertelstundenlang hatten die Garden Rosberic gehalten. Es war vier Uhr gewesen, als es endgültig verloren ging und die zusammengeschmolzenen Verteidiger sich in gleiche Linie mit Hohenlohes Batterien höher hinauf zogen, das geräumte Dorf mit ihren stattlichen Leichen bedeckend. In Chlum brach schon lange Feuer aus. Die brennenden Häuser trennten anfangs die Kämpfenden, wo die Garde mit Heldenruhe das Handgemenge erwartete. Brigade Waldstätten näherte sich dem Südrande Chlums. Hoffbauers Geschütze spielten in die Soutiens hinter dem Dorfe hinein, richteten ihre Wurfgeschosse auch in den Hohlweg, wo Oberstlieutenant Graf Waldersee von den Gardefüsilieren eine neue Linie bildete, bis auf den Tod entschlossen, die Position zu halten. Aber der nachhaltige Stoß des Wiener Regiments, das antipreußische Kriegstradition pflegen und sich seines Colliner Ruhmestages erinnern durfte, war nicht so leicht aufzuhalten. Da die Verteidiger von Chlum meist gedeckt standen, Gewehrschüsse ihnen nichts anhaben konnten, so ließ General Rosenzweig seine Leute weiter mit dem

Bajonett vor. Die Eroberer von Rosberic hatten in Chlum Halt gemacht. Teils gegen den Südeingang, teils im Innern, wo die aufgelösten Teile der vier Garderegimenter sich ordneten, entwickelte sich ein kurzes stehendes Feuergefecht. Von der Höhe östlich Chlum empfing ein erneuter Hagel von Sprenggeschossen und Bleikugeln die vorrückenden Bataillone der Brigade Jonak. „Hurrah, Patronen!“ Ein Munitionswagen jagte im Galopp in die Feuerlinie und lud seine kostbare Habe ab. Aber Hohenlohes hartbedrängte Batterien belebten nur mit knapper Not ihre versiegenden Kräfte, die Protzkarren leerten sich erschreckend, der Schießbedarf ging fast ganz zur Neige und der Munitionspark war naturgemäß zu weit zurückgeblieben, da keine besonderen Train-Vorschriften erlassen. Die Bespannung fiel unablässig, man zählte fünfzig gestürzte Pferde. „Ich fürchte sehr für unsere Bewegungsmöglichkeit. Wir könnten aktionsunfähig werden,“ hieß der Sinn der Botschaften, welche der Artilleriechef nach rückwärts sandte, um den wirklichen Stand der Dinge dem Armeekommando zu vermitteln. Würde denn Bonin's Spitze nicht endlich eintreffen?

Die kaiserliche Reserveartillerie befand sich in voller schrecklicher Thätigkeit. Der wuchtige Anprall der österreichischen Sturmsäulen schien unwiderstehlich heranzufluten. Die ganze rechte Seite der Dorfzeile in Chlum stand in hellen Flammen, die elenden Hütten prasselten nieder, von der Kirche am schmalen Abhang her krachten fortwährend Steintrümmer herab, deren spitze Splitter einen schmerzlicheren Tod drohten, als die nichts Festes verschonenden Donnerkeile der Geschütze. Und was so lieblich vor dem Kirchaufgang gesäuselt, die traulich anheimelnden Ulmen und Linden, auch sie legte der Kugelorkan nieder, im Sinken Kämpfende umschlagend. Unmittelbar unter bleiernem Regen hantierten die Ambulanzen auf dem Kirchabhang. Durch das markerschütternde Schreien der Amputierten hindurch hörte man eine laute Kommandostimme: „In Kolonne links! Links um! Marsch!“ I 3. Garde marschierte festen Schritts an, passierte im Laufschritt den Hohlweg und nahm Stellung in der Vorderlinie.

Der Kampf paßte sich hier den Gestaltungen der Örtlichkeit an. Wo der Dorfeingang, der Zugang zum nordöstlichen Rande dem Feinde zugekehrt lag, umsäumten Gärten den Umkreis. Hochstämmige Fruchtbäume schwankten im Wind, Pflaumen und Kirschen reiften daran als Spende der gütigen Allfruchtbarkeit, die keines Menschen unfruchtbares Säen blutiger Eisenfrüchte auszurotten vermag. Frei dehnte sich rings die Hochebene, reich an Feldgaben, mit Getreide bepflanzt. Doch drohend hatte des Menschen Kriegswut heut zwei ragende Schanzen darauf gesetzt, zur Unzierde der milden Natur, wie ein Sinnbild seiner störenden Leidenschaften.

Nach Lipa zu erbaut, hatten sie jedoch ihr Frontprofil nach Norden. Rechts von Chlum erhob sich eine Waldgruppe, Fichten und Birken, auch Eichengehölz, eine wenig umfangreiche Schonung. Chlum selbst bot sein bestes Verteidigungsmittel in einem massigen Gehöft mit bedeutendem Scheunenspeicher, das rechts wie eine Bastion vorsprang. Die Rosberic zugewandte Hinterseite des Dorfes trat dahinter in scharfem rechten Winkel bis zum Kirchhof zurück, dessen alte Bäume heut wehmütig über so viel neuen Leichen Wache hielten. Mehrere Bauernhöfe grenzten noch weiter rechts die Umfassung des Dorfes ab, wo die Gardebataillone sich aneinanderreihten.

Schwere Kavalleriemassen zeigten sich wieder bei Langenhof. In Rosberic drunten hörte man laute Hornsignale der Jäger. Dazwischen deutlich die anfeuernden Weisen der Regimentskapellen mit dem Wirbeln der großmächtigen Kesselpauken und dem Schmettern der Klarinetten. „Sie rufen zum Avancieren!“ lief es flüsternd durch die Gardereihen, die in lautloser Fassung Gewehr im Arm schußbereit standen, um den Kolben zum Heben und Anlegen des unheilbringenden langen Laufes an die Backe zu stemmen. Zwei Gardebatterien unter besonderer Bedeckung von Füsilierkompagnien richteten sich zu naher Flankenwirkung ein. „Her zur Fahne! Keiner von uns weicht mehr einen Schritt!“ hatte Oberstlieutenant Graf Waldersee die Fahne seiner tapfern Füsiliere aufgepflanzt.

Der Kampf hatte seine Krise erreicht und reihte eine schreckhafte Gewalt an die andere. Inmitten dieses Furchtbaren achtete man gar nicht mehr der zahllosen Sprenggeschosse, die hin und her sausten. Von Lipa her brüllte es immer noch verderbenschwanger herüber, die feindliche Artillerie, wo sie einst ihre Hauptkraft konzentrierte, feuerte teilweise noch unerschütterlich aus ihrer alten Stellung. Das Waldgelände um Cistowes-Lipa, die Fläche vor

Chlum überschütteten unablässig Granaten, von denen ein Teil sich freilich, ohne zu krepieren, im nassen Erdreich einwühlte, mit dumpfem Plumps hineinpatschend. Wo Geschosse platzten, bedeckten zugleich die emporgeschleuderten klebrigen Erdschollen die stürmenden Blauen oder Weißen mit einer dreckigen Lehmschicht. Aber die österreichischen Eisenbälle schlugen schon lange minder fern in die böhmische Erde, die das heraneilende nordische Geschütz zerstampfte: Rauch und Dampfwolken wälzten sich zusehends rückwärts.

Die Verwundeten an den Landwegen schleppten sich beiseite, um dem Überfahrenwerden zu entgehen, als Batterie nach Batterie preußischerseits heranrasselten. Sobald später auch ostpreußische und schlesische Artillerie in das Kampfbereich eintrat, schloß ein weiter Dampfgürtel den Horizont im Westen ab und verschloß jedem österreichischen Gegenstoß die Rückkehr nach Chlum. Auf der Hochfläche abwärts bis Horenowes, in den Dorfgassen von Rosberic, am Kreuzungspunkt der Gassen und Wege bei Chlum lag alles voll von blutüberströmten Weißröcken, dazwischen auch reichlich verstreut das Blau der preußischen Garde. Ein schrecklicher sinnverwirrender Anblick, begleitet von der schauderhaften Musik eines endlosen Stöhnens, Röchelns und Wimmerns. Dazwischen Versprengte, hin und her flüchtend, auch Landbewohner, hierhin und dorthin gehetzt und gescheucht, unter gräßlichem Kreischen sich niederduckend, wo über ihre und der Verwundeten Häupter die heulenden Wurfgeschosse ihren sprühenden Bogen dahinzogen. Das Rollen des Gewehrfeuers setzte keine Minute aus, überall pfiffen die Bleibohnen, Blitz auf Blitz der Salven zuckte über die Nebelfläche.

Bereits nahmen Unordnung und jähe Flucht überhand. Was blindlings querfeldein vor dem Gewaltstoß der Garde davongerannt, verloren die kaiserlichen Führer in der ersten Bestürzung aus dem Gesicht. Gefangene trieb man scharenweise den preußischen Linien zu, zu hunderten aber strömten auch blutende Kampfunfähige aus den Schlachtreihen rückwärts zu den Verbandplätzen, wo preußische Stabsärzte ihres traurigen Amtes walteten. — Weithin flatterte das Feldzeichen des Grafen Waldersee am Hohlweg von Chlum. „Anschließen, was brave Kerle sind!“ Nur zweihundert Gemeine seines in Rosberic zersprengten Bataillons hatte er anfangs um sechs seiner Offiziere versammelt gehabt, aber allerseits strömten ihm

Versprengte verschiedener Abteilungen zu, Grenadiere und Füsiliere gemischt. Die aus dem Dorfschutz ins Freie tretenden Sturmsäulen Rammings verfielen stutzend ins Feuern. Das wurde ihnen verderblich.

Die Flankenbestreichung durch die im Hohlweg liegenden Schützen Waldersees rollte ihre Linie auf. „So recht! Gebts ihnen!" Brigade Rosenzweig und Regiment Wasa mußten zurück. Und gleichzeitig schien es Aufhorchenden, als ob ein anderes großes Schlachtereignis sich begeben habe. „Du, hör' mal!" raunte ein Einjähriger am Hohlweg seinem Kameraden zu oder vielmehr schrie es ihm ins Ohr, um sich im rollenden, tosenden, sausenden Gewehrrasseln vernehmbar zu machen. „Da drüben bei Lipa, wie das Nest heißen soll, wo die faulen Brüder ihre meisten Kanonen hatten, da ist's auf einmal still geworden. Die Unsern sind drin!" — —

Lange war die Schlacht in und um Lipa nichts weniger als stumm gewesen, als die Vorhut der zweiten Gardedivision und die frühere Avantgarde der ersten sich hier zum Sturm anschickten.

General v. Alvensleben vereinte hier I II Gardefüsiliere, I II 2. Garde, ein Halbbataillon Gardejäger mit den Gardeschützen und den Füsilierbataillonen der Grenadierregimenter Franz und Alexander, eine entschiedene Übermacht, gegen die Nachhut Erzherzog Ernsts. Diese verteidigte jedoch Lipa mit aller Kraft.

Am andern Ende des Gehölzes schoß eine Batterie zwischen den Bäumen durch und bearbeitete die Garden bei ihrem Herausbrechen aus dem Lipawald. Auch im Innern des Fleckens fegten gutplazierte Stücke die breite Gasse mit Kartätschen. Das Zündnadelgewehr hatte hier keine freie Bahn. Ungefähr halbwegs der Lipa-Höhen kam das Gefecht wieder zum Stehen, das sich von Baum zu Baum, von Gehöft zu Gehöft zog.

Wiederholt machten die braven 3. Feldjäger einen Anlauf, den verlorenen Posten zurück zu gewinnen, und jenseits der Chaussee am Nordende des Dorfes reihten sich zweiundzwanzig Achtpfünder der Korpsreserve. Zwei Stück dieser drei Batterien lagen demontiert am Boden und von Sadowa her wirkte bereits die pommersche Artillerie auf nähere Distanz, von Westen her begannen Schwärme des Regiments Colberg das Plateau zu ersteigen. Der Hauptteil der braven Artillerie Erzherzog Ernsts und des beigegebenen Drittels der Heerreserveartillerie befand sich im Abzuge. Diese glorreichen Reste schienen noch immer nicht gewillt, zu weichen.

Wo die Garde den Feind an der Kehle gepackt, da ist sie nicht mehr abzuschütteln. Zwar litten die eingedrungenen Gardeschützen in Lipa beträchtlich, ihrem Kommandeur ward das Pferd erschossen, ein Hauptmann schwerverwundet niedergestreckt. Ebenso fiel ein Kompagnieführer der Franzer Füsiliere, als diese durch die Gärten bis zum Südausgang des Fleckens sich Raum schafften. Auf die Dauer erwiesen sich die dunkelgrünen Gardeschützen den grauen Jägern überlegen, und als auch noch F Alexander den Südausgang sperrte, entkamen nur wenige Teile der fast vernichteten Verteidiger.

Mittlerweile hatten schon die Gardefüsiliere sich keck die Geschützlinie zur Beute ausersehen, die auf vierhundert Schritt ingrimmig feuerte. Nur ein Halbbataillon der Brigade Benedek bedeckte sie, nichts mehr vom eigenen Fußvolk war vorhanden. Aber während zwei Batterien endlich durch den Feuerkreis der Alexanderfüsiliere, die Lipa nunmehr verließen, trotzig davonfuhren, setzte die vorderste unter Hauptmann Kühn Kartätschen ein, nachdem sie bis zum letzten Augenblick ohne Pause und Aufhören der Sadowafront ihren Heldentrotz entgegengeschleudert und ihre letzten Granaten verfeuert hatte.

Als die Leutnants v. Redern und v. Mirbach von den Füsilieren, unterstützt durch Schützenzüge der Franzer und Kompagnie Gélieu von den Gardeschützen, unmittelbar gegen sie vorbrachen, schoß sie noch auf fünfzig Schritt.

Ehe sie ruhmvoll unterging, hatten die genannten drei Batterien den Lipastürmern das Leben noch herzlich sauer gemacht.

Abgehauene Bäume am aufgebrochenen Waldweg der Nordlisière eröffneten einen Durchstich, auf den die Lipabatterie seitwärts ihr Feuer zielen konnte. Dennoch plänkelten die Gardefüsiliere aus dem Gehölze vor. Sich vorsichtig im Kornfeld deckend, schwärmten sie gegen aufgeworfene Erdschüttungen der Batteriestände aus. In der Ferne, wo Prinz Friedrich Karl langsam seine Schlachtorgel drehte, schwärmten schon Ulanenlanzen mit schwarzweißen Fähnlein umher: das Vordringen der Reiterei begann, die weißen Rauchsäulen der Artillerie schlugen näher aus der Tiefe empor. Aus den angezündeten Bistritzdörfern regte sich's schattenhaft. Die österreichischen Batterien sandten jedoch immer noch ihren beizenden Qualm bergab, in ihren glitzernden Linien drang aufblitzender Rauch himmelan, Munitionswagen flogen in die Luft, Explosionen erschütterten den Boden unter ihren Füßen, doch sie standen wie festgekettet auf der nämlichen Stelle. Mit tollkühnem Mute schlichen die Füsiliere heran. Von ihnen aufgescheucht wie Rebhühnerketten, liefen die im Korn versteckten Scharfschützen des Feindes vor ihnen her. Im Schutz ihrer Linien angelangt, feuerten letztere wütend aus den Schanzungen, indes die Batterien verzweifelt ihre Salven auf die Stürmenden schleuderten, die unbekümmert den steilen Hang hinaufeilten, bis sie dicht vor den Mündungen der unheilschwangern Kanonen droben standen! Die Bedeckung floh, die Achtpfünder schwiegen. Nicht nur sie, sondern auch ihre heldenhafte Bedienung, Kanoniere wie Fahrer, lagen größtenteils tot neben ihren Stücken hingebettet, deren Rohre sie noch mit einem letzten Liebeskrampf sterbend umklammerten. Das letzte Geschütz, das den letzten Schuß abgab, bedienten gerade noch drei Helden!

... Der Tumult bei Chlum nahm zu, völliges Dunkel des Pulverrauchs verschleierte alles. Nahe ans Dorf kamen frische Kolonnen, die Jäger voran, drängten gegen den Eingang. Man konnte an einigen Stellen so wenig sehen, daß nur das Aufflammen der Salven ein kurzes Orientierungslicht über die wogenden Bewegungen warf. Nur das wüste Schreien und das endlose Krachen der Flinten gab gegenseitige Stellung zu erkennen. Aus einzelnen Häusern schossen Gardeschützen, die Mehrzahl bildete Linie quer über die Dorfstraße. Ihre Salven fuhren dreimal schneller zwischen die feindlichen Reihen durch, ehe diese wieder laden konnten. Über den Weg geworfene Trümmer machten oft Vorstürmende straucheln. In der Enge entwickelte die gewaltige österreichische Übermacht nicht ihre volle Stärke. Geschickter fechtende Jäger krochen zwar hinter jedes Versteck, ihre Büchsen blitzten aus Hinterhalten und schickten Kugeln unter die dünnen preußischen Schwärme. Doch diese benutzten mit erstaunlicher Anstelligkeit jede sich darbietende Deckung und nahmen ihr totbringendes Ziel, das Visier richtig schiebend. Auf der Dorfgasse drängten sich die Weißröcke so dicht, daß sie beim Einschieben der Ladestöcke sich gegenseitig behinderten. Schnellfeuer des Hinterladers warf sie in wehrlose Haufen zusammen.

Allmählich wurde der Angreifer wieder bis hinter die vorderen

Dorfhütten gedrängt. Auf nächste Ferne prustete man sich ins Gesicht, schleuderte sich die eisernen Bälle zu, wie beim Fangballspiel, setzte sich gleichsam gegenseitig die Gewehrmündung auf die Brust. In kurzen Pausen hörte man kaum das Feldgeschrei, geschweige Kommandos, dagegen unterschied das Ohr deutlich das Aufschreien und Heulen am Boden sich windender Mengen, das gurgelnde Röcheln der Sterbenden, bis sie ruhig wurden für immer.

Die Flammen des Dorfbrands spiegelten sich in den Waffen, gaben Licht zum Zielen! Springende oder zerbrochene Fenster klirrten, ihre spitzen Glasscherben streiften die drunten Fechtenden. Balken stürzten nieder und begruben lebend Verwundete. Getroffene Pferde stürzten gegen die Mauern um und schlugen im Fallen um sich. Wer beachtete hier Hufschläge! Mückenstiche in einem Orkan!

Die tapfer aushaltenden Kaiserlichen machten bald wieder wütend kehrt und gingen aufs neue an die Arbeit, deren Ende sie nahen glaubten. Nun und nimmer wollten sie zugeben, daß dies Häuflein Garde ihnen den Weg zur Rettung des Tages sperre. Die Gardejäger, auf der Chaussee ausgesandt, schossen sich dort mit den Feldjägern herum, die Verschiedenheit des Nadelgewehrs von der veralteten Waffe feierte auch hier Triumphe. Wo im Innern der Angreifer zum blanken Stahle griff, brachte er auch keine Veränderung im Gang des Gefechts hervor. Denn im Handgemenge fielen die schwächlicheren Leute des Kaiserheeres, wie Kegel unterm rollenden Ball, vor den breitschulterigen handfesten Hünen der Garde. Schritt vor Schritt kämpften die nordländischen Riesen sich durch, das Gefecht wälzte sich wieder rückwärts aus Chlum hinaus, schob sich tobend über den Hohlweg vor. Die Kaiserlichen standen noch, aber dies Gemetzel war zu grausig, um lange dauern zu können.

Traurig und mürrisch zogen sie die Chaussee wieder hinab, hinter den Weichenden drängten die erschöpften Verteidiger nicht her. Nur die Artillerie wechselte nach wie vor in immer gleich bleibender Heftigkeit ihre dröhnenden Schüsse, deren dumpfer Knall die Luft erschütterte. Die preußische war doch nicht zahlreich genug, um die gegnerische zu verscheuchen. Ramming brachte neue Bataillone in den Kampf, wieder ging es heiß her an den Kanten des Hohlwegs. Die dicht gegenüberstehenden weißen Massen standen frei gegen den Himmel und stürzten haufenweise hinab unter dem

Feuerregen. Das erneuerte Ungestüm der Österreicher, von todesmutigen Offizieren geleitet, brach sich an der verzweifelten Ruhe der Garde, die sie Fuß bei Fuß rückwärts zwang. Wiederholt kam es zum Raufen, da die wildentflammten Österreicher, in vollem Lauf die Chaussee hinunter und auf der andern Seite die Anhöhe hinauf stürmend, durchaus den Bajonettkampf suchten. Mit behender Gewandtheit unterliefen sie die riesigen Gegner, ihnen den Stahl von unten ins Gesicht zu treiben, doch diese warfen sie förmlich mit einer Hand nieder und schlugen von oben her mit Kolben drauf. Wie Wellen von Felsen prallten die Österreicher zerstäubt zurück.

Hohenlohes Batterien aber hatten ihr Feuer inzwischen nicht mehr gut unterhalten können, die 6. Jäger der Brigade Waldstätten wurden nordöstlich von Chlum äußerst lästig. So schwer es ihm ankam, mußte Hohenlohe von weiterer Festhaltung der Chlumer Höhe absehen und wich hinter die nächsten Bodenerhöhungen. Bemerkenswert genug, daß beide preußischen Artilleriegruppen bei Sadowa und Chlum niedergekämpft wurden, so lange noch die Entwickelung normal verlief: thatsächlicher Beweis für die Überlegenheit der österreichischen. Es war halbfünf Uhr. Sich selbst überlassen, kämpften die vierunddreißig Gardekompagnien bei Chlum unermattet fort, obschon das 1. Garde schon dreizehn, F 2 sechs Offiziere aus den Reihen streichen und diese vier Bataillone allein fast sechshundert Gemeine in der Etatliste löschen mußten.

Aber Rettung nahte endlich. Von Benatek her gingen sieben ostpreußische Bataillone, acht Schwadronen, zwölf reitende Geschütze endlich ins Treffen. Am Maslower Wald hindurchgehend, formierten sie sich zum Gefecht mit Richtung auf den Nordeingang von Chlum. Es war die höchste Zeit.

General Hiller v. Gärtringen hielt am Südrand von Chlum, dem Feinde zugewandt. Als er die Ostpreußen nahen sah, die heißersehnte Ablösung, wollte er eben das Signal erlassen: „Das Ganze sammeln!“ Hochauf schlug sein Herz, dem Augenblick entgegen, wo er seine vornehme Truppe, die vornehmste des Königreichs, nach vollendetem Sieg wieder vereint defilieren sehen könne. Es sollte nicht sein. „Major v. Sommerfeld, 1. ostpreußische Jäger. Melde gehorsamst Tête unsrer Avantgarde, die zu beiden Seiten des Dorfes vorbeigeht,“ stattete soeben ein heransprengender Offizier dienstliche Meldung ab. Frohbewegt ritt ihm Hiller entgegen: „Gott sei Dank, da kommt ihr. Nun kann noch alles gut werden!“ — als ein herabflirrender Granatsplitter den General vom Rosse warf. Mit zerrissener Brust lautlos niedersinkend, hauchte der Held, noch ehe die Sanitätsträger ihn auf die Bahre hoben, den letzten Atem aus.

Die Ostpreußen füllten so schnell wie möglich die dünne Schlachtlinie der Garden, welche diese letzte halbe Stunde kaum noch hatten überstehen können. So hart der dreistündige Kampf an ihrem Marke zehrte, behielten sie Lebenskraft genug, mit einer letzten ungeheuren Anspannung Brigade Rosenzweig endlich hinauszuschleudern, ehe noch die Spitzen der Brigaden Jonak und Waldstätten Chlum erreichten. Doch ließ sie sich nicht so ohne weiteres nach Rosberic hinabstürzen, sondern sammelte sich atemholend am Abhang. Oberst Jonak, der alte Soldat, verläßlich und bei den Truppen beliebt, trieb die Wasa-Bataillone vor, die Jäger der Brigade Waldstätten eröffneten nördlich den Angriff. Aber beides erst nach Weichen Rosenzweigs, so daß das alte Erbübel österreichischer Führung, das zersplitterte Vereinzeln der Gefechtskörper, sich hier wieder rächte. Ramming, der Theoretiker, hatte hier theoretisch schwer gesündigt, weil ihm der rasche Schlachtenblick, jener eigentliche Soldateninstinkt fehlte, den Benedek in so hohem Grade besaß. Gerade hier, wo selbst das herbste Totenopfer willkommen gewesen wäre, entfaltete Ramming die Kasernenscherze einer methodischen Präzision. „Richtung halten!“ hieß das Leitwort seines Auf- und Vormarsches und so kamen seine Brigaden zwar schnurgerade, aber viel zu langsam ins Gefecht. Mochten auch die vier ungarischen Regimenter der Brigaden Josef und Appiano hinter jeder Anstandspflicht einer Durchschnittsleistung zurückgeblieben sein, so reichten umgekehrt die Thaten der Brigaden Alexander Benedek und Rosenzweig an die glänzendsten preußischen des Tages hinan und solchen Truppen, wenn rechtzeitig und gemeinsam eingesetzt, hätte Erfolg bei Chlum blühen können. Wäre nur *eine* Brigade Rammings früher erschienen, so hätte selbst Appiano sich noch bewogen gefühlt, Rosberic zu halten, und gemeinsamer Anlauf auf Chlum hätte dort das Einfallsthor dem Feinde wieder vor der Nase zugeschlagen. So aber ließ man den Einbrecher ungestört auf der Schwelle, von wo er Stockwerk nach Stockwerk des österreichischen Heerpalastes, der noch morgens in reifer Pracht gestrahlt, zerhämmerte und in Brand setzte!

Der Angriff Jonaks mit unzureichenden Kräften scheiterte, Waldstätten's Vordertreffen ward unbarmherzig zerschossen. Immer neue Bataillone führte Ramming heran, die mit besonderer Wut Ost- und Südseite des Dorfes bestürmten. Doch unter Heranziehung frischer Kräfte der unverbrauchten Ostpreußen ward der Sturm nochmals allseitig abgeschlagen, ohne daß wieder ein österreichischer Fuß den Dorfrand betrat. — Brigade Ringelsheim des ersten Armeekorps hatte sich hinter Brigade Waldstätten gesetzt. Bei dem steten Vorgehen des Frontalgegners von Sadowa über Lipa auf Langenhof, hatten die Brigaden Poschacher und Leiningen sich näher hinter Rosberic herangezogen, während das dritte Korps hinter den Reservekorps herum über Sweti abzumarschieren suchte, wohin bereits das zehnte Korps voranging. Dies schlug gemeinsam mit dem achten und den Sachsen den Weg zur Elbe ein. Das Ulanenregiment Kaiser von Mexico und die Windischgrätzdragoner des zehnten, und die Karl-Ulanen des achten Korps, die schneidigen Liechtenstein- und Preußenhusaren der Division Edelsheim suchten nach Möglichkeit den Abzug zu verschleiern. Die große Chaussee nach Königgrätz hatte sich für Gablenz noch hinreichend geöffnet, als er Mollinarys Abzug folgte, und der linke Flügel entzog sich völlig der Umfassung, behielt freie Bahn nach Südosten. Dagegen ließ sich nicht vermeiden, daß die flüchtigen Brigaden Kirchsberg und Benedek, nachdem Prohaska und Appiano schon früher abgerückt, in die Stellungen Rammings hineingerieten und diese in der Gefechtsentwicklung behinderten, was vielleicht deren Langsamkeit etwas entschuldigen dürfte. Alles was von Lipa und Langenhof rückwärts eilte, staute sich dann vollends vor Sweti mit den Brigaden Leiningen und Poschacher, wodurch sofort Verwirrung der taktischen Ordnung einriß. Dies um so mehr, als die preußischen Feuerschlünde und Hinterlader von Chlum aus ununterbrochen den Rücken aller abziehenden Heerteile bearbeiteten, so oft ihnen ein Ermatten der Angriffe auf Chlum selber dazu Zeit ließ. Schon deshalb erwiesen sich diese blutigen Menschenopfer der steten Bestürmung als traurige Notwendigkeit. Und sobald der Rückzug dem Bereich der Chlumer Gardebatterien, die ja zuletzt ohnehin verstummten, sich entzog, hatte er eine neue Feuerlinie entlang zu streifen, als die Schlesier ganz im Nordwesten ihre bedrohliche Umfassung vorschoben. Erst die letztere gab dem unglücklichen Heere den Todesstoß, da ja die übrigen Teile des Kronprinzen immerhin bei Chlum festgebannt lagen und die von Sadowa aufsteigenden Streiter Prinz Friedrich Karls nicht rechtzeitig die verlassene Hochfläche Lipa-Langenhof füllen konnten.

„Halt! Kehrt! Front!" Der tüchtige und selbständige Generalmajor Knebel, der als Nachhut von Gablenz hinter Sweti die Chaussee passierte, übersah die Gefahr so richtig, daß er auf eigene Faust den Entschluß faßte, sich dem Reservekorps anzuschließen. Er rückte neben Brigade Leiningen auf. Vom zehnten Korps blieb Langenhof noch besetzt, Teile der bei Trautenau so gelichteten 16. Jäger (weiland Brigade Grivicic) und der 12. der Brigade Mondl nahmen noch an den Kämpfen um Lipa und Langenhof teil. Die Paduaner des Regiments Bamberg konnten auf dem Rückzug hinter Briza schon flüchtige Landsleute vom Regiment Sigismund der Brigade Piret jammernd mit italienischer Lebhaftigkeit grüßen. Die Ruthenen des Regiments Parma der Brigade Mondl ebenso ihre Landsleute vom Regiment Stephan. Die Polen des Regiments Mazzuchelli zeterten durcheinander, genossen aber nicht das Glück, drei polnischen Regimentern Rammings mit Heimatlauten ihre Trauer anzuvertrauen. Denn Ramming, an den soeben Benedeks Ordre zum Abmarsch erging, mußte sich mehr nordöstlich wenden, um den Strom seines geschlagenen Korps nach Neuköniggrätz abfließen zu lassen. Inmitten all der schwächlichen Verzweiflung stand die deutsche Brigade Knebel fest und ruhig, zuvörderst das Leibregiment Kaiser Franz Josef, das sich bei Trautenau mit unvergänglichem Ruhm bedeckte und allein von allen den Rücken geworfener Preußen sah. Die dreiunddreißigtausend Patronen, die dort vom Kapellenberg das Schnellfeuer eines einzigen ostpreußischen Bataillons gegen sie verfeuerte, hatten die Nerven dieser tapfern Bergschlesier aus Troppau nicht zerrüttet. —

Benedeks Suite war völlig auseinandergesprengt. Stabsdragoner, Bedienstete, all die dreihundert Berittenen des Hauptquartiers irrten, soweit sie noch heil im Sattel saßen, an verschiedenen Punkten auf dem Schlachtfeld. Der Tod schwang um den Feldhern die Sense, wo er immer noch rastlos umherflog.

Den sächsischen Militärbevollmächtigten General Baron Senfft traf ein Streifschuß. Nun riß auch dem soeben vom Befehlsritt zu Graf Coudenhove zurückkehrenden Ordonnanzoffizier Rittmeister Wersebe, wie vorher dem andern Ordonnanzoffizier Oberlieutnant Prinz Esterhazy, ein Granatstück das Roß nieder. Als er sich ganz gesund erhob und Henikstein ihn beglückwünschte, seufzte er bitter: „Wär' doch die Kugel ein paar Schuh höher geflogen!“ Er sprach nur aus, was so viele dieser Tapferen dachten, die Österreichs Unglück nicht überleben wollten. Benedek umarmte seinen Rittmeister etwas komödiantisch und nickte: „So ist's! Glücklich, wer diesen Tag nicht mehr zu schauen braucht!“ Ein wahres Wunder, daß der Feldherr selbst den Geschossen entrann. Immerhin behielt er ruhigen Überblick genug, um die paar Berittenen, die er noch bei sich hatte: die Generalstabshauptleute Wattek und Woinowits, Oberlieutenants Hofmeister und Weigelsberg, und die Ordonnanzoffiziere Rittmeister Klein und Hauptmann Partsch nach allen Windrichtungen zu entsenden: „Ramming soll seine Brigaden aus dem Feuer ziehen! — Gondrecourt soll an seine Stelle treten! — Prinz Holstein und Graf Coudenhove attackieren!“ hieß der Sinn seiner Ordres. „Ah, Sacken, da sind Sie ja wieder!“ Major Sacken, in den Strom der weichenden Massen hineingerissen und lange vom Armeekommandanten getrennt, fand sich soeben wieder ein.

Das erste Armeekorps, schon im Aufmarsch nach bezeichneter Richtung begriffen, ging allmählich in Gefechtsstellung über. Das sechste rückte ebenso allmählich ab. Baron Ramming hatte sich genugsam angestrengt, die Weichenden zum Stehen zu bringen, aber schweren Herzens erkannte er die Unmöglichkeit, seine gelichteten Scharen überschauend. Die Deutschmeister hatten heut wieder fünfhundert Tote und Verwundete, dem ruthenischen Schwesterregiment und den tapferen Jägern ging es nicht besser, auch unter den andern Vordertruppen räumte das Blei verheerend auf. Da erkannte der Hartköpfigste, daß nichts mehr zu machen sei. Die letzte Frist verstrich, binnen welcher noch Übermacht die kecken Eindringlinge erdrücken, eine verfahrene Sache einrenken, eine schiefe Lage verbessern konnte. Die Schlacht war unrettbar verloren.

„Jetzt hat's geschnappt! Da kommen sie auf die Reise!" frohlockten die erlösten Garden, als drunten bei Rosberic eine dunkle, ununterscheidbare Masse hin und her schwankte. Als die frischen preußischen Bataillone droben aufzogen, bemächtigte sich endlich Unruhe der geschlagenen Reservekorps. Im scharfen Lichtkreis ihrer mächtigen Batterien bewegten sich unabsehbare Züge von Bewaffneten und Wagen über die Hügelketten abwärts zur Elbeniederung, der größte Teil der Armee trat den vollen Rückzug an.

Eine sächsische Ordonnanz sprengte soeben zu Benedek heran: „Se. Kgl. Hoheit bedauern, sich auch bei Bor nicht lange halten zu können." „Das merkt' ich schon nach dem Schall des Feuers," versetzte der Feldherr mit ernster Fassung. „Sagen Sie dem Kronprinzen, sein Rückzug mit den zwei bei sich habenden Korps und der Brigade Piret geht auf Hohenmauth oder Pardubic. Weiter hab' ich ihm nichts mitzuteilen, er wird schon selber wissen." Dann wandte er sich zu einem Adjutanten: „Zu Gablenz! Er soll das Nötige veranlassen und Stresetic räumen. Der Abzug wird unverweilt angetreten." Ach, Gablenz hatte sich schon selber in seiner Bedrängnis so zurecht gefunden, daß er, sobald der Fall von Lipa und Erzherzogs Ernsts Abzug seine rechte Flanke entblößte, ungesäumt davonging. Benedek aber raffte sich nochmals zusammen und sprengte zur Reserveabteilung des Oberst Hoffbauer. „Sie halten aus bis auf den letzten Mann, nicht wahr, mein lieber Freund? Ihr Wort?" „Mein Ehrenwort, Excellenz!" Kräftig schallte der Handschlag des braven Artilleriehäuptlings in die ausgestreckte Rechte des Feldherren.

„Wer die Ehre hat, des Kaisers Rock zu tragen, darf niemals an der Viktorie verzweifeln," herrschte er ein weichendes Ungarregiment in der Heimatsprache an. Als Reiterdivision Holstein von Rosnic vorging, war er sofort zur Stelle und wies die Richtung: „Zwischen Langenhof und der Chaussee! Sehen Sie den Staub, dort chargiert feindliche Reiterei." Prinz Holstein nickte stumm. — —

„Jetzt wollen wir ihnen mal mit dem Bajonett in die Rippen kitzeln! Die Weißröcke spüren schon, daß sie wieder laufen müssen!" Allseitiges Vordringen auf Rosberic begann, neue ostpreußische

Batterien fuhren ein. Was vom Korps Ramming am Wege Chlum-Langenhof noch weilte und was noch vor Rosberic das Feld hielt, wich abwärts. Bei Lipa gab es freudige Überraschung, da durch den verhüllenden Dampf das stramme „Werda" vorgeschobener Gardeposten, als eine unkenntliche Reitermasse heranbrauste, mit dem Zuruf erwiedert wurde: „Thüringisches Husarenregiment." General Graf Groeben war der erste, der von Sadowa her die Chausseebiegung erreichte. Hinter ihm schmetterte der Dessauer Marsch über das dunkelnde Schlachtfeld, das gesamte Fußvolk Prinz Friedrich Karls machte sich auf, um mit klingendem Spiel die Höhen zu stürmen. Das Echo der Waldungen hallte ihr Gelächter nach, das ein paar noch gegen sie abgefeuerte Kanonenschüsse spottend vergalt. „Is nich! — Man tau!" Die frische Zuversicht dieser sieggehärteten Scharen, so lange in banger Ungewißheit niedergehalten, schlug wieder in lichte Flammen aus.

Und die Kampfbegeisterung der verderbengeweihten Österreicher erlosch. Man hatte ihnen Sieg versprochen, aber ein Sieg des Feindes war gemeint. Tiefe Bewegung verbreitete sich minutenlang über Benedeks verwitterte Züge, seine Brust arbeitete, ein tiefes Stöhnen entrang sich ihm unbewußt. Aber er beherrschte auch diese Gemütsaufwallung, er war wieder er selber. „Auf Ihre Plätze, meine Herren!" rief er versammelten höheren Führern zu, die ängstlich in seinen Mienen lasen. „Jetzt müssen wir streben, das Schlimmste zu verhüten. Das Vertrauen unseres allergnädigsten Herren darf sich in uns nicht verrechnet haben. Und wie Gott will." Ruhig und kalt disponierte er: „Die Artillerie bleibt in ihrer bisherigen Stellung, Sweti wird vorläufig gehalten, wenn möglich auch Rosberic. Die Reservekavallerie muß mit aushelfen. Das Korps Clam bleibt zuletzt am Feinde, Ramming folgt scharf auf dem X. Korps, sobald er frei geworden."

Die Adjutanten flogen umher, neue Signale schmetterten über das Feld, neuformierte Massen bewegten sich eilig in neue rückwärtige Stellungen bei Sweti und den dahinterliegenden Höhen. Infanteriekampf bei Langenhof ward abgebrochen, dichte Reitermassen eilten hitzigen preußischen Schwadronen entgegen, als gelte es einen Wettlauf, wer zuerst an den Feind gerate. Hilflos in ihrem Blute liegende Verwundete schrieen entsetzt auf, als die

Reiterei dahinstob, in der gräßlichen Furcht, von Hufen zertreten zu werden.

Über der schauerlichen Blutstätte der Lipahöhe brütete starres Schweigen, sie lag verlassen. Nur von Ferne schlugen gedämpft die Trommeln der Elbarmee, doch näher und näher klang der Sturmmarsch der auf Lipa nachdrängenden Bataillone Horns und Mansteins. Ein tosendes Hurrah brauste die Kolonnenspitzen entlang: „Se. Majestät der König!“ Der Monarch selber mit seiner aus verschiedenen Reitergattungen buntgemischten Stabswache unter dem Grafen Fink v. Finkenstein setzte sich an die Spitze des mühelosen Vordringens. Kein Feind stand mehr gegenüber in dieser Richtung. Nur nordwestlich zuckte das Sprühen des Artilleriefeuers, rollte das sausende tosende Knattern des Hinterladers.

Wo bitteres Kampfessehnen so lange inbrünstig und vergeblich hinangeschaut, auf Lipa's unbezwinglicher Hochburg reihte sich jetzt Brigade an Brigade, in endlosem Jubel sich rechts und links mit anderen der Flügelheere verschlingend. Als der dicke Nebel sich lockerte und hob, stand die ganze preußische Streitmacht in voller blitzender Schlachtordnung auf den eroberten Höhen. Ein weitgeschweifter gekrümmter Feuerbogen eines nach Süden geöffneten Halbkreises umspannte von Problus bis Chlum die aufgewühlte Brandung des zerschlagenen Kaiserheeres, aus welcher sich neue donnernde Wogen gegen Chlum und Stresetic heranwälzten.

Wie von einer mächtigen Rotundentribüne aus genoß der Beschauer das neue herrliche Kampfspiel, das in der Arena drunten zwischen den beiden Orten anhob. Denn wie ein Nachklang der Vorzeit, ein Bild aus der Antike, erscholl das Rasseln von Rüstungen und Schwertern, formten sich Kampfgruppen geharnischter und behelmter Reisigen. Die homerische Ilias einer größten Reiterschlacht zog vorüber.

„Hier steht der Feind und dort steht der Feind — wo befehlen Excellenz, daß ich attakiere?“ Mit den ihm eigenen verbindlichen Manieren eines höflichen Kavaliers wies der Prinz von Holstein, leicht im Sattel aufgerichtet, nach Westen und Norden, indem er elegant wie im Salon den Handschuh schwenkte. Stumm wies Benedek nach der Gegend von Langenhof. Mit tadelloser Verbeugung, Hand salutierend an der Schläfe, sanft und freundlich lächelnd, wandte der Prinz seinen Rappen und sprengte vor die Front seiner Geschwader.

„Melde gehorsamst, daß feindliche Kavallerie zwischen Problus und Stresetic erscheint. Sie will unserer Infanterie nachsetzen," rief Oberleutnant Baron Ditfurth dem Grafen Coudenhove atemlos zu. Dieser selbständig denkende und daher Benedek nicht genehme Führer hatte trotz der an ihn durch Rittmeister Wersebe ergangenen Aufforderung zur Attake seinen Rückzug, neben Gablenz angetreten, noch nicht inhibiert, weil er kein geeignetes Attakenziel zu erkennen glaubte. Jetzt aber zögerte der ernste, würdige Edelmann keinen Augenblick. „Halt! Kehrt!" lief das Kommando die Geschwaderreihen hinunter und jeder Reisige brannte darauf, den bedrängten Kameraden des Fußvolks den Feind vom Leibe zu halten.

— — — — — — — — — — — — —

Mittlerweile hatte das k. k. erste Armeekorps sich in Bewegung gesetzt, jetzt unterm Befehl des als schneidiger Draufgänger bekannten Grafen Gondrecourt, eines bestgehaßten harten und strengen Kommißsoldaten alter Schule, dessen aufbrausenden Jähzorn seine Untergebenen fürchteten und der sich bis zu persönlichen Thätlichkeiten verstieg. „Eh was! Man hat's nur noch nicht recht versucht, der Ramming schont seine Leute zu sehr, ein altösterreichischer Gewaltstoß wirft alles über den Haufen! Haben wir's denn nicht noch in Schleswig erlebt? Diese Zündnadeldinger schaden nur so lange, bis man ihnen nicht auf den Leib rückt! Es wird vom Fleck aus in Kolonnen vorgegangen. Kein langes Gefackel mit Deployieren! Die Breite nützt nichts, die Tiefe muß es thun, ihr Gewicht wirft alles um!" Umsonst wagte der Stabschef des Korps, der verständige Oberstleutnant Litzelhofen, schüchterne Vorstellungen, daß Graf Gondrecourt vielleicht doch die Macht des Hinterladers unterschätze. „Wer kommandiert hier, ich oder Sie?" fuhr der barsche Haudegen ihn an. „Wie ich befahl, geschiehts: in Divisionskolonnen antreten!" Das bedeutete förmliche Quadrate, deren schmale Breite sich konzentriert zusammenschob. Lauter nebeneinander vorlaufende, schachbrettförmig hintereinander gehäufte kleine Vierecke, deren massige Form schon im italienischen Feldzug sich überlebt hatte, hier aber dem Hinterlader gegenüber eine Ausgeburt verbrecherischen Wahnwitzes schien. Nur durch schmale Zwischenräume getrennt, nur eine dünne Plänklerlinie vorausschickend, schritten die braven Leute unverzagt und immer rascher aus, um nahe heranzukommen und das eigene stutzende Beben vor dem ununterbrochenen Massenfeuer zu überwinden. Schon die moralische Wirkung der vordringenden und vorandrängenden Gewalthaufen sollte den Feind niederrennen, so träumte sich's militärischer Kathederwahn. Doch der schmetternde und mit mathematischer Genauigkeit einfallende Bleihagel fragte wenig nach dem prächtigen Anblick.

Der altbekannte Korpskommandant Clam-Gallas fehlte heut, man hätte ihn in vorderster Reihe gesehen. Er ritt zwar nur einfach so mit, ließ alles gehen, brauchte ebenso gut nicht dabei zu sein, aber seine edelmännische Tapferkeit hatte etwas wirklich Vornehmes und Adliges. Wohl hängte der Wiener Gassenhumor und Treppenwitz dem alten Feudalherrn allerlei Ehrentitel an, die in Erinnerung an einstige Heerverderber gleichen Namens den Scherz von der Trommel aufwärmten, die man immer nur hört, wenn sie geschlagen wird. Sein vielfaches Pech bei Magenta und Solferino hatte auf seine Echecs bei Gitschin und Podol vorbereitet. Allein, wie er sein Unglück bei Magenta mehr den schlechten Anordnungen seines Oberfeldherrn Giulay verdankte, so trägt er auch keine Schuld daran, daß mangelhafte und verspätete Befehlsausgabe des von Henikstein und Krismanic so schlecht bedienten Generalstabs ihn bei Gitschin in die Schlinge brachte. Im Gegenteil haben wenigstens seine Unterführer dort sehr schneidig kommandiert; der abendliche Vorstoß der Brigade Piret, die heut wieder ähnlichen Zweck tüchtig erfüllen sollte, war richtig gedacht und entsprechend ausgeführt. Freilich beim Rückzug nach Dubenec und von da nach Königgrätz hatte dies geschlagene Armeekorps sich übel aufgeführt und befürchten lassen, es werde ähnlich wie bei Solferino, nachdem es bei Magenta sich größtenteils hingebend schlug, sein moralisches Gefüge durch die vorher erlittene Schlappe gelockert zeigen. Es hatte sogar Verwirrung in die übrigen Marschkolonnen hineingetragen, so daß der vom Kaiser abgesandte Vertrauensmann, Oberstl. v. Beck, äußerst ungünstig darüber urteilte und sofortigen Rückzug hinter das deckende Elbeknie bei Pardubic empfahl. (Benedek ahnte nicht, daß dieser Herr dereinst eine ähnliche oberste Stellung im österreichisch-ungarischen Heere einnehmen werde, wie er selber.) Es wäre dies wohl unbedingt das Sicherste gewesen. Daß Benedek jedoch die strategischen Nachteile seiner Stellung am Bistritzufer geringer anschlug als ihre zweifellosen Vorteile, darauf gewann sicher Einfluß die erstaunliche Veränderung, die mit den Truppen des Korps Clam, das am ärgsten zu pessimistischer Auffassung gereizt hatte, binnen zwei Tagen vorging. Dieser Umschwung hatte den eigenen Gemütszustand Benedeks derartig umgeformt, daß er, der nach gehaltenem Kriegsrat um halbzwölf Uhr vormittags des ersten Juli nach Wien telegraphierte: „Bitte um jeden Preis Frieden zu schließen," genau vierundzwanzig Stunden später an den Generaladjutanten Crenneville (kaiserlicher Hof) amtlich depeschierte: „Oberstlieutenant Beck wird mit schwarzen Eindrücken zurückgekehrt sein, er kam grade im ungünstigsten Moment. Reichliche Verpflegung hat den Geist der Truppen gehoben und einen Rückzug der Armee unnötig gemacht." Unnötig wohl grade nicht, aber mindestens übereilt und unvorsichtig. Denn Rückzug eines so großen und so eng eingekesselten Heeres mit all seinen riesigen Trains über einen großen Fluß angesichts eines so beweglichen und zahlreichen, schon auf beiden Ufern diesen Fluß einkreisenden Gegners wäre eine recht fragwürdige strategische Errungenschaft gewesen. Selbst wenn man ihn schon nachmittags des 2. Juli einleitete, was den Umständen nach so ziemlich unmöglich war, hätte bis zum 3. morgens sicher nur ein Teil die Elbe passiert und wäre alles Zurückgebliebene zum Mindesten in schwerer Teilniederlage über den Fluß geworfen, so daß höchstens ein neues Skalitz und Gitschin herauskam. Außerdem entfernten sich die Übergänge Königgrätz-Pardubic, um die es sich dabei alleine handeln konnte, abgesehen von der hierdurch nötigen Teilung der nördlicher und südlicher stehenden Korps, im Bogen von seiner eigentlichen Rückzugslinie über Josefstadt, auf welcher der Kronprinz bei Königinhof am linken Elbufer schon lagerte, der im Gewaltmarsch über Jaromer den bereits übergegangenen Teil vermutlich ereilt hätte, während der andere am rechten Ufer noch um seinen Abzug kämpfte. Außerdem wäre der eben erst gehobene Mut der Armee nun rettungslos auf Zero gesunken, was am meisten vermieden werden mußte. Um solcher Demoralisation vorzubeugen, war jedes Mittel recht und man darf unter obwaltenden Umständen Bendeks vielgeschmähten Entschluß, in der schier uneinnehmbar scheinenden Bistritzstellung die Schlacht anzunehmen, in gewissem Grade als das richtigste billigen.

Während man dem Grafen Clam Bequemlichkeit vorwarf, benahm sich sein Nachfolger rüstig und dem Feinde unbequem genug, indem er seine Truppen rastlos gegen Chlum vorschickte. Die Einnahme von Rosberic, die prächtige dabei bewiesene Angriffslust der Geschlagenen von Skalitz, schien auch den Geschlagenen von Gitschin Sieg zu verheißen. „Wir werden die verflixten Preußen doch noch in die Patsche bringen!" jubelten Offiziere und Mannschaften sich zu. Das Beispiel des Oberfeldherrn, der immer noch eine heitere Miene zur Schau trug und seinen altösterreichischen Soldatenstolz aufrecht hielt, riß aufrichtend mit sich fort. Nochmals die Hochfläche bei Stresetic abreitend, besah er kaltblütig die preußischen Linien und hatte sich so vollständig in der Gewalt, daß sein elastisch kühnes Auftreten bei allen Uneingeweihten den nötigen Eindruck erweckte, es stehe alles noch erträglich.

Das Andenken des heldenhaften Mannes wird keineswegs durch sein Verhalten an seinem großen Unglückstag geschädigt, seine spätere heroische Resignation, mit welcher er sich als einzigen Sündenbock opfern ließ, macht den herzenswarmen Kernmenschen uns nur noch werter. Man braucht kein Feldherr zu sein, wohl aber ein Charakter, und das war Ludwig Benedek. Manch sogenannter „großer" Feldherr, vom Glück verwöhnt und verhätschelt, darf nicht das nämliche von sich sagen.

Obschon er innerlich vollkommen fühlte, daß der Feldzug mit der Schlacht verloren, die Schlacht kaum noch zu halten sei, fügte er sich mit einer Würde in das Unvermeidliche, die seiner würdigen und moralisch makellosen Laufbahn geziemte. Deshalb scheute er auch nicht aussichtslose Opfer, um wenigstens die Waffenehre zu wahren. Und die wahrte er. Das außerordentliche eigenartige Gepräge dieser zweitgrößten Schlacht, die je in Europa geschlagen, fand den besiegten Feldherren nicht ungeeignet zu einer tragischen Hauptrolle. Immer wieder führte ihn seine Stute ins dichteste Feuer, es waren wahrhafte Todesritte, in denen er sich zwischen Sweti und Rosberic umhertummelte. Auch der Rest seines Gefolges lichtete sich bedenklich. Er schien wie besinnungslos. Aber sein schlachtgeübter Blick beherrschte durchaus die Lage und er ergriff jedes Mittel, sich vom unausweichlichen Verhängnis nicht unterkriegen zu lassen. — —

Die Brigade Ringelsheim bot also nördlich von Chlum dem Kugelhagel die Stirne, indes Brigade Poschacher südlich das sichere Rosberic verließ und auch Brigade Leiningen, so tapfer in den Iserkämpfen, sie nicht allein lassen wollte. Im nervenzerreißenden Getöse, das die Lüfte durchsauste, zerriß kaum zeitweilig der Pulverqualm, um das Grausen des blutigen Ehrenfeldes sichtbar zu machen, dann lagerte er gleich wieder dicht darüber. Mit unübertrefflicher Entschlossenheit, den allgemeinen Rückzug vor Augen, setzte das erste Armeekorps an, um dem sonst unvermeidlichen Ver-

verben zu steuern. Das Hurrah, Eljen und Slawa der dichtgeschlossenen Sturmsäulen, vieltausendstimmig, schien dem Geschützdonner übertönend trotzen zu wollen.

Aber den kalten Norddeutschen erzitterte keineswegs das Herz im Leibe. Vielmehr betrachteten ihre Führer kopfschüttelnd durchs Fernglas diese erneute Probe sträflicher Unbesonnenheit. „Die Unverbesserlichen! Den Sandhaufen verdienen ihre Kommandeure! Sie schleppen ja förmlich so brave Truppen zur Schlachtbank!“

Kaum daß dies Losrennen über Ackerkrummen, Wiesen, wallendes Korn und nackte Flächen in den vollen Wirkungskreis des Schnellfeuers trat, so metzelte es förmlich in den unbehilflichen Menschenklumpen. Bataillonsweise eine einzige Salve abgebend, die wie gewöhnlich zu hoch ging, ohne jede weitere Vorbereitung eines Feuergefechts, schritt jede kaiserliche Truppe, jede Kampfgruppe beider Brigaden zum Bajonettstoß. Nur die Jäger, überhaupt die bestausgebildete Truppe der österreichischen Infanterie, setzten sich wenigstens mit ihren Schützenketten am Fuß der Chlumer Kuppe fest.

Überall sprangen die Offiziere — tapfrere kennt die Welt nicht — mit hochgeschwungenem Säbel vor, den Ihren Mut zu machen, und die Kommandeure suchten mit bedauernswerter Kaltblütigkeit die Vorschriften der Stoßtaktik recht reglementmäßig auszuführen. Ins feindliche Nahfeuer hineingelockt, stürzten die braven Männer haufenweise zusammen. Denn in ihren übervollen Gewalthaufen verfehlte keine Kugel ihre Opfer. Die Offiziere der Brigade Poschacher, oft von kühlen nordischen Schützen besonders aufs Korn genommen, sanken einer nach dem andern. Die ineinandergeballten Massen, sich gegenseitig den Raum zu erstickender Enge schmälernd, wollten sich zwar mit rasendem Anprall Luft machen. Was laufen kann, gliedert sich der ungestümen Bewegung nach vorne an. Während österreichische Granaten die Kronen der Chausseebäume zerbrachen und im Innern Chlums wüteten, streute draußen der Tod den bleiernen Samen, schickte manch junges Blut ins Verderben hinein. Die scharfen Kügelchen holten die Berittenen vom Gaul herunter, holten Fliehende ein, holten die nach vorn Ausreißenden näher herbei. Über die Erdwellen der mäßigen Hügellehne mähten die Geschosse weg, daß sich der Abhang mit blutend Niedergeworfenen bedeckte und weiter unten über den grünen Rasen Blutrinnen rieselten.

Die schwarzgelben Banner flogen rauschend im Wind, als wehten vergangene Siege geisterhaft durch sie hin.

General Poschacher, aus der Jägertruppe hervorgegangen, führte mit Stolz seine ‚eiserne Brigade‘, wie sie sich in Schleswig den Ehrentitel erwarb. Der Radetzky-Marsch ertönte. Die Regimenter Martini und König von Preußen folgten mit lautem Feldgeschrei dem Trommelwirbel, die 18. Jäger dem Schmettern ihrer Hörner, als die feindlichen Salven in sie hineinprasselten. Generalmajor Baron Ringelsheim, in Generalstabskarrière noch jung emporgekommen, ein gebildeter Kavalier von gutem soldatischen Können, ermunterte die Seinen: „Rache für Gitschin!“ Sechshundert Tote hatte die arme Brigade dort liegen lassen, und wie würde es heute werden? Das Regiment Württemberg stürmte unverweilt aufwärts, ein Feuer aushaltend, das ganze Reihen niederschmetterte. Der feurige junge Graf Leiningen, eine waghalsig sportlustige, aber durch und durch ritterliche Natur, von seinen Leuten verehrt, ordnete seine 32. Jäger zum Kampf, die zuerst von allen bei Hühnerwasser sich mit dem Feinde maßen. Seine Brigade hatte bei Münchengrätz des Feindes Überlegenheit kennen gelernt und die Italiener des Regiments Haugwitz zeigten sich erschüttert, blieben als unverläßlich im Hintertreffen. Vorn stellte Leiningen das Regiment Giulay auf, Comitat Arad, worin Deutsche, Magyaren, Serben durcheinandergemengselt. Es eilte im Sturmschritt dem Kanonendonner zu und weiter dahinter hielten sich die Deutschen Knebels bereit, dem Bruder Preuß’ die Siegesbeute Chlum zu entreißen.

Im ersten Stoß mit aller Gewalt den Feind über den Haufen rennen, schien diesen kühnen Scharen ein Kinderspiel, und floß auch ihr Blut in Strömen. Ihr Heldenmut konnte nicht übertroffen werden. Aber die mit so viel Opfern erklommene Höhe von Chlum wahrten jetzt auch frische Bataillone mit vollgefüllten Patrontaschen, die Ostpreußen zielten und schossen, die Garde wich keinen Schritt. Hunderte bei einem einzigen Regiment wanden sich mit zerschmetterten Gliedmaßen, ehe man überhaupt nur den Feind zu Gesicht bekam. Nicht unerwartet kam den Magyaren und Polen der ‚eisernen Brigade‘ das Klirren und Krachen der langen Salven, sie hatten es bei Podol geschmeckt, die andern Brigaden sich bei Gitschin daran gewöhnt. Dennoch lähmte Entsetzen die Glieder, prägte sich ungewollt auf jedem Antlitz aus, als wie ein Blitzschlag dieser Kugelschauer zuckend die Reihen durchfuhr.

„Auf mein Kommando hören! — Visier 300 Schritt! — Feuer!“

Mit einer Fassung, wie nur eisernes Pflichtgefühl sie verleiht, stemmte die Garde sich den wildesten Angriffen entgegen. Der Nebel hielt nicht mehr so stark wie früher den Pulverdampf am Boden fest, so daß die Norddeutschen den Vorteil ihres kälteren Naturells zu scharfem Zielen benutzen konnten. Die Österreicher schossen wenig, mit unleugbarer Bravour suchten sie den Nahkampf. Ihre Fahnen wehten, ihre Trommler schlugen dràuf, als solle das Kalbsfell bersten. Und nochmals auf hundert Schritt Feuer! Die Thore der Vordergehöfte erdröhnten unter den rasenden Schlägen, womit der Angreifer sie zu sprengen suchte. Mit hochgerecktem Degen sprangen die kaiserlichen Offiziere ihren Mannschaften voran, wie Vortänzer im Schlachtenreigen. Sie widmeten sich heut wie ein Mann der schwersten Dienstpflicht: zu siegen oder zu sterben. Hoch zu Roß fachten die höheren Führer den Mut der Ihren an: in einem Augenblick lagen sie unter erschossenem Gaul am Boden.

Das Pferd Poschachers bäumte sich hoch, dicht vorm Eingang von Chlum, und überschlug sich, zusammenbrechend. Und der Reiter regte sich nicht mehr: der bärbeißige General bettete sich tot auf seinem letzten Felde der Ehre. Doch im nächsten Augenblick befand sich ein andrer Stabsoffizier, sich unterm gestürzten Roß emporarbeitend, wieder auf den Füßen: „Es ist nichts! Haltet aus!“ Seine ausholende Klinge zersplitterte bis zum Heft an einem steinernen Thorbogen; das Degengefäß eines preußischen Feldwebels, der im Gedränge nicht die Waffe schwingen konnte, traf ihn an die Stirn, daß er taumelte. Dann sprühte ein Schuß, riß ihm den Federhut vom Kopfe, ein zweiter, und er sank für immer. Noch, als blutiger Schaum seine Lippen färbte, röchelte er: „Laßt nicht nach! Für unsern Kaiser!“ Andere traten an seine Stelle. „Hierher, wer noch treu zu seiner Fahne hält! Zusammengeschlossen! Kinder, denkt an euren Fahneneid! Vorwärts für Gott und unsern allergnädigsten Kaiser!“ Mit naiver rührender Tapferkeit drangen so mehrfach einzelne kleine Schlachthaufen in Chlum hinein, die Masse aber zerschellte draußen. Und Abgeschlagene vermochte man nicht mehr zu sammeln, nicht mehr ins Feuer vorzubringen. Doch vor frisch Nachrückenden scholl es bald wieder: „Angetreten zum Avancieren! Schützen vor die Front! Schenkt ihnen noch ein paar Salven und dann Gewehr rechts zur Attake!“ Das Beispiel der Offiziere zündete, Truppen beider Brigaden trotzten an den Gärten und Vorwerken der Dorfumfassung den sicheren Schüssen der unsichtbaren Gardetirailleure. „Der Hauptmann ist erschossen!“ flüchtete eine ungarische Kompagnie, die ansteckende Panik benutzten die Verteidiger des umstellten Kornspeichers: „Auf sie! Fallt aus!“ So ging es hin und her.

Noch wankte der rechte Flügel der Chlumer Stellung unter wiederholt erneuerten Stößen. Doch ans Südende von Chlum gelangten die Stürmer nie wieder heran, nie wieder hinein. Aber Benedek, der schon wieder hier im Getümmel der Feldschlacht auftauchte, redete barsch und finster die Weichenden an, ließ sie aufs neue sammeln und vorführen, als gälte es, einen Sieg an seine Fahnen zu fesseln, wo doch jedes Fortkämpfen nur den unausbleiblichen Rückzug verschlimmerte. Er konnte und wollte Österreichs Sache nicht verloren geben. An seiner Seite ward sein Liebling und junger Freund, Flügeladjutant Müller, von einer Granate niedergerissen. Er blickte kaum hin, obschon ihm die hellen Thränen aus den Augen stürzten, dachte überhaupt nicht an sich, dachte nur an sein armes Heer.

Neuerdings riß der gestrenge Herr, der ruhig unter seinen geschlagenen Brigaden stand, Gondrecourt ein frisches Regiment zum Sturme fort, als schon die Ostpreußen, unter die Garden eindoubliert, den ganzen Abhang nach Rosberic unter Feuer nahmen und daher jede Offensivlust erlosch. Als auch dieser letzte, wohl der zehnte Handstreich, überraschend westlich vom Dorfe vorzubrechen, unter herber Einbuße mißglückte und weiße Uniformen wie Papierschnitzel den ganzen Abhang besäten, glaubte endlich auch er an die Ohnmacht ordnungsgemäßer Taktik, des kostbaren Erbstücks aus ehrwürdigen Altvätertagen, gegenüber dem unehrlichen falschen Spiel der preußischen Hinterlader, dieser verwerflichen modernen Errungenschaft der antifeudalen, demokratischen Technik.

„Steht, steht! Nur keinen Schritt zurück!“ schallte draußen Waldersees Stimme im Hohlweg. Einmütig antworteten seine Leute mit donnerndem Hurrah. „Da kommen sie wieder! — Halt, Front, chargiert! Angeschlagen, Feuer!“ Graf Gondrecourt erneuerte zum zweitenmal einen Generalangriff. Regiment König von Preußen verlor schon viel, Regiment Martini litt schwer, der Brigade Ringelsheim ging es nicht besser. Die ins erste Treffen einschwenkenden Brigaden Leiningen und Knebel richteten zwei neue Stöße gegen Mitte und rechten Flügel der Chlumer Stellung. Der letztere blieb nicht ohne Erfolg, man behauptete sich längs der Chaussee; der erstere aber, in Verbindung mit andern Clamschen Truppen unternommen, stieß auf eine unzerbrechliche Front. „In Sektions mit halblinks abgebrochen! — Sturmschritt! Vorwärts, marsch!“ Es sah aus, als wollten die Kaiserlichen diesmal in einem Anlauf die Höhe hinanrennen und droben ihren Siegesruf donnern lassen. ‚Gott erhalte Franz den Kaiser‘ tönte feierlich die Nationalhymne im Rücken der Fechtenden aus Rosberic von den Regimentsmusiken, die noch eben fröhlich ‚O du mein Österreich‘ gespielt, um das frohsinnige Blut der vom kurzen Erfolg Berauschten zu heiterer Kampffreude zu erhitzen. Aber ganze Salven vereinter Gardekompagnien rollten rund und glatt, daß die vordersten Glieder der Angreifer kopfüber den Abhang hinabrollten, am Fuß der Höhe rasselte das sprühende krachende Schnellfeuer beider Parteien wie Hagelwetter, ja wie ein klirrendes Erdbeben. Über den Kämpfenden lastete eine einzige ungeheure Dampfwolke. Als sie sich verflüchtigte, stürzten die vorgeschobenen Schützen der Garde rückwärts die Höhe hinauf und ein nicht endenwollendes Triumphgeheul bewies, daß die Österreicher über all ihre Leichen und Verwundeten weg mit Bravour im Avancieren blieben. Die Spitze bildeten die 26. Jäger. Auf hundert Schritt an die nächste Flankenbatterie heran trug sie ihr Laufschritt.

Festen Tritts erstieg das tapfere Bataillon die Höhe, als ihm ein unbeschreibliches Schnellfeuer entgegenrasselte, untermischt mit dem Prasseln von Kartätschen. Als der Pulverdampf sich verzog, schien es wie vom Erdboden weggeblasen. Nichts sah man mehr von der prächtigen Schar, als starre Leiber, zur ewigen Ruhe gebracht, oder eine Unzahl schmerzgekrümmter wimmernder Krüppel. Neue Hülfe war zur Hand, aber dies furchtbar warnende Bild vor Augen stockten und stutzten die frischen Bataillone, ein Gegenstoß traf sie und sie wichen langsam bis ans Nordende von Rosberic, von wo sie ein unfruchtbares Fernfeuer gegen die Höhe unterhielten. Mit beispielloser Wut verbissen sich Clam's Truppen noch vor Chlum, dort wo früher Ramming das Vorgehen einstellte.

Als auch diesmal der Angreifer weggefegt, scholl klar und scharf das Signal „Avancieren" und die Garden stürzten ins Freie hinaus, die fliehenden Weißen weithin vor sich herjagend. So warfen die Starken den Kampf vor sich her. Hunderte von ihnen waren Seite an Seite mit braven Offizieren gefallen, lange schwankte die Schale des Sieges hin und her zwischen Chlums lodernden Flammen, aber als immer mehr Ostpreußen heraufkamen und mit lautem Hurrah sich in den wilden Kampf stürzten, da war's entschieden.

Das plötzliche Schweigen der großen Lipabatterie, die man zuletzt vom Rauch schnell aufeinanderfolgender Salven umflort sah, verriet ja schon längst, daß auch dort die Garde ein Ende machte. Immer drauf auf die Kanonen! hieß es nun auch hier, als Garden und Ostpreußen, deren schwarze viereckige Kolonnen man an der Seite der Chlumer Höhen hingleiten sah, gegen die immer noch scharf spielende Reserveartillerie bei Sweti fest und ohne Wanken weiter rückten. Diese schickte immer noch ihre Dampfsäulen in die aussichtverhängende Nebelschicht. Aber sie konnte nur noch ihr Fußvolk decken, das unterm Baldachin platzender Sprengstücke durch die Geländevertiefung zwischen Lipa und Stresetic davonlief. Ihre Granaten begrüßten auch die Kavallerie Prinz Friedrich Karls, die jetzt in kleinen Häuflein heranflog, oft nur in losen Trupps in gieriger Ungeduld die Abziehenden anfiel. Unvergeßlich blieb jedem Schauenden, wie jetzt die ganze Armee Prinz Friedrich Karls den Lipahügel hinaufkam mit wirbelnden Trommeln und flatternden Fahnen, die später vom Abendrot mit einer Glorie umsäumt.

Keine halbe Stunde währte dies schauderhafte Opferfest, wo der Moloch überlebter Formenbegriffe so unmenschliche Hekatomben forderte. Die regellos aufgelösten, massenhaft hingeschlachteten Brigaden ermatteten völlig. Doch hatte ihr einheitlich eingesetzter Opfermut dem Rückzug Benedeks eine halbe Stunde gewonnen.

Die genaue Schußwirkung der frischen ostpreußischen Batterien gestattete nicht mehr, das vordem erstrittene Rosberic festzuhalten. Auch dieser kurze Siegespreis entglitt kraftlosen Händen; bald sollte, was dort von Preußen gefangen oder verwundet lag, sich befreit fühlen. Die Trommeln auf der Höhe schlugen zum Sturme an, auf Rosberic hinabzustreben. Aus Haufen von Flüchtigen, Taumelnden und Niedersinkenden zogen die im Gegenstoß nachsetzenden Verfolger die Fahne des Regiments Haugwitz, dessen Italiener das blutige Schauspiel bisher mehr aus der Ferne verfolgt hatten. Jubelnd bringen die Erbeuter das gewonnene Feldzeichen auf die Höhe. Die Brigade Leiningen zerstäubte wie vordem Brigade Ringelsheim der unaufhaltsame Gewaltstoß, der in alle Zwischenräume brach und die Fliehenden unter Kreuzfeuer brachte, immer die Flanken treffend. Brigade Poschacher ging anfangs ruhig zurück, aber als alle Donnerkeile gegen sie allein entfesselt schienen, entfesselten sich ihr die Bande der Zucht. In unleidlichem Gewirre, nachdem der Feind einen Offizier um den andern niederstreckte, stürmte die eiserne Brigade zurück, die sich auf ihr Vorwärts so viel zu gute that, in Rosberic hinein und teilweise aufs Flachland hinaus. Schon ließen sich an den vorderen Hecken Versprengte und Steckengebliebene ohne Gegenwehr von den Siegern aufheben. — Die Schlesier und Nordmährer der Brigade Knebel hielten sich zurück, General Knebel mißbilligte die Anordnungen Gondrecourts und sah keinen Grund, sich zwecklos hinopfern zu lassen. So deckte er Gondrecourts rechtem Flügel den Abzug, während der linke in Rosberic angeschmiedet blieb. Schon machte sich auch Einwirkung preußischer Schlesier auf Flanke und Rücken der drei Brigaden Gondrecourts geltend. Knebel zog daher über Sweti auf Briza ab, die Brigade Poschacher sich selbst überlassend, seine 28. Jäger nahmen noch wiederholt den Feuerkampf auf Wiesen nördlich der Chaussee auf.

— — — — — — — — — — — — —

Und währenddessen blitzten seitwärts auf der Hochfläche Lanze, Säbel, Pallasch durcheinander. Die langen, breiten Schwerter kaiserlicher Kürassiere funkelten nach Norden und Westen, die Nikolaus- und Franz-Josefhusaren, Korpskavallerie Gondrecourts, lernten nicht umsonst Parieren und Hauen. In Kolonne vorgetrabt, dicht aufgeschlossen ihre Hintertreffen folgend, sah man aus Rosberic und längs der Chaussee die Reiterei heranbrausen, sah

man auf sie den feindlichen Feuerregen niederrasseln, sah man preußische Reiterharste mit gleicher Kampfbegier sich nacheinander in den schäumenden Wirbel werfen. Ein Aneinanderprallen, ein sich ineinander Verwickeln, ein gegenseitiges Durchdringen, ein sich Trennen in Gruppen und Schwärme, ein Dahinrasen über Höhen und Mulden, ein ungleiches Ringen der Österreicher gegen alle drei Waffengattungen, ein Umsinken mächtiger wundenbedeckter Männer, wie die Eiche splittert — das alles im wogenden Nebeldampf, in wolkiger Pulverschicht, bis die Waffenschlangen sich auseinanderwickelten. Und zwischendurch ging der Stoß der Garden auf Rosberic wie ein Wolkenbruch nieder, stürzten sich auf die Chaussee nach Sweti die Schlesier hinab, gellte das Gnadegeschrei sich gefangengebender entmannter Scharen.

Als die baumlangen, pulvergeschwärzten Gestalten der Garde, deren athletische Glieder oft den blauen Waffenrock in der wilden Kampfbewegung aus allen Nähten sprengten, und die stämmigen Ostpreußen vor Rosberic auftauchten, schlugen die österreichischen Trommeln Alarm, aber das Avanciersignal pflanzte sich längs der ganzen preußischen Linie fort. Das schlesische Korps drängte, auf gleicher Höhe angekommen, drüber hinaus, um am Einheimsen der Trophäen teilzunehmen. Mit zweifelloser Bravour stürmten österreichische Reiterharste über die Hochfläche. „Nur besonnen! Die thun uns nichts!“ Ohne sich in Knäuel zu ballen, feuerten die Schützen vom Fleck aus. Nirgendwo hielt es heut das preußische Fußvolk nötig, die altbeliebten Vierecke gegen Attaken zu formieren: so sicher fühlte es sich im Besitz seines unwiderstehlichen Gewehrs. „Vorwärts, reinen Tisch gemacht!“

Sweti ward vom linken Flügel Zastrows angefallen, Brigade Josef verließ nach kurzem Gemetzel das Dorf, das nunmehr Hoffbauer in Asche legte. Der rechte Flügel der Schlesier vereinte sich dem Angriff auf Rosberic, um halbfünf Uhr überschritt schon General Budritzki mit der dritten Gardebrigade die Chaussee bei Lipa, die ostpreußische Division Clausewitz rückte von Masloweb auf Chlum. Bei ihr befand sich der Kronprinz selber. Der feurige Steinmetz kam heute um seinen Schlachttag: man hatte ihn schier vergessen! Erst jetzt erreichte sein Korps in überangestrengtem Gewaltmarsch Horenowes: es hatte ja früher genug gethan. — Prinz Holstein ging mit Brigade Schindlöcker, welcher sich die Husaren Gondrecourts anschlossen, auf Brigade Groeben los, mit Brigade Solms auf Brigade Herzog von Mecklenburg, deren altberühmte Zietenhusaren zuerst anlangten, bald gefolgt von den pommerischen Ulanen. Die Neumärkischen Dragoner der Brigade Groeben hatten sich in zwei ungleiche Hälften geteilt; zwei Eskadrons hingen sich später den Thüringer Husaren an und traten Brigade Schindlöcker entgegen, drei andere den Preußenkürassieren der Coudenhove'schen Brigade Windischgrätz. Die Pommer'schen Ulanen erreichten auch nur schwadronsweise das Schlachtfeld und griffen zuerst die Flanke der Brigade Schindlöcker an, um sich später gegen Brigade Solms zu wenden. Division Alvensleben ritt inzwischen gegen Brigade Mengen Coudenhoves an. Da die preußischen Schwadronen durchschnittlich um dreißig Säbel stärker waren als die österreichischen, so glich die Streiterzahl sich aus. Doch kam das zweite Treffen Mengen's und Schindlöcker's nicht mehr ins Gefecht. Die Kaiserkürassiere und Kaiserulanen des letzteren hatten früher vor Chlum zu bitter ihren Wagemut gebüßt, Prinz Holstein befahl, diese beiden Leibregimenter zu schonen. Das Attakenfeld erwies sich im allgemeinen als günstig, doch mußten die Hessenkürassiere, als etwas rückwärts gebogener linker Flügel der Brigade Solms, einen Sumpfstrich und Graben unter Feuer überschreiten.

„Drauf, alte Hessen! Denkt an Aspern!“ Mitten unterm Dröhnen der Geschütze und nahem Knattern der Nadelgewehre schwang sich Oberst Graf Thun noch zu kurzer, kerniger Ansprache auf, ehe er sein berühmtes Regiment — Hessen-Homburg, Ferdinand und Kaiser hatten bei Eggmühl, Aspern und Wagram ihre Standarten hochgehalten — ins Melée hinüberriß.

Mehr und mehr schwand jede Hoffnung, die verheißene Rettung der Armee verwirklicht zu sehen. Überall bemühte sich Benedek nur noch aufs Äußerste, wie vorher die gegen seinen Willen entbrannten Angriffsgefechte einzudämmen, hier den Kampf abzubrechen und unterm Schutz einer gebildeten Reserve einen erträglichen Rückzug zu gewinnen. Schon lange hatte er die Reservekavallerie herangezogen. Als nun neuerdings der Schlüsselpunkt Rosberic endgültig verloren zu gehen drohte, hieß er sie rücksichtslos vorbrechen, um den beabsichtigten Gnadenstoß, den ihm der Gegner zu versetzen drohte, zu parieren. Beide Reiterdivisionäre hatten dies schon aus eigenem Antrieb in die Wege geleitet. Die Schlacht nahm eine Wendung, die fast eine vernichtende Katastrophe befürchten ließ. Die Rückzugsstraße erschien ernstlich gefährdet, von seinen Hauptreserven des Fußvolks konnte er zur Deckung des Abzugs keinen Gebrauch mehr machen, weil sie schon vor Chlum hingeopfert. Also blieben nur Kavallerie und Artillerie, das letzte Rettungsseil zu sichern. Erstere blieb übrigens schon nicht mehr ganz unberührt. Denn Fürst Windischgrätz hatte seine Brigade ins feindliche Schußbereich vorführen müssen, als Benedek sie um elf Uhr zu Gablenz aus der sicheren Tiefe heraufsprengen ließ.

Als dem General Coudenhove, einem ganz ausgezeichneten Reiterführer, die Weisung zuging, konnte er nicht umhin zu erkennen, daß seine Attake den Erfolg des Feindes gewiß nicht in Frage stellen könne. Überall avancierten die preußischen Kolonnen am Rand der Hochfläche mit klingendem Spiel und vorgenommenen Schützen, während die österreichischen, so arg gelichtet, in vollem Lauf über die Höhen abwärts eilten, von Granaten fernhintreffend gefolgt, die mehrfach jeden Rest soldatischer Haltung lockerten und Zerstörung in noch geschlossene Reihen trugen.

Ein wildes, endloses Getümmel, das sich wie regellose Flucht ausnahm, bedeckte hinter den österreichischen Eisenreitern das Blachfeld. Dennoch zögerten die ritterlichen Geschwaderführer keinen Augenblick. Holstein befand sich schon im Anritt. Coudenhove disponierte gleich darauf sofort die Attake auf die nächsten preußischen

Teile, die soeben das Plateau bei Langenhof und Stresetic erstiegen. Es galt, die nächsten Tirailleurschwärme der noch im tiefen Grunde anmarschierenden Schlachthaufen zu überreiten und hinunterzuwerfen. Kürassierbrigade Windischgrätz suchte in flottem Galopp die Chaussee zu gewinnen und die Preußen nach Rosberic hinabzutreiben. Die Batterien hinter Sweti unterstützten diese Bemühung durch beharrliche Granatwürfe. Schon vorher ging Brigade Schindlöcker der Division Holstein, trotz ihrer früheren bösen Erfahrung, vom Fleck aus im Trabe vor. Allein Teile von 2. Garde und Gardefüsilieren, welche inzwischen von der Südspitze des Lipaer Waldes gegen Langenhof vorgebrochen und auch hier Sieger geblieben waren, bemerkten zuerst dies Anreiten, sobald die Weißmäntel sichtbar geworden. Sie schwenkten rechts und links ein, während ein Schützenzug kehrtmachte, um den Rücken zu sichern. Gleichzeitig eröffnete das Füsilierbataillon des ostpreußischen Regiments Kronprinz sein Feuer am Gehöft westlich Rosberic. So nahmen sie die heranbrausenden Reisigen, welche soeben preußische Reiterei völlig geworfen hatten, in die Mitte und in die Mache, nahmen sie so herzlich entgegenkommend auf, daß gleich ein ganzer Haufe gestürzter Reiter und Rosse bei ihnen zu Hause blieb! Der Willkommen war so gutgemeint gewesen, daß die Kürassiere ihre Renner herumwarfen und davonstoben. Da man aber noch über so viel andere ansehnliche Kräfte verfügte, so attakierte jetzt in zwei Echellons die Brigade Solms. Über südlichen Geländewellen blitzten die Lanzenspitzen heransprengender preußischer Ulanen; dagegen suchten Dragoner und Husaren, deren geregelter Aufmarsch in so kurzer Distanz beim überraschenden Auftauchen der Kürassiere nicht erfolgen konnte, in Terrainhalden Schutz vor den Granaten, mit denen die österreichische Artillerie sie reichlich bedachte.

Diesen verwirrend schnell sich folgenden Kampfepisoden gingen bereits mehrere andere vorauf. Vor allem die Wegnahme von Rosberic, wo sich die verwaiste eiserne Brigade noch zu verzweifeltem Widerstand zusammendrängte. Garden, Ostpreußen, Schlesier wetteiferten, ihn zu brechen. Es gelang so vollständig, daß unter wüstem Pardonschreien und Tücherschwenken sich ganze Abteilungen ergaben. Wie eine harmlose Pferdekoppel wurden diese noch kurz zuvor so mannhaften Schlachthaufen zusammengetrieben.

„Wir haben an 3000 Gefangene!“ ergab sich nach Absuchen des geräumigen Dorfes.

Dies Abräumen des bisherigen Schlachtfeldes kostete aber gut eine halbe Stunde Zeit, welche das abziehende Heer für seinen Rückzug gewann. Dies wäre ihm noch besser zu statten gekommen, wenn nicht der linke Flügel des Schlesischen Korps über Sweti und nach Wsestar im Avancieren geblieben und die frische ostpreußische Artillerie, welche an Stelle der Gardegeschütze am Südabhange vor Chlum ein zersprengendes Verfolgungsfeuer einleitete, auf sieben Batterien verstärkt worden wäre. Hinter Langenhof und bei Lipa sammelte sich eine große Batterie, nach und nach sieben Batterien, bis Stresetic vorgehend, pommer'sche Stücke.

Vor ihrer Front stieg das Gelände sanft an, bis zur Entfernung von fünfzehnhundert Schritt. Was dahinter lag, blieb unsichtbar.

Währenddessen hob die große Reiterschlacht an und nahm ihren Fortgang. Sie erstreckte sich soweit, daß sogar der linke Flügel der Schlesier vor Wsestar in gedeihliche Mitleidenschaft gezogen wurde.

Wie vordem die kaiserlichen Batterien ihr Heer wie ein schützender, breit ausgespannter Fächerschirm umgaben, so jetzt die Geschwader wie ein beweglicher, eiserner Ring, der festgelötet das zersplitterte Heer vorm Auseinanderfallen bewahrte. Und rühmlich erfüllte die schwere Reiterei dies Amt. Die preußische leistete bisher wenig Erkleckliches. Graf Groeben, zuerst am Feinde, hatte das andere Regiment seiner Brigade, die Neumärkischen Dragoner, noch nicht zur Hand. Gleichwohl stürzte er sich nach kurzer Umschau sofort in den Kampf um Rosberic, wo fort und fort vorwärts rollendes Feuer, rasch den Höhenkamm abwärts gewälzter Dampf und unendliches Triumphgeschrei, das sich vom einen Ende der Linie zum andern fortpflanzte, über den günstigen Stand der Dinge keinen Zweifel mehr gestattete. In das Lärmen, Trommelwirbeln, Kommandoschreien oben und unten auf der Chaussee schmetterten jetzt die Trompeten der Thüringer Husaren hinein.

„Marsch Marsch! Fanfaro!“ Ihr Hurrah donnerte ein feindliches Bataillon nieder, das schon gelockert rückwärts Rosberic mit einer Batterie abziehen wollte. Mit glänzender Bravour, ein heftiges Kartätschfeuer und starke Verteidigungssalven verachtend, durchritten die hellblauen Thüringer das überfallene Bataillon, obschon durch ein im Felde stehendes Hüttenlager im Anritt behindert. Die Österreicher wehrten sich, niedergeritten, noch mit dem Bajonett, wurden aber zusammengehauen, ebenso die Bedienung der Batterie. Nur deren Hälfte entkam in scharfem Trabe. Graf v. d. Gröben, ein ritterlicher Herr in kräftigstem Mannesalter mit wallendem, im Winde flatternden Vollbart, ritt dabei zuerst in den Feind, um ein paar Pferdelängen voraus, stürzte schwerverwundet vom Streitroß. Rittmeister Baron Watzdorf, ein reicher und hochgebildeter Kavalier, that sich ehrenvoll hervor. Es war dies die glänzendste kavalleristische That des Tages auf preußischer Seite, weiter fiel nichts Ansehnliches vor, was ihren alten Ruhm für Seydlitz' und Zieten's Erben vermehrt hätte. Denn ihre vereinzelt dem Schlachtfeld zustrebenden

Geschwader erwehrten sich nur mit knapper Not und lediglich durch Beihilfe des Hinterladers der wütenden Angriffe der österreichischen.

„Formiert das Carré!“ Grade als die tapfern Husaren mit dem Führer eines großen Vierecks, in das sie neuerdings an der Chaussee einbrachen, über Waffenstreckung blitzschnelle Worte wechselten, dabei aber durch Salven eines andern Bataillons viele Mannschaft verloren, stürmte es wie die wilde Jagd unter den Baumparzellen bei Langenhof heran. Rossegewieher und Stampfen von tausend und aber tausend trappelnden Hufen kam auf die rechte Flanke Gröbens zu. Wie eine Rakete schossen die Stadion-Kürassiere in schräger Richtung vor, schnell wie der Gedanke überflügelten sie die Husaren. „Kehrt! Halt! und zurück!“ schrieen deren warnende Signale, als schon zweimal vier schwere Eskadrons gegen sie heranrasselten. Regelrecht und sicher wie auf dem Exerzierplatz, ohne aber Flankeurs vorzuziehen, schwenkten die Kürassiere von Schindlöcker ab. „Festgeschlossen!“ Nichts schien den Siegesritt der Eisenreiter aufhalten zu können, die hier plötzlich wie aus der Erde aufstiegen. Die tapfern Husaren suchten schwadronsweise, sich herauswickelnd, den Angriff zu parieren, dessen Ungestüm sich in rasender Eile vorwärtstrug und auch bald die anlangenden neumärkischen Dragoner in furchtbare Enge brachte. Die ganze Langenhofer Hochfläche bis zu den rückwärts anstrebenden Hügeln bedeckte sich mit flüchtigen preußischen Reitern, denen jedoch das kraftbewußte Fußvolk nicht nachflüchtete. Den grauen Schleier, der heut alle Umrisse umflorte, durchstießen nun seitwärts Lanzen pommerscher Ulanen. Auch diese wurden seitwärts geworfen und der lange Reiterschweif schleifte sich jetzt südwärts. Regiment Ferdinand der Brigade Solms ritt an der Schäferei vorüber und stieß hier auf die roten Zietenhusaren unter persönlicher Leitung des Divisionärs Hann v. Weyhern. Das mörderische Kampffeuer der ausgeschwärmten Schützen verscheuchte bald die Kürassiere, die in mäßigem Tempo zurückgingen. —

Ein höherer Reiterführer, dem soeben ein neues vorgeführtes Pferd samt der ganzen nächsten Gruppe von niederprasselnden Geschossen in den Staub zerschmettert wurde, schwang sich auf ein anderes. „Front schwenkt! Aufmarschiert!“ Der bisher in Eskadronszugkolonnen aufmarschierte Hauptteil märkischer Dragoner führten ihren Choc in schräger Richtung mit dem alten Mute, der sie bei Leipzig Murats Panzerreitern entgegenführte. Coudenhove aber hatte Brigade Windischgrätz über Stresetic entwickelt und durchbrach die neumärkischen Dragoner so völlig, daß nur Eingreifen der brandenburgischen Ulanen sie rettete.

Der taktisch unsinnige, aber der Notlage ensprechende Sturmritt, bergauf in die siegerhitzen preußischen Bataillone hinein, sprach nur die Absicht aus, Zeit zu gewinnen. Diesen Zweck erzielten auch die zu weit vorprallenden Ferdinand-Kürassiere, die sich sonst zusammenschießen lassen mußten, ohne sich mit den nachjagenden Zietenhusaren ordentlich messen zu können. Ein gutes Dritteil hatte dies unfruchtbare Beginnen schon gekostet. Der stets vergrößerte Schwarm von Verfolgern und Verfolgten stob dahin. Preußische Schützen hatten Mühe, die Ihren herauszufinden und nicht die geworfenen Neumärker und Zieten'schen zu treffen. Letztere mußten jenseits Langenhof in Auflösung zurück, kaum daß sie eintrafen. „Appell!“ Vier ihrer Offiziere bluteten.

Reiterlose Gäule flogen nach hüben und drüben den Abhang hinunter, um sich in den lagernden Dampfschleiern zu verlieren. Mehrfach schleiften sie ihre heruntergeschossenen Herren noch im Bügel nach. Die Gestürzten suchten sich aufwärts zu reißen. Da stürzte mancher, von Hieben in die Stirn getroffen oder vom Anprall bügellos geworden. Wer mit ein paar Rissen und Schrunden davonkam, durfte von Glück sagen. Das zweite Treffen Solms, Regiment Hessen, warf inzwischen die Zietenhusaren gründlich zurück, die sich jedoch südlich Langenhof sammelten und mit Energie wieder einhieben. Prinz Albrecht Vater, Chef des Kavalleriekorps, erschien hier persönlich.

„Schwadron halt! Erster Zug in Sektions rechts abgebrochen! Im Trabe marsch!“ Ein einziger unartikulierter Schrei der Wut hallte von den Hügeln wieder, als das Têteregiment Coudenhoves, Preußen-Kürassiere, von den brandenburger Ulanen umwickelt und gleichzeitig von der vorrückenden Brigade Bose beschossen wurde. Zwei pommersche Batterien bestrichen ihre Flanke. „Trompeter, blas zum Einhauen!“ Die Klingen der vorderen Offiziere kreuzten sich. Machte ein scharfer Hieb den Schwertarm sinken, warf man den Degen in die Linke und focht weiter. Gespaltene Schädel, blitzschnell geführte Bruststiche leerten die Sättel. Reiterlose Gäule brachen aus dem Gewühl, dessen Knäuel sich nur lösten, um einer endlosen Reihe von Zweikämpfen Raum zu schaffen.

Als der erste Kampf zu Ende ging, schleppten sich Abgekommene in Zufluchtsorte hinter Mauern und Bäumen, ehe die Trompete wieder zum Ralliieren rief. „Zurück, zurück!“ „Appell!“ tönten die Signale der Regimentskommandeure. Die Ferdinand-Kürassiere hatte ihr Oberst dem Feuerbereich entführt. Die kernigen Gesichter mit Blut überflossen, trieben sich vereinzelte Trupps noch umher, die sich in tötlichem Hasse befehdeten, bis der eine vom Pferd gehauen und der andere schmunzelnd sein blutiges Schwert an Roßmähne abwischte. Die naßgeregneten steifen Kürassiermäntel boten Schutz gegen die Dragonersäbel. Auch begünstigten jeden Kürassier überlegene Körpergröße und schwerer Pallasch. Doch was in rasender Karriere durch Schützenschwärme hindurchfuhr, entkam selten: heruntergehauen oder noch im Sattel gefangen genommen. Vor der Front hielten die preußischen Kommandeure, nach günstiger neuer Angriffsgelegenheit spähend. Am Weg Stresetic-Langenhof, in der Lücke zwischen den Dörfern, trieben sich große Kürassierschwärme herum.

Und dazwischen flogen an der Chaussee die Waffen österreichischen Fußvolks nieder, von Nadelgewehren und Reitersäbeln gleichzeitig umstellt und eingehegt. Es summte und schwirrte wie in einem Bienenkorb in Langenhof, wo die Gardefüsiliere eine Unmenge Versprengter einbrachten. „Wen haben wir denn hier? Ein hoher Offizier!“ „Ich bin der Brigadekommandeur Oberst Benedek, Herr Kamerad,“ überreichte dieser verwundete Truppenführer seinen Degen, der sich von Lipa nach Langenhof gerettet hatte, nur um hier den Preußen nochmals in die Hände zu fallen.

Dazwischen lärmten die verschiedensten Kavalleriesignale von hüben und drüben, gellten in weiter Ferne Hörner einiger Feldjägerbataillone, die das Gefecht wieder aufnahmen. Und den schwach verfolgenden preußischen Schwadronen gelang es doch nirgends, an die Brigade Abele heranzukommen, die vor Sweti feuerte. Was von beiderseitiger Reiterei dem gegnerischen Fußvolk ins Garn lief, erlebte böse Minuten. Aber natürlich ungleich mehr die österreichische, welche die weichende preußische absichtlich ins Bereich des preußischen Schützenfeuers sich nachzog. Viergliedrige Salven der Berliner 35er knallten schon über die Kuppe von Strefetic.

Österreichische Husarenoffiziere in hell- oder dunkelblauem goldverschnürten Dollman mit weißem oder gelbem Pelzbesatz, die Reiherbüsche von wuchtigen Säbelhieben geknickt und halb zerschnitten zur Seite hängend, wurden nun auch an mehreren Punkten sichtbar: also hatten auch leichte kaiserliche Reiter, bisher unbemerkt, an den weitverstreuten Gefechten teilgenommen. Es waren vornehmlich Nikolaushusaren vom Korps Clam. Schwarzer Qualm über Langenhof und der angrenzenden Schäferei, wo bisher nur leichte, blaue Dampfwölkchen flockten, zeigte an, daß die Schlachtfurie auch dort versengend niederfuhr.

Aus den Tiefen der Bistritzwaldungen von Horenowes bis Nechanic schallten Infanterie- und Kavalleriesignale der unaufhörlich nachrückenden preußischen Reserven.

Hatten doch acht Brigaden des Kronprinzen und zwei der Elbarmee und drei Prinz Friedrich Karls überhaupt noch nicht am Kampfe teilgenommen. Doch der kurze Umschlag des Gefechts durch die Reiterattaken ermutigte das österreichische Fußvolk, neu hielt es den östlichen Rand der Hochfläche zwischen Strefetic und Wsestar besetzt. Als preußische vereinzelte Reiter dorthin durchbrachen, raffte die kühnen Gesellen das tötliche Blei dahin. Die ostpreußische Massenbatterie auf der Chlumer Höhe mühte sich, der feindlichen, weit überlegenen Artillerie eine ebenbürtige entgegenzusetzen. Aber der Stand hier ward furchtbar heiß, und erst als im eroberten Geschützstand von Lipa die pommer'sche Reserveartillerie auffuhr, ließ die erschütternde Wirkung der österreichischen Reserveartillerie etwas nach.

„Drauf und dran! Man zweifelt an unsrer Bravour! Es gilt den alten Ruhm des Regiments!" donnerte Oberst Graf Erbach seine Reiter an. „Ihr werdet doch den Hallunken nicht den Rücken zeigen?" Der Ruf der Trompete erstickte förmlich in dem rasenden Gebrüll, womit die Wrangelkürassiere Coudenhoves in den Feind setzten. Denn vorhin hatte Benedek, bei Coudenhove's Reitern im dichtesten Getümmel umhersprengend, derbe Scheltworte nicht gespart, als ob die Braven wie Schafleder ausgerissen seien. „Was sind das für Geschichten!" schrie der Leidenschaftliche die Stabsoffiziere an. „Seit wann bücken sich k. k. Kürassiere wie Schafe durcheinander vor ein paar lumpigen Bleibohnen? Verdammte Schlamperei!“ Empört über solch harte Ungerechtigkeit, richteten Kommandeure und Gemeine sich in den Steigbügeln auf. „Regiment halt! kehrt! In Sektions schwenkt auf! Front! Zur Attake!“ drängten sich die Kommandos. Wenige Schritte vor Benedek zerschlug den Oberst Graf Erbach ein Granatstück. General Graf Coudenhove schien sich verdoppeln zu wollen. Sein Leben schien gefeit, daß er jeder Wunde entging, während Mann an Mann zu den Toten sank, im Niedersinken noch zornvoll den Pallasch umkrampfend.

„So recht, meine Herren Jäger! Ruhig gezielt und scharf geschossen!“ Über die ganze Ausdehnung des Höhenzuges von Lipa nach Langenhof brach wie ein Hinfegen von Hagelschlossen der Kugelregen von Füsilieren, Schützen und Jägern der Garde los. Sie verursachten hierbei auch mehreren preußischen Husaren und Ulanen Schußverletzungen, als das Melée fortwährend durcheinanderwirrte. Die preußische Reiterei hatte beim Zusammenstoß bisher meist den Kürzeren gezogen, nur die Brandenburger Ulanen hatten die linke Flügeleskadron der Preußenkürassiere und zwei vom nachfolgenden Regiment Wrangel übel zusammengestochen. Doch warf der heftige Stoß die Preußen im ganzen rückwärts, unaufgehalten ritt Windischgrätz zwischen den Dörfern durch, deren Ostausgänge sich ihm zukehrten. Bei Langenhof waren noch weitere fünf pommer'sche und zwei brandenburgische Kompagnien angelangt und Division Holstein, deren anfangs kaum zu übersehende dichte Eisenmasse nun auch von hinten pommer'sche Ulanen im Rücken faßten, wich nach dauerndem Handgemenge südwestlich aus, bis sie nach Rosnic in ihrer früheren Aufstellung wieder aufmarschierte. Sie vermißte siebzehn Offiziere und etwa dreihundert Reiter, doch hatten die Preußen auch siebzehn Offiziere, hundertfünfzig Gemeine eingebüßt, obschon sie nicht wie jene durch Infanteriefeuer so schwer zu leiden brauchten.

Länger und zäher noch erfüllte Division Coudenhove ihre hehre Opferpflicht. Auch drüben vom Chlumer Kirchberg, wo die Kirchthüre aus den Angeln sperrte und Orgel und Tabernakel von Kugelspuren erbebten, flogen Granaten in die Eisenreihen, die klirrend umsanken. Und jetzt nahte von Lubno her ein neuer Feind gegen die Linke Coudenhoves: 1. Gardedragoner, sowie von Dohalic her Pommer'sche Blücherhusaren.

„Regiment Trab! In Zügen rechts schwenkt auf!" Die in Linie aufgerittenen preußischen Geschwader, statt die Schußlinie ihrer reitenden Batterien freizugeben, sausten wie die Kugel aus dem Rohr durch die Intervallen der Schützenschwärme gerade hinein in den Feind, der seinerseits, vollkommen geschlossen, zu toller Attake vom Fleck aus im Galopp ansetzte. Ein Blitzen, ein Donnern, ein Knallen, ein Krachen, und die Massen durchbrachen sich gegenseitig.

Wrangelkürassiere durchjagten die nächsten pommer'schen Batterien, bei denen der nominelle Chef der Artillerie, Generalfeldzeugmeister, Prinz Karl Vater, sich in Person befand, den Tapferkeitstradition der Hohenzollern bis in vorderste Geschützreihe trieb. Doch Generalsalven der nächsten Bataillone leuchteten auf, mit ihrem hohlen Sausen schmetterten Granaten durch die Wipfel der Allee bei Stresetic und Langenhof; nochmals mußten die österreichischen Reisigen aus der Feuerzone abbiegen, und ihrem Zurücksprengeln jubelte der Hohn nach. Um die Standarten der stolzen Kürassiere schlossen Auserlesene zusammen, um diese in vielen Schlachten voranleuchtenden Feldzeichen zu schützen. Wer sich ihrer zu bemächtigen suchte, büßte es mit dem Leben. Doch Schaft und Fahnenschnüre zerfetzten Geschosse, die Spitze ward abgeschossen, die Standartenträger ließen sterbend den Ehrenschmuck fahren, von Hand zu Hand wanderte das alte, ruhmgekrönte Panier. Der Brigadier Fürst Windischgrätz lag schwerverwundet auf der Walstatt, ohne daß seine Reiter ihn fortbringen konnten. Vier Offiziere seines Stabes verbluteten an seiner Seite. Teils durch den Wiesenstreifen bei Langenhof zurückgedrückt, teils bei Stresetic zur Umkehr gezwungen und hier durch Kreuzfeuer größtenteils aufgerieben, beschrieb die gehetzte Heldenbrigade einen Bogen nach links und verschwand völlig bei Rosnic.

Es war Brigade Mengen, die gleichzeitig östlich allmählich erlag. Das entsetzliche Geschütz- und Gewehrfeuer im feurigen Halbkreis Stresetic-Langenhof-Rosberic, an welchem Brandenburger und Thüringer, Garden und Pommern, sowie Ostpreußen teilnahmen, hatte diese Kürassierregimenter Bayern und Neipperg nebst Alexanderulanen verhindert, dem tapferen Windischgrätz in seinem überaus schweren Kampfe beizustehen. Sie befanden sich schon in Nähe von Problus, machten aber jetzt Front.

.. „Es ist ja ganz gut gegangen, wir haben uns nicht umsonst geopfert!" schmunzelte der heldenmütige Prinz Holstein mit der ihm eigenen heiteren Freundlichkeit, indem er sein Schwert in die Scheide steckte. Daß Benedek selber unbefriedigt sei, der sich gottweißwas von dieser Kavallerieattake versprach, ertrug er mit lächelnder Sanftmut. Was seine tapferen Reiter erduldet, was sie inmitten der zermalmenden Feuerkreise geleistet hatten, konnte er besser beurteilen. Benedeks ungebührlicher Groll entlud sich denn auch weit mehr über den unglücklichen Coudenhove, der in Wahrheit einen noch größeren Erfolg erzielte.

Immerhin konnte auch Holstein ganz zufrieden sein. Brigade Schindlöcker — das heißt die Stadionkürassiere, da die andern sich zurückhielten und nur zwei Schwadronen Kaiserkürassiere die eigentliche Attake mitmachten — ritt unaufhaltsam weiter, bis ihr Vortrab vollständig unter Salven auf sechzig Schritt Entfernung frontal zusammensank. Das Hineinschießen auf den Flanken, als die ineinanderverschmolzenen österreichischen Kürassiere und Husaren und preußischen Husaren, Dragoner, Ulanen längs der Schützenschwärme dahinfuhren, vermochte sie vorher nicht aufzuhalten. Sie kam unbesiegt zurück, nur einige Ulanenzüge wagten etwas nachzusetzen. Mit sechs Offizieren, hundertsiebenundfünfzig Mann erkauften die Stadionkürassiere dies endgültige Aufhalten der Brigaden Groeben und Mecklenburg nicht umsonst, im Verein mit den Hessenkürassieren des Prinzen Solms. Mochte auch deren rechte Flügeleskadron beim Entlangjagen vor der preußischen Infanteriefront bitter gelitten haben, so daß von den Offizieren nur der Rittmeister übrig blieb, sie durften sich Sieg über die Zietenhusaren zuschreiben und der heiße Strauß, den sie gegen die Pommer'schen Ulanen durchfochten, hatte ihre Eisenmauer doch nicht dauernd zu erschüttern vermocht, so löwenkühn General v. Weyhern an der Spitze dieser Speerträger Bresche legte. Schädlich wirkte nur, daß die Ferdinandkürassiere zu früh aus der unentrinnbaren Feuergasse, in die sie hineingerieten, herausreiten mußten. So hatte Oberst Graf Thun allein das Gefecht mit sechs preußischen Eskadrons zu bestehen und die Übermacht wäre noch erheblicher gewesen, wenn nicht drei andre Pommer'sche Ulanenschwadronen das Gefecht gegen die Stadionkürassiere hätten nähren müssen. Da die Nikolaushusaren bereits auf der Chausseestrecke nach Rosberic unterm Feuer von fünf ostpreußischen Kompagnien sich zur Umkehr wendeten, hat das tapfre Regiment Stadion also zuletzt mit neun preußischen Schwadronen allein zu thun gehabt, während ihm zugleich das Infanteriefeuer so lebhaft zusetzte. Auch das Regiment Prinz Karl von Preußen, das hier durch merkwürdige Laune des Schicksals direkt unter den Augen seines hohen Inhabers attackierte — Prinz Karl stand in einer Batterie — besaß anfangs gegen die neumärkischen Dragoner durchaus keine Übermacht, wie preußische Berichte fälschlich aus der äußerlichen Eskadronszahl annehmen, vielmehr war die Zahl der Säbel ganz gleich. Da aber sodann die nachfolgenden Wrangelkürassiere das feindliche Feuer auf sich abzogen und infolgedessen bald Kehrt machten, so fiel die ganze Last des Reiterduells mit wiederum neun preußischen Schwadronen dem Rgt. Preußen anheim, über das beim Weichen auch noch die Zietenhusaren und anderthalb pommersche Ulanenschwadronen herfielen, nachdem Brigade Solms vom Schlachtfeld verschwand. Kein Wunder, das Brigade Windischgrätz endlich nach Stresetic gedrückt und hier ein Teil unter fürchterlichem Granat- und Kugelhagel fast vernichtet wurde. Ein ähnliches Schicksal der Brigade Mengen zu bereiten, gelang nicht, so tief sie bis in die feindlichen Feuerringe drang. Ihre trefflichen Ulanen verjagten Geschützbedeckungen, durchpreschten Geschützreihen und schlugen sich am längsten mit dem Feind herum. Wahrlich, Preußen-Kürassiere und Alexanderulanen waren hier die Helden des Tages, Coudenhove selber der Hauptheld.

Die kaiserlichen Pappenheimer kamen donnernd die Hochfläche herab. Es schien, als sollten sie alles in Grund und Boden reiten, doch es ging ganz anders. Während die preußischen Ulanen so Außerordentliches wirkten, ließen die Alexander-Ulanen sich anfangs von Gardedragonern durchbrechen und die flinken Blücherhusaren brachten es fertig, durch beschleunigten Anritt die Bayern-Kürassiere vor ihrer Entwicklung zu überraschen und in Unordnung zu versetzen. Die Gardedragoner fielen ihnen dann in die Flanke und das Gardeulanenregiment that zwischen Problus und Stresetic das gleiche.

Das Zentrum der Kürassierlinie war nun gesprengt, viele gallopierten aus dem Getümmel heraus, sich zu sammeln und neuen Anlauf vorzubereiten. Die preußische Reiterei konnte nicht schärfer andrängen, weil ihre vereinzelten Teile auf dem aufgerissenen und von Kanonen, Wagen und Menschen vollgepfropften Boden nicht schnell genug sich vorarbeiten und in der Gefahr bei ihrer Infanterie sein konnten. Die Brücke von Sadowa, der Grund zwischen

Sadowa und Cistowes bereitete mannigfachen Aufenthalt. Als sie sich endlich den Weg gebahnt, ritten sie stracks, so daß ordentlicher Aufmarsch unterblieb, den Kürassieren entgegen, die ihre Front änderten. Die schimmernden Geschwader stießen halbwegs zwischen ihrer Infanterie aufeinander. Die engverflochtenen Knäuel lösten sich sehr verschieden. Dort sprengten hellblaue Dragoner und rote Husaren vor den scharfen Schwertern der Kürassiere davon, hier setzten umgekehrt Ulanen, den Kopf über die Mähne gebeugt, mit gesenkter Lanzenspitze hinter geworfenen Weißmänteln her.

Alexander-Ulanen benahmen sich übrigens sehr brav, denn ihre Linke debordierte doch noch die Gardedragoner und jagte östlich Problus am Abhang hin. Hier protzte jedoch soeben Batterie Caspary der Division Etzel ab, die ihre Kartätschen bis auf unmittelbare Nähe zurückhielt und den Anprall abschlug. Division Coudenhove zeigte sich durchaus des Vertrauens wert, das man in sie setzte. Bisher hatten im Feldzug Radetzky- und Liechtensteinhusaren oder Windischgrätzdragoner, diese berühmten alten Kavallerieregimenter, im ganzen herzlich schlecht gegen die verachtete preußische Reiterei abgeschnitten — verachtet, als ob sie nicht die österreichische von Leuthen bis Torgau und die kaiserlich französische bei Dennewitz und Leipzig oft genug geworfen hätte! Auch die Kürassiere bei Nachod hatten preußischen Säbeln eine reiche Ernte geliefert. Hier aber schlugen die schweren Reiter wie Verzweifelte um sich. Coudenhove ließ, da er Regiment Neipperg noch in Reserve zurückhielt und Windischgrätz sich noch auf der Hochfläche verzweifelt umhertummelte, nochmals zum Angriff blasen. Deployiert in Linie, die Rosse fest im Zügel, durchbrachen sie, wo sie noch einige Geschlossenheit bewahrten, die preußische Kavallerie, die ihnen, den Anprall nicht abwartend, bereitwillig entgegenkam, Säbel überm Kopfe schwingend. Unter tosendem Schlachtgeschrei fuhren die prächtig schillernden Reihen wie bunte Schlangenringel ineinander. Vorher war kein Sattel leer geworden, weder Karabiner noch Pistole verwendet, aber jetzt sausten mörderische Hiebe, in die Höhe zuckend und auf Köpfe und Schultern niedergleitend. In verwirrender Hast Schläge austeilen und parieren, Stiche empfangen und wiedergeben, Pferd an Pferd, Knie an Knie, ist das Wesen des Reiterkampfs. Massenhaft flogen Reiter aus dem Sattel, fielen blutend unter die

Hufe, minutenlang schwankten die Massen. Dann stob der Riesenknäuel auseinander, als platze eine Bombe in seiner Mitte. Wohl sah sich wieder ein Teil preußischer Reiter aus dem Feld geschlagen, aber auf durchbrechende Kürassierhaufen fiel dann wieder der Kugelregen der preußischen Tirailleure, so daß sie dem Gemetzel in rascher Flucht enteilten. Unfähig, die nötige Geschlossenheit unversehrt zu halten, räumten die Helmträger das Feld. Die galizischen Ulanen mit rotgeränderter Tschapka brauchten ihre Nationalwaffe, das kurze dicke Rohr mit der breiten Spitze, zwar geschickt und wirbelten sie tüchtig umher. Doch preußische Säbel durchschlugen den Eschenschaft und die langen schmalen Speere der preußischen Lanzenträger erwiesen sich überlegen. Diese maßen sich auch erfolgreich mit dem Pallasch und rächten ihre mehrfach übel zugerichteten Kameraden im Dolman und Dragonerhelm. Sie ritten blitzschnell in die Flanken, eine kurze Strecke im Schritt, dann im Trab, dann im Galopp, so daß die Fähnlein über ihren Köpfen flappten, ehe sie sie festgepackt zur Attacke einlegten und die Spitzen dem überraschten Feind in die Weichen stießen.

„Der König ist in Gefahr, rettet den König!" Flügeladjutant Graf Finkenstein mußte die Halbschwadron der Stabswache vorführen, da ein versprengter Schwarm Alexander-Ulanen nordwestlich Stresetic den schon bis hierher voraufgeeilten Monarchen bedrohte. Doch schon fielen sie wie Fliegen unter den Kugeln der Berliner Füsiliere, wenige entkamen.

An diesem großartigen Reitergefecht, dem größten neuer Zeit, nahmen auch leichte Kavalleriegattungen teil, wo sie aus eigenem Antrieb ihre gefährdete Artillerie heraushauen wollten. Blaue, gelbverschnürte Pelzdolmans flatterten frei von der linken Schulter, um dem rechten Arm freie Wucht zum Einhauen zu geben, ebenso bei preußischen Husarenregimentern blaue und rote. Weithin tönte das Klirren der Waffen von Langenhof bis Stresetic. Trompetensignale und hellstimmige Kommandoworte bezeichneten den Augenblick, wo Chargierende in Galopp verfielen und die Zügelhand tief zufaßte, um mit vorgebeugtem Körper in den Feind zu rasen. Dort zog ein Wald hochaufgerichteter Lanzen heran, hier wehten die Adlerfedern an den Husarenmützen und blitzten die krummen Säbel blank und scharf über kleinen elastischen Rößlein, die ein Schenkeldruck antrieb. Den Kopf hoch, den Leib im Steigbügel aufgerichtet, schlugen die schweren Reiter drein. Weithin bedeckte sich die Walstatt mit verstümmelten Gliedern von Mann und Roß. Abgeworfene suchten umherlaufende, herrenlose Gäule zu erhaschen, was in den hohen Stiefeln recht sauer fiel. Umgerittene strebten aus dem Gedränge sich aufzurichten. Aufgelöste Schwärme rissen vor den Flintenhecken aus. Manchmal klemmten sich die ineinandergeratenen Scharen so dicht zusammen, daß kaum ein Reiter die Waffe brauchen konnte, sei's Säbel oder Lanze. Dann wieder prallte man mit solcher Wucht aufeinander, daß gemeinsam Mann und Roß keuchend zu Boden rollten. Dies geschah eigentlich allen preußischen Geschwadern, die mit den Kürassieren handgemein wurden. Mit aller möglichen Schnelligkeit anreitend, durchbrachen sie nirgends die festgeschlossene Eisenwand, die ihrerseits wohl unter dem Stoß wankte, aber dann im Schritt, langsam um sich hauend, durchdrang. Ihre massigeren und kräftigeren Renner drängten hart die leichtgebauten preußischen Kavalleriepferde, obschon letztere ihrerseits der Roßzucht im Beritt österreichischer Husaren und Ulanen an Kraft überlegen. Was aber gegen die preußischen Ulanen sich wendete, hatte große Mühe, die Lanzenstiche zu parieren, ohne jene mit dem Schwert erhaschen zu können. Es half höchstens, so eng sich zwischen die Glieder der Ulanen einzuzwängen, daß man selber kaum Raum fürs Degenschwingen fand. Die Ulanen entschlüpften dann doch, umkreisten die Seiten der Kürassiere und richteten ihre Lanzen gegen die Heransprengenden, die Brust der Pferde bedrohend. Es sagt alles, daß beide engagierten Ulanenregimenter nur je die Hälfte verloren, wie die Gardedragoner. Neumärkische Dragoner verzeichneten sogar eine Einbuße von fünfzehn Offizieren, hundertachtundachtzig Gemeinen, während die kaiserlichen Alexander-Ulanen nur sechs Offiziere, hundertsechzig Mann, Bayern-Kürassiere noch beträchtlich weniger verloren.

Das brandenburgische Ulanenregiment Hohenlohe stach so scharf in die Preußen-Kürassiere, die das neumärkische Dragonerregiment zusammenhieben, daß sie dem leichten beweglichen Feind nur fast vernichtet entschlüpften. Ebenso bereiteten die pommerschen Ulanen den Hessen-Kürassieren zuletzt eine halbe Niederlage. Doch veranlaßte das Umkehren der braven Kürassiere im wesentlichen nur die vernichtende Berührung mit den Schützen- und Geschützmassen, die eine wahre Feuergasse bildeten. „Wiederformieren? In solchem Feuer? Undenkbar! Wir müssen hinter die Infanterie zurück,“ lehnte Coudenhove ein neues Ansinnen Benedeks ab.

Der Rückzug Coudenhoves, dessen Reserveregiment Neipperg unversehrt blieb, ging in großen Schwärmen über die Streseticer Höhe, von wo er kam, entzog sich so bald in bedeutendem Abstand dem Blick scharf auffolgender Verfolger. Hier und da bemerkte man noch im Nachzuge bärtige Veteranen, die ihre jungen, vornehmen Offiziere, denen Kopf und Arme schlaff und kraftlos niederhingen, auf dem Pferde stützten und aus dem Getümmel geleiteten.

Das athemauspressende Gewühl der Reiterwogen, die auch Versprengte mit erfaßten, aufhoben, fortschwemmten, besänftigte sich ebenso plötzlich, wie es entstand. Die kaiserlichen Geschwader waren in weite Ferne fort rückwärts gerissen.

Die damals berühmteste Kavallerie Europas war anscheinend geschlagen, aber nicht wirklich überwunden. Vielmehr machte sie sich gerade durch diesen teilweisen Untergang unsterblich, der ihrem Fußvolk einen sehr erheblichen Vorsprung für den Rückzug gewann. Doch störte sie diesen notgedrungen, als sie sogar schon bei Wsestar von feindlichem Gewehrfeuer ein unerwartetes Willkommen erhielt und in Unordnung geriet, kaum daß sie wieder zusammenschloß.

. . Eine Brigade Poschacher gab es nicht mehr, sie ging in Rosberic mit Mann und Maus zu Grunde. Wo die Offiziere mit lautem Zuruf in prächtiger Mannheit den Abhang hinaufgestürmt, lagen sie in schaurigen Leichengruppen beieinander. Unter dem unablässigen Feuerstrom des Chlumer Kraters floß zähe und schwer wie düstere Lava die Heeresflucht weiter, ruckweise sich voranschiebend, in verzweifeltem Ringen, sich Raum zu schaffen. So überwältigend schlug dies Schreckbild auf die Nerven, daß ganze Schlachtreihen sich niederwarfen und auf der Erde kriechend verzagten Sinnes um Gnade flehten. Im Gefühl wehrloser Ohnmacht diesen neuen Mordwaffen sich unterwerfen, die jeden Heldenmut zu Schanden machten, dünkte den Unglücklichen keine Schande mehr. Zweitausendachthundert tapfere Streiter gaben sich so verloren und gefangen. „So was nennt sich eiserne Brigade!“ In wildem Grimm sprengte Graf Gondrecourt aus dem Getümmel.

Ringelsheim und Leiningen, dessen Regiment Haugwitz seine Fahnen dem Feind überlieferte, in panischem Schreck auseinanderrennend, *folgten* dem Abzug Rammings jetzt auf der Ferse, doch mit Nichten entrannen sie so dem Feuerkreis. Erst als sie und Brigade Knebel hinter Sweti die Heerstraße erreichten, hörte für sie das Brüllen der schlesischen Batterien von Norden her auf. Mit achtzehntausend-sechshundert Mann gingen die drei Brigaden ins Gefecht, mit zehntausend kamen sie heraus! Hundertfünfzig Offiziere tot und verwundet, mit ihnen so viele Tausende armer Teufel, die kaum wußten, wofür sie kämpften und starben.

Brigade Abele stand noch unberührt vor Sweti in Schlachtordnung, die Verfolger aufzufangen. „Unsre geworfene Kavallerie wirft sich auf uns zurück!" sprengte der Adjutant des Regiments Kehvenhüller, das bei Gitschin schon so böse Stunden erlebte, an den Brigadekommandeur heran. „Was ist zu machen?" „Ich komme." Der rührige General Abele eilte sofort zur Stelle, aber nur, um Augenzeuge zu werden, wie das Durchsprengen seiner Bataillone seitens der eigenen Geschwader Coudenhoves deren taktisches Gefüge erschütterte. Zwar stellten die Regimenter Ramming und Kehvenhüller notdürftig ihre Ordnung wieder her, der innere Verband zerriß nicht, immerhin fraß dieser neue Unfall den Hauptrest der Widerstandsfähigkeit weg. Doch warfen sich die 22. Jäger in die Ziegelei von Sweti. General Abele, unterstützt durch noch kampffähige Bruchteile der Brigade Josef und durch Jägerbataillone der verschiedensten Brigaden, Nachhutbleibsel von Gondrecourt und Gablenz, deckte die lange Artillerielinie, welche sich gleichfalls aus den verschiedensten Batterien der abziehenden Armeekorps zusammensetzte. Diejenigen des VIII. Korps schoben sich zwischen den Feind und die zu einem unförmlichen Brei zusammenquirlenden Korps Ernst, Ramming und Clam-Gondrecourt. Auch einige Geschützabteilungen des IV. und VI. Korps hielten sich noch brav, den Kern aber bildete nach wie vor die Reserveartillerie des unermüdlichen Hoffbauer. Er löste sein Benedek verpfändetes Ehrenwort ein.

Sobald ein Zugführer meldete: „Meine Munitionskästen sind leer bis zur letzten Cartouche," forderte er die Bekräftigung ab: „Auf Wort und Handschlag?" „Auf Offiziersparole!" „Dann könnt ihr gehen!" So leerte sich auch die Geschützstellung, bröckelte langsam ab, doch fuhren dann wieder neue Batterien, teils auf Befehl, teils aus eigenem Antrieb kehrtmachend, in rückwärtigen Linien auf, je weiter der Rückzug sich entfernte und je näher der Feind herandrang. Die Wälder bei Briza und Bor durchschütterte immer noch das gewaltige Donnerlied der österreichischen Feuerschlünde, aber hinter den Pulverwolken, die zuletzt nur ein paar tausend Schritt vor Königgrätz die lange Flammenzeile der zum Zerspringen überhitzten Eisenmündungen bezeichneten, stand nichts Festes mehr. Nur Wirrwar, Auflösung, Flucht.

Abele's Nachhut ward so hart gedrängt, daß die Hast des Rückzugs stieg. Bedenkliche Verwirrung mehrte sich. Unter dem unausgesetzten Brüllen der ostpreußischen Batterien ging dies treffliche Fußvolk beinahe in Trümmer. Selbst die vereinzelten Sturmritte der aus jeder Windrichtung heranfliegenden preußischen Schwadronen trugen Verwirrung in seine erschütterten Reihen. Der rasende Anprall von Coudenhoves eisenfesten Geschwadern hatte zwar anfangs die ganze feindliche Verfolgermasse über den Haufen gestürzt, aber als sein Reitersturm wirkungslos zerstob, brandete die Verfolgung verdoppelt nach. Es ging auf die fünfte Stunde und darüber. Auf der Chlumer Höhe fuhren zuletzt gar noch zwölf Vierpfünder Fransecky's auf, der sich dort hinter die Ostpreußen setzte, sich also dem kronprinzlichen Heere anhing.

Zastrow's Schlesier erzwangen sich Annäherung an Wsestar, den neuen Stützpunkt Benedeks. Auch dies Dorf loderte angezündet in Flammen auf. Aufsteigende Feuersäulen warfen ihren blutigroten Reflex ins nebelige Dämmern. Von ihrem Scheine angeglüht, huschten die dunkeln Kriegergestalten wie höllische Dämonen dahin. Bis über den Wasserspiegel der Elbe rückwärts stoben, vom Wind entführt, die Funken der hohen Feuergarben. Ihr Aufblitzen zeigte, wie weit die neugebildete Geschützlinie sich erstreckte. Die Tambours der Schlesier und Ostpreußen rührten gemeinsam ihre Schlägel und schlugen „Marsch Marsch". Ihrem Anschlagen antwortete zusammenklingend der infernalische Lärm eines regellosen Menschengewimmels, der Sammelruf von Hörnern und Trompeten, das Toben und Fluchen der Offiziere, die ihre aufgelösten Massen zum Stehen brachten. Der Hauptstrom des Rückzuges flutete den Elbbrücken zu, wohin bereits Gablenz, Erzherzog Ernst und Mollinary ihre Scharen abführten. Doch wie fortglimmende Glühfunken, die ein jäher Luftzug neu entzündet, daß sie hell aufflammen, so sprühten die Mündungen der Reserveartillerie durch den dunkelnden Umkreis und erhoben in der Verzweiflung ein verdoppelt blitzendes Feuer. Ihr Granathagel umsauste die Ostpreußen, die jedoch, aller einschlagenden und ganze Reihen wegreißenden Sprengstücke nicht achtend, in stetigem Vormarsch begriffen blieben. In pausenloser Folge krachten nie abreißende Salven, die Endpunkte des Höhenzuges hüllten sich in immer undurchdringlicheres Aufqualmen, nur der Kamm und der Thalgrund weiter abwärts leuchteten vom Widerschein brennender Ortschaften, der Licht genug gab, um das Fortbewegen der preußischen Heere aus Süd, West und Ost erkennen zu lassen. Allenthalben unterschied man das Toben des preußischen Sturmmarsches mit schlagenden Tambours, den scharfen schrillen Ton der Querpfeifen. Vor Schmutz und Nässe kaum noch in ihren Grundfarben zu erkennen, mit Blutmalen verflossener Gefahr bedeckt, trugen die Uniformen der kaiserlichen Generale nur eins noch unbesudelt: ihre Orden. Und wie diese blitzte noch hell das Schlachtenauge manch alten Kriegsmannes, dessen geistige Frische des Körpers Hinfälligkeit überwog. Zum Teil schritt das Fußvolk, durch Opfermut der Kavallerie gedeckt, noch in fester Haltung.

Nur über Benedek selber schien jetzt die kochende Erregung Herr geworden. Und als die brave Kavallerie mit verhängten Zügeln aus dem Wirrsal zurücksprengte, da entfuhr seinem Ingrimm der ungerechte Schmerzensschrei: „Meine Kavallerie läßt mich im Stich!“ Wenig fehlte, daß er nicht den treuen Coudenhove mit beleidigenden Vorwürfen überhäufte, als dessen aufgelöste Schwadronen fast unwillkürlich Geschütze und Fußvolk bei Seite drängten, wobei erstere mehrfach umgeworfen, letztere hier und da umgeritten wurden. Nachdem sie so dankenswerte Dienste geleistet, konnte ihr die endlich eingerissene Lockerung der Mannszucht wohl verziehen werden. Doch vermochte Coudenhove die Seinen nochmals, die Schlesier zu attakieren, welche schon Attaken von Clams Korpskavallerie mühelos abschlugen. Umsonst. Das Schnellfeuer der 51er, die in vollem Lauf das noch verteidigte Wsestar bis zum Südausgang durcheilten, trug grause Bestürzung in die fliehenden Massen, die um Rosnic herum nach Briza zerstoben.

Der Kommandeur der schlesischen Artillerie, General Herkt, durchharkte förmlich die unseligen, jammernden Haufen mit Granaten von vierundfünfzig Feuerschlünden, die er auf den Höhen von Sweti zusammenbrachte.

Noch grollte der ununterbrochene Donner der sich überstürzenden Schlacht. Alle preußischen Heere strömten allmählich der nämlichen Angriffsstelle zu. Sogar das Pommer'sche Korps überschritt schon die Chaussee. Aus fünf Meilen Erstreckung des Anmarsches stieß man auf eine Viertelmeile zusammen! Zwischen Wsestar und Charbusic umfaßte ihr Kreuzfeuer den verzweifelnden Feind.

„Deployiert zum Angriff! Alles für unsern Kaiser! Hoch das Haus Österreich!" Ein schlankgewachsener Offizier in der kleidsamen Stabsuniform tauchte zu Fuß in den Vorderreihen auf, das totenbleiche Gesicht von Blut und Schweiß verklebt. Doch ein Blutstrom quoll ihm aus dem Munde, erstickte seine Stimme, der markige Gegenstoß mit noch ungebeugten, kernhaften Mannschaften spellte auseinander. Unschlüssig zur Flucht wie zum Vorwärtsgehen, unfähig zum Kampfe, drückten die Vorderglieder die hinteren rückwärts, die nachgaben und ausrissen. In vollem Lauf ging's preußischerseits, einem allgemeinen Anstoß folgend, die Höhe von Sweti hinan. Stahl klirrte an Stahl, kaum fielen mehr vereinzelte Schüsse, auch die Trommeln schwiegen in der umschnürenden Enge des Handgemenges, nur gedämpft irrte ihr Ton herüber. Mit einem einzigen letzten Ruck sah sich auch die neugebildete Schlachtlinie gesprengt, Wsestar genommen, aus den dichtesten feindlichen Haufen riß der Sieger Fahnen und vierzehn Kanonen. Die Schlesier gaben hier den Impuls. Es blieb kein Halten mehr, kopfüber wurden die Kaiserlichen zur Elbe hinabgetrieben.

„Halbsechs Uhr," erwiederte Baumgarten auf eine kurze heisere Frage Benedeks. Seine Stimme klang tonlos, wie belegt. Der Todeskampf der flüchtigen, zu unförmlicher Masse zerquetschten Armee begann, die eigentliche Schlacht war zu Ende. Die bravsten Anstrengungen zu Schanden geworden, jede Hoffnung zerronnen. Nur die Artillerie unweit Rosnic unterhielt noch aufs blinde Ungefähr in den Wirrwar hinein eine wütende Kanonade. „Schießt auf die Hundsfötter!" brüllte Benedek, der wie außer sich mit rollenden Augen umherfuhr, einer Batterie Hoffbauers zu, wollte die Kanonen aufs eigene ausreißende Fußvolk richten lassen, was natürlich stillschweigend verweigert wurde.

Dagegen unterblieb es nicht, daß die gefährdete Artillerie schonungslos auf Freund und Feind feuerte, als Flüchtende auf sie losrannten, um dort instinktiv Schutz zu suchen, und so das zur Rettung nötige Feuer maskierten. Ohne erst das Kommando abzuwarten, ohne eigentliche Oberleitung, trieb der rege Angriffsgeist des preußischen Soldaten alle vermischten Abteilungen immer weiter vor. Der Geschlagene, gräßlich vom Verfolgungsfeuer zerrissen, mußte sich begnügen, sich auf ziemlich wirkungslose Deckungskanonade von Briza her einzuschränken. „Geduldet euch, bis wir die Elbe erreichen!“ trösteten die Führer ihre in der Irre streifenden Scharen, bei denen endlich die soldatische Zucht meist in Scherben ging und die vor jeder pfeifenden Kugel sich oft wie zitternde Lämmer duckten. Das Korps Clam ließ sich rudelweise gefangen nehmen. Wohl ließ es heut im ganzen zweihundertzwanzig Offiziere und fast viertausend Tote und Verwundete auf dem Felde der Ehre, als Zeichen, wie unerbittlich eine einzige Schlachtstunde Opfer verlangte. Aber noch um sechzehnhundert Köpfe größer überwog die Zahl der unverwundet Gefangenen und auch siebzig Offiziere darunter heischten gelinden Tadel. An der Elbe, wo die Korps der Mitte und des rechten Flügels ihren Übergang vollenden wollten, sah es traurig aus, von Lochenic bis Pardubic. Viele verschmähten in ihrer Hast, sich zu retten, die Brücken. Auf ausgetretenen Teichufern staken sie bis zur Hüfte im sumpfigen Röhricht, auf den Fluten schwamm Weißes, wo Schwimmer ertranken. —

Die beiden Gardeulanenregimenter der Brigade Rheinbaben, gefolgt von Gardedragonern und thüringischen Ulanen, suchten vergeblich mit dem Feind noch Fühlung zu gewinnen. Dagegen umzirkelten hundertzweiundsechzig Geschütze die Rosnicstellung, so daß der Feind auch diese räumen mußte und bei Briza in Stellung ging.

Die vordersten Batterien hielten immer noch aus, obschon Munition knapp und Munitionskolonnen fern. „Retten Sie sich! Jeder weitere Widerstand ist nutzlos!“ rief ein Stäbler aus einer Generalsgruppe, die sich, was die Pferde nur laufen wollten, Briza zustürzte, einem Batterieführer zu.

„Rette sich, wer kann und mag!“ Der Tapfre, zu dem bereits preußisches „Vorwärts auf die Batterien!“ herübergellte, lachte nur bitter vor sich hin, den Entschluß des Todes im verzweifelten Blick, und spie aus. An seiner Batterie rannte alles in toller Flucht vorüber. Mit den Flüchtigen zugleich kam es heran wie Sturmeswogen, stürmende Preußen. „Fünftes und sechstes Geschütz links herumgeworfen! Leutnant, halt' mir die Kerls da vorn vom Leibe! — Feuert auf Freund und Feind!" schrie er in das Chaos hinaus. „Angefaßt! Drittes Geschütz herum!" Er selber griff eine Lunte auf, als ihn ein Kolbenstoß ins Gesicht traf.

„Ergeben Sie sich!"

„Niemals! Durchbohrt mich, Preußenhunde!" Mit schon unsicherer Hand führte er noch einen Degenstoß, als zehn Kolben zugleich zermalmend auf ihn niederschmetterten. Seine Kanoniere trug willenlos die Springflut davon, riß sie ins bunte Durcheinander von Siegern und Besiegten bei Rosnic hinein, das johlend und zeternd um sich selbst wirbelte. Gehirn spritzte umher, Knochen zersplitterten. Fast bei jedem Schlag und Schuß stürzte ein Österreicher. „Auf die Fahne dort! Werft euch auf die Fahne!" Ein flatterndes Panier ward aus dem Gewirr von starker Faust herausgerissen. Der nächste feindliche Tambour benutzte sein Instrument, um Chamade zu schlagen. Das Tücherschwenken und Pardongeheul wollte kein Ende nehmen: keine Deutschen waren darunter, nur Slaven. Bei diesen Zeichen der Unterwerfung nahmen die Sieger verschnaufend Gewehr bei Fuß. „Das Ganze stopfen!" scholl das Signal, die Leute wieder in Reih und Glied zu bringen. Das wirkte wie Öl auf hochbrausende Wogen.

Ruckweise, stoßweise suchte die von preußischen Granaten gezehntete Nachhut der Feuersphäre zu entkommen. „Das Herz ist noch gesund!" Oberstleutnant Hoffbauer verband die aufgerissene Schulter, auf dem Tuche brannte ein tiefroter Fleck herunterströmenden Blutes. „Kinder, ich kann nicht mehr! Doch wer fällt, für den tritt ein Anderer ein! Der Feind muß aufgehalten werden. Vergeßt nicht, meine Ehre ist verpfändet!" Und als er von den Seinen schied, da wußte er, daß sie auch ohne ihn sein Ehrenwort einlösen würden. „Denkt an den Fahneneid, an eure Pflicht!" Und sie thaten sie, stumm, eisern. Nach allen Seiten wütend um sich feuernd, entluden sich immer noch die Achtpfünder auf die bluterfüllte Scene. Doch auch das preußische Artilleriefeuer aus Westen, Süden und Südosten schwoll an, nochmals schien sich der Schlußkampf zu einem Gipfelpunkt entwickeln zu wollen. Die Hörner ausharrender Jägernachhut stießen nur noch einzelne schrille Töne hervor. Einige Vorderbatterien vom VIII. Korps verstummten wieder. Was vom stehenbleibenden Geschütz nicht lassen wollte, lag daneben niedergestoßen, ans Rad der Speichen hingebettet. In wahnsinnigem Jubel schwangen sich die Eroberer auf Rohre der eroberten Stücke und schwenkten die Mützen. Aber noch raste die Kanonade, noch zogen österreichische Raketen den vernichtungsprühenden Flammenbogen. Und einzelne Abteilungen der Nachhut zogen mit haarscharfer Richtung und eingehaltenen Distanzen wie bei einer Feldparade in Bruck a. d. Leitha ab, ob auch um sie her alles drüber und drunter ging.

Die sechste Stunde verfloß schon, als auch Rosnic trotz hartnäckiger Gegenwehr und nochmaliger opferfreudiger Kürassierattake vorm nie ermattenden Ungestüm der Schlesier 51er fiel. Gleich darauf auch Briza vor den 50ern, die alle am Horizont noch näher sichtbaren Marschsäulen des feindlichen Rückzugs mit breiten Salven verfolgten. Siebzehn Geschütze heimste man ein. Diese unermüdlichen Schlesier, die schon als Landwehr bei Verfolgung nach Waterloo bis zuletzt allein ausdauerten, hatten unermeßliche Erfolge für sich allein errungen, über fünfzig Geschütze erobert gleich der Garde. Jetzt freilich bedurften sie endlich der Ruhe.

Noch zuckten hinter jedem Rain der Feldmarken vor Stößer und Ziegelschlag die sich kreuzenden Blitze der Schützenketten. Die Umfassung hatte aufgehört, nur frontal stand man der knappen, letzten Nachhutlinie bis zur Elbniederung gegenüber, während die Spitzen der drei Preußenheere sich wechselseitig schnitten und aufhielten, ineinandertreffend. Ein Dampfgürtel umspannte die Batterien, Funkenwirbel und unstäten Lichter der Feuersbrünste in den verstreuten Gartenanlagen und Gehöften, wo die neue, sehr zahlreiche Geschützmasse Benedeks Stellung nahm. Dagegen konnte man jedes Bataillon der herabsteigenden Preußen von Rosnic bis Charbusic auf dem stetig abfallenden Gelände deutlich übersehen. „Zimmerleute! Schnell doch!“ In den Obstgärten schlug man Bäume nieder, um die Krone gegen die Hecken als Verhau aufzurichten, und Schüsse sprühten hinter der kaum geschaffenen Brustwehr. Die Feuersbrunst wuchs auch hier über die Kirchdächer weg, auch hier beneidete man fast die starren, bleichen, schmerzverzogenen Gesichter der Leichen, die all dies unheimliche Sausen und Pfeifen, bei dem man sein eigenes Wort nicht hören konnte, nicht länger zu vernehmen brauchten. Der Wind sprang um und schürte die Lohe. Mit einem letzten Krampf hob sich manch totwundes Haupt von durchnäßter Erde, um dem Grausen des Flammentots entgegen zu stieren. Elf höhere Führer mit den Generalschulterschnüren hatten heut Blut vergossen, wen kümmerten da noch Einzelleben, wo der mähende Tod so rastlos mit der Sense nach Vornehm und Gering ausholte! — —

— — — — — — — — — — — — — —

In einem Freudentaumel des Entzückens drängten Offiziere und Mannschaften an den König heran, der über die Torfbrücke südlich Sowetic durch Hohlweg und Wiesen über Cistowes herankam und in die genommene Lipabatterie einritt, Dank und Anerkennung spendend, freilich an falscher Stelle, da er die anwesenden Gardeschützen für die augenscheinlichen Eroberer hielt. Aber geschäftige Franzer, von denen einige Tote vor den Geschützen Zeugnis ablegten, und Gardefüsiliere verzeichneten ihr Eigentumsrecht, das sie sich nicht rauben lassen wollten, mit Kreide oder Taschenmesser auf den Laffetten. Hin und wieder leuchtete schon ein Streifen blauer Himmel aus den zerrissenen Wolken, heitere Abendlichter umspielten die traurigen Verbandstätten und in weiter Ferne winkten die spitzen Türme der Elbfestung, die dieser Schlacht den Namen gab. „Heil dir im Siegerkranz“ schmetterte die Feldmusik des brandenburgischen Leibregiments, das bei Langenhof anlangte. Hier, wo die grimme Reiterschlacht den letzten heißen Strauß durchfochten, donnerte die Preußenhymne aus tausend und aber tausend Kehlen. Der König sprengte nun weiter von Stresetic, wo er die Reiterschlacht mit ansah, und weiter bis halbwegs der Strecke Problus-Stresetic. An der Waldspitze von Charbusic, als er in Richtung auf Stößer längs der neuen feindlichen Artillerielinie entlang reiten wollte, bannten ihn jedoch einschlagende Granaten fest, die über ihn fortgingen. Ein paar schlugen auch ein. Woher, blieb ungewiß, da die versteckte österreichische Artillerie bei Prosti gar nicht sichtbar wurde. Auf einer Höhe vor Bor ward Halt gemacht. Doch ritt der mutige hohe Herr allein mit wenigen Begleitern sogar noch weiter bis zur Ostseite des Brizawaldes vor, um Einblick in das Elbthal zu gewinnen. In der Senke am Ostrande des Brizaer Waldes traf man die Brandenburger und Magdeburger Kürassiere der Brigade Pfuel, sowie vorgeschobene Spitzen verschiedener Heerteile. Auch solche mit geschwärzten Helmen, Zeichen des ostpreußischen Korps, zogen vorüber. Der Monarch ritt überall umher und bot Führern und Mannschaften dankbewegten Herzens seinen königlichen Gruß.

Dann hieß es: „Der Kronprinz kommt!“ und die zahlreichen Gruppen berittener Stabsoffiziere, die hier beim König sich zur Stelle meldeten und ein frohes Wiedersehen feierten, schlossen einen stattlichen Kreis. Die Truppen Prinz Friedrich Karls und der Garde lagerten größtenteils und das Ganze nahm sich aus, wie der glänzende Schluß eines feierlichen Manövers: „Hahn in Ruh! Die Herren Offiziere zur Kritik!“ Das Geschützbrüllen in der Ferne nahm immer mehr ab, zuletzt schien es nur noch gewissermaßen ein Viktoriaschießen.

Allerdings hatten die Preußen eine fast zwanzigstündige Anstrengung hinter sich, viele hatten nicht abkochen können, der nötige Ruhetag nach unablässigen Märschen war zum Schlachttag geworden. Aber diese naive Gemächlichkeit, wo ein weltbewegendes Schicksal auf dem Spiele stand und soeben eine weltbewegende Entscheidung fiel, erinnerte etwas lächerlich an die gute alte Zeit, nicht die napoleonische.

Düster blickte Benedek auf die Trümmer des I. Korps, die wie ein Leichenzug, der einem Begräbnis erster Klasse folgt, stumm und feierlich an ihm vorüberfluteten. „Wer heut mit dem Leben davonkommt, ist zu beklagen!“ raunte er Henikstein zu. „Unser Name stand auf einem schönen Blatt Geschichte, heut reißt man's heraus, Blatt und Namen, auf Nimmerwiedersehen!“ Thränenden Auges nahm er von den wackern Kanonieren Hoffbauers Abschied und ritt querfeldein, da es für ihn nichts mehr zu thun gab. Hier war nichts zu wollen, unabwendbarer Untergang sicher. Wohl trug man einen großen Toten zu Grabe: den alten Waffenruhm.

„Sagen Sie dem General Zaidsek, er soll keinenfalls abziehen!“ entsendete er noch einen Boten zur zweiten schweren Reservereiterdivision. „Er deckt die Artillerie bis zuletzt.“ Es mochte halbsechs Uhr sein. Benedek warf noch einen Blick nach rückwärts, nicht ohne eine gewisse Befriedigung. Denn der Feind drängte so matt, verfolgte so lau und flau, wie man's kaum erhoffen durfte. Zur Linken hielten die sechs Husarenregimenter des thätigen Edelsheim den Feind in Respekt, zur Rechten sechzig Geschütze, die sich mehr oder minder zusammenfanden, so oft man die Stellung wechselte und neue bezog. Eigentlich führten nur die Schlesier noch den Verfolgungskampf, die Garde war zu tief erschöpft, um sich noch weiteres zuzumuten, auch die Ostpreußen gingen sehr bedächtig und zögernd vor. Die Kavallerie Prinz Friedrich Karls schien ausgepumpt, nur ein paar Schwärme von mäßigem Umfang streiften weiter vor, ihren angeblichen kurzatmigen Triumph zu bekräftigen. Und sein Fußvolk behinderte sich selbst durch seine Anhäufung, wo es strahlenförmig von Westen nach Südosten zusammenfloß. Nur das schreckliche Artilleriefeuer von Chlum und Lipa her nahm das zerstäubte kaiserliche Heer in die Mitte und vollendete dessen Entmutigung, daß es wie ein scheues Wild schattenhaft auseinanderstob. Aber einzelne mannhafte Schlachthaufen standen bis zuletzt ungelockert in ihrem Gefüge, und bei ihrer straffen, soldatischen Haltung wiederholte sich die Mahnung des alten Löwen Steinmetz an seine liegenden Schützen bei Nachod: „Hier gehen wir alle in den Tod, doch wir wollen wenigstens g e h e n! Eher liege Keiner, eh' er nicht fiel!“ Und im Nu standen alle kerzengerade. So auch hier.

Aber das erdrückende Übergewicht des Siegers drückte sich aus, stellte sich sinnbildlich zur Schau in der Unerbittlichkeit, womit die preußischen Kugeln das Hauptquartier von jeder Stelle aufscheuchten, wo man die nötigen Dispositionen diktieren wollte. So oft Benedek Halt machte, mußte er den Standort verlassen, kaum daß man zu schreiben anhob. Erfaßt vom Wirbel der führerlos zur Elbe hinabströmenden Scharen, mitgerissen von versprengten Reiterschwärmen, wählte das Hauptquartier zuletzt das Notmittel, die noch vorhandenen einzelnen Ordonnanzoffiziere mit mündlichen Weisungen zu entsenden. „Falkenhayn, das ist für Sie!“ überreichte Krismanic an diesen Generalstäbler die Ordre für den linken Flügel, die er noch rasch fixiert hatte. „Darf ich gehorsamst fragen, welche Richtung unser Korps einschlagen soll?“ meldete sich ein Oberst Fiedler vom III. Korps. „Ich bitte dringendst, an Stelle des gefallenen Oberst Catty von Sr. Kaiserlichen Hoheit mit der Stabsleitung beauftragt, zu welcher Pontonbrücke wir unsre Zuflucht nehmen dürfen? Die direkte Straße nach Königgrätz ist verlegt, das IV. und X. Korps stauen sich dort an.“ Benedek blickte ratlos umher. „Hier darf ich wohl aushelfen,“ verlautbarte

sich jedoch eilig Baron Sacken. „Ich habe die hergestellten Notbrücken in mein Spezialkartenblatt mit Rotstift eingezeichnet.“ Kaum daß diese Auskunft erteilt, stob ein neuer Orkan von Projektilen heran. Man kam nicht weiter, die Stäbler harrten umsonst auf besondere Angaben für die übrigen Korps. In stumpfem Gleichmut ging es weiter. Gegen sechs Uhr, durchdrungen von der Unmöglichkeit, leitend einzugreifen, ritt Benedek mit seinem Häuflein ab. Schwerfällig trottete eine Schwadron Ulanen nebenher auf der trostlosen Wanderschaft.

.. Moltke sah sich behaglich und befriedigt um, mit seinem Tagewerk zufrieden, dessen Tragweite weder er noch der König ahnten, da sie die Vorgänge bei Chlum nicht miterlebt hatten, noch auch beobachten konnten. Sichere Nachrichten fehlten durchaus, er sah nur den Feind immerhin aus dem Feld geschlagen und fühlte sich selbst einer bis drei Uhr an der Bistritz drohenden Gefahr entronnen. Aber als Jemand im Gefolge halblaut auf letztere Thatsache hinwies, da ward der sonst so kühle alte Herr sehr widerborstig. „Die Schlacht stand keinen Augenblick kritisch, es ist unpatriotisch, so was zu behaupten, merken Sie sich das!“ „Das Zusammentreffen getrennter Heere auf dem Schlachtfeld bildet den Gipfel der Strategie.“ Als aber General Stosch als Abgesandter des Kronprinzen erschien und freudestrahlend zu dem ungeheuren Erfolg gratulierte, unterbrach ihn der König, der seinen alten Respekt vor Kaiser und Kaiserarmee heimlich noch nicht überwand und von den Österreichern, die er bisher noch nicht im Kampfe sah, heute einen nicht geringen Eindruck empfing, in seinem bescheidenen Sinn fast unwillig: „Das ist ja gar keine rechte gewonnene Bataille, der Feind zog in aller Ordnung ab und nahm fast alle Geschütze mit!!“ — —

Das östlich zurückebbende österreichische Zentrum hielt es seit lange für geraten, südwestlich auszuweichen. Seit die Höhe von Sweti von preußischen Batterien gekrönt, begann der bisher noch bewahrte Halt der abfließenden Rückzugskolonnen zu wanken. Doch hielten die tapfern Truppen, die hier zuletzt am Feinde blieben, ihre Ordnung aufrecht, und den geregelten Abzug in Flucht zu verwandeln, glückte den preußischen Drängern erst dann, als die schwach gedeckte, sich opfernde Artillerie auch noch bei Rosnic und Briza manch kostbare Siegespalme in Feindeshänden ließ und die preußischen Batterien von gleicher Stelle aus, wo die österreichischen ruhmvoll bis zur Vernichtung ausgeharrt, in die jenseitige, von marschierenden, reitenden, fahrenden Massen überfüllte Thalsenke hineinpfefferten. Doch als die brave kaiserliche Artillerie gegen Abend nochmals festen Fuß faßte, stellte sich einige Fassung wieder ein, zumal ausgiebige Verwendung verfolgender Reiterei, die man ängstlich befürchtete, ausblieb.

Erst bei Nacht, vor den Thoren der Festung, nahm die Verwirrung überhand, die Schrecken nächtlicher Flucht brachen den Mut, die Flucht wurde wilder, würdeloser, in unwürdiger Panik. Doch bewahrten immer noch einzelne Truppenkörper eine stolze Festigkeit und beantworteten freundlich die derben Scherze, mit welchen der innerlich tiefgebeugte Benedek, äußeren Anschein heiterer Sorglosigkeit zur Schau tragend, sie zu trösten suchte, wo er vorüberſprengend die nächsten Kolonnen abritt. „Was laßt's die Köpfe hängen! Erzählt euch lieber was Lustiges!“ Man sah ihm das Bedürfnis an, der Halt seiner Umgebung zu bleiben. Nur einmal vergaß er seinen männlichen Duldermut, während ihn innere

Seelenqual zerfleischte. An einem Wirtshaustisch in Neu-Königgrätz erhob er sein Glas unter den trauernden Getreuen: „Aufs Andenken der braven Kameraden, die heut nutzlos fielen!“ Zwei schwere Thränen tropften auf die ungedeckte Tischplatte. —

Als die preußische Reiterei nur über vereinzelte Bataillone der Nachhut und Nachzügler planlos herfiel, als der gewaltige Zusammenstoß bei Stresetic nach ritterlichem Zweikampf der beiderseitigen Geschwader zwar mit dem Davonjagen der Kaiserlichen endete, die preußischen aber an sich nicht die Oberhand behielten, war die schlimmste Gefahr schon vorüber. Vollständige Niederlage, doch im wesentlichen ungestörter Rückzug! so prägte sich das Schlußergebnis in einem Satze aus. Der müde Moltke behauptete steif und fest, das Durcheinandergeraten der drei Heere müsse unter allen Umständen erst entwirrt werden, die Truppen seien ohne Verpflegung und totmatt. Daß der weitaus größte Teil des Kronprinzen an der Blutarbeit keinen Anteil gehabt und sich noch kräftig genug fühlte, trotz der zurückgelegten Gewaltmärsche seine Kampflust zu befriedigen, blieb unbeachtet. Selbst Division Etzel ward angehalten, vom Verfolgen Abstand zu nehmen. Moltke bestand darauf, die moralischen Faktoren nicht in Anschlag zu bringen, die hier ganz danach angethan schienen, den letzten Hauch von Mann und Roß der siegreichen Norddeutschen aus Ost und West, vom Rhein zur Weichsel, die jubelnd ihre Waffenbrüderschaft auf gemeinsam eroberter Walstatt grüßten und sich in Preußenstolz umarmten, daran zu setzen. Schließlich machte alles von selber Halt, wo sich zwischen Problus und Stresetic die inneren Flügel der Elbarmee und des Kronprinzen übers Zentrum (Prinz Friedrich Karl) weg ineinanderklemmten! Einheitliche Leitung gab's schon lange nicht mehr. Um die Österreicher kümmerte sich sozusagen niemand. Die Nähe der Festung verwehrte ja auch, wie es schien, jede Annäherung an die Elbe selber.

Übrigens machte kein Armeekommando sich weitere Skrupel, da Jeder dachte, der Andere werde das Nötige besorgen, respektive habe dazu vom Großen Hauptquartier Auftrag erhalten. Moltke aber, sehr erschöpft, glaubte dies den Armeekommandos überlassen zu sollen und hielt überhaupt nichts von weiterer Verfolgung. Es rächte sich hier wie später mehrmals in Frankreich, daß nicht jüngere Herren die Oberleitung in Händen hatten, da in gewissen bestimmten Krisen nur Energie das Haupterfordernis bleibt und weder durch reiffste Erfahrung, noch geistesklarste Weisheit ersetzt werden kann, wo die jugendliche Schwung- und Sprungkraft körperlicher Frische fehlt. Außerdem brachte das überaus jämmerliche Meldewesen es mit sich, daß es niemandem einfiel, wie sehr das auf dem Laufenden Erhalten und unausgesetzt Nachrichten Austauschen zu den Pflichten der Armeekommandos gegenüber der Oberleitung gehört.

Daß die Verfolgung unterblieb, mißfiel dem alten Löwen Steinmetz, mißfiel dem Prinzen Albrecht. Aber: „Man muß die Österreicher schonen, nicht vernichten!" wandte dessen Stabschef, Oberstleutnant v. Witzendorf, ein, der entschieden gegen weiteres Nachsetzen war. Daraus bildete sich später die Legende, der menschenfreundliche alte König habe absichtlich dem Feinde goldene Brücken gebaut, eine ganz köstliche Erdichtung, die von der zartbesaiteten Sentimentalität des strammen Militärs sich eine ergötzliche Vorstellung macht. Moltke befürwortete zuletzt doch ein lebhaftes Drängen, mußte sich jedoch in plötzlichem Fieberanfall per Wagen zurückbringen lassen. Auch am nächsten Tage geschah nichts, den Fehler gut zu machen, obschon beim Kavalleriekorps des Prinzen Albrecht die Pferde, genügend abgefüttert, sowohl am Schlachttag als am folgenden vollkommen bei Kräften waren. Es hat sich ja das nämliche, nur in viel ernsterer Krise, wiederholt am siebzehnten August nach der Mordschlacht von Vionville: Dort handelte es sich nicht um Steigerung des Erfolgs, sondern um dringende Nötigung, voraussichtlichen Mißerfolg abzuwehren. Nur das launische Glück oder, richtiger, das unabwendbare Fatum fügte es so, daß diesmal kein ernstes Unheil aus solcher Unterlassungssünde entsprang.

Denn was muß der Mensch haben, um Erfolg zu erlangen? Erstens Glück, dann nochmals Glück, und zum drittenmal Glück. Cäsar und sein Glück — aber mancher Glückliche ist noch lange kein Cäsar. „Na, Bismarck, diesmal hat uns der preuß'sche Musketier noch mal 'rausgerissen!" lachte Roon den Anstifter dieser weltgeschichtlichen Wendung an, der etwas Unverständliches dazu knurrte; ob beifällig oder unwillig, blieb ungewiß.

— — — Der unglückliche Feldherr, gegen den das Kriegsglück entschied, ritt eine Weile stumm und in sich gekehrt, in Schmerz versunken, düster fürbaß. Da brach General Baumgarten, der stets an seiner Seite blieb, das gedrückte, beklommene Schweigen leise und zögernd: „Darf ich an Ew. Excellenz eine indiskrete Frage richten?"

„Nur zu, mein Lieber!" versetzte Benedek trocken, aus finsterem Brüten auffahrend.

„Gestatten Excellenz meiner tiefen Ergebenheit — mein Herz drängt mich — haben Sie — haben Sie heut den Tod gesucht?"

Da sah ihn der gebeugte Kriegsführer groß an und mit voller, fester Stimme gab er die bestimmte Antwort: „Ich verstehe, mein Freund. Sie irren sehr und kennen mich nicht. Nie dacht' ich an Selbstmord, noch an mich selber. Bin so stark ins Feuer geritten, weil ich halt helfen mußte." Als der sichtlich gerührte Quartiermeistergeneral etwas dazu äußern wollte, fuhr Benedek gelassen fort: „Bin ruhig in der Seele und demütig. Mein alt Soldatenglück verließ mich. Wäre wohl besser, wo so mancher sein jung Leben verhaucht, mich alten Rappelkasten hätt' eine Kugel getroffen, doch — wie Gott will. Vor drei Tagen schrieb ich noch meiner Frau: ‚Ich möchte selbst Schmach erleben, wenn ich Kaiser und Heer noch einen letzten Dienst erweisen kann.' Ja, nun hab' ich die Schmach und das brave Heer mit! Meine stolze edle Julie, wird sie's tragen!" Er wollte weich werden, doch er kämpfte es nieder. Und mit fester Stimme fügte er hinzu: „Wir können das Rad des Schicksals nicht ändern, nicht Österreichs Schicksal und nicht das unsrige. Bin mit meinem Herrgott im Reinen, bin ein Gott ergebener alter Soldat und habe ein gutes Gewissen. Ich kenne meine Pflicht und hab' sie erfüllt, so lang ich konnte, und mache mir nichts aus boshafter Kleinlichkeit, die mich verlästern wird. Man muß Philosophie haben und sein bissel Soldatenpoesie bewahren."

„Excellenz müssen sich auf ungerechte Urteile gefaßt machen."

„Ja, in aller Bescheidenheit, schweigend. Niemand anklagen, mich nicht verteidigen. Nur meinem Kaiser leg' ich Rechenschaft ab, so Er es wünscht, Ihm sag' ich alles, alles, was ich weiß. Manch Einer hat im Feldzug meine Ordres nicht respektiert."

„Der General der Kavallerie, Graf Clam" — hob Baumgarten offiziös an, um etwas darauf zu erwiedern. Doch Benedek lenkte sofort von dieser Spur ab.

„Der nicht! Der soll wieder alles ausbaden! Auch nicht der arme Krismanic! Seien wir nicht ungerecht, mein lieber Baumgarten, wie das Menschenpack da draußen! Aber andere! — Kurz, ich schweige. Man soll mein Unglück heilig halten. Ach, mir geht alles krumm — selbst mein Kaiserbraun," er klopft den Nacken seines müde lahmenden Pferdes, „der so magnifique in der Schlacht war, krummt nun auch. Ach, Kriz," wandte er sich an den Chef der Detailkanzlei, der hinter ihm ritt, „daß ich's nit vergesse: thun's mir die Liebe und lassen's nachschaun, ob mein Hundel, der Picket, noch wohl auf ist. Das arme Vieh kam so selten zu mir in letzter Zeit.“ Oberst Kriz verbeugte sich ehrerbietig, schweigend, Hand an der Mütze. Dann sprang Benedek wieder auf die Tagesfrage ab. Zu thun war ja doch nichts mehr, man mußte es gehen lassen wie's ging, durfte sich also den Elbritt durch Privatgespräche würzen. „Ich bin halt ein hartgesottener Sünder, mich bekommt man so bald nicht unter. Werde übrigens die Truppen noch beim Übergang anreden, ihnen ein paar gute Wörtel sagen. Sehen's mich nit alle so traurig an! Um mich handelt sich's nicht, mein Unglück fällt unters Maß, das Unglück meines Kaisers ist viel größer. Gott schütze und erhalte Ihn, was immer er über mich verhängt! Werd's mit reglementmäßigem Danke tragen. Aber demütigen kann niemand mich. Keinem Neidhammel, der mir den Eselstritt versetzt, geb' ich ein gutes Wort. Geduldig schweigen, das ist das Rechte für echten Soldatentakt.“

„Se. Majestät werden sicher nicht Ew. Excellenz zur Last legen —“

„Weiß ich nicht. Die öffentliche Meinung ist stark. Unser guter allerhöchster Herr kann mit mir keine Ausnahme machen. Kommt's aber zur Untersuchung, so werd' ich keinem andern ins Gesicht schlagen, alles allein auf meine Schulter nehmen. Das ist mein vorbedachter, freier Wille. In mir ist nicht ein Atom von Galle und Leidenschaft. Bin auch in aller Bescheidenheit doch zu stolz, als daß mir Geschwätz anderer ans Leben ginge. Das ist mir keine Kränkung. Anständig sich zum Opfer bringen in Unterthanentreue — bürgerliche und militärische Ehre mit, wenn's sein muß —, so hab' ich's meinem Herrn gelobt, als dies Kommando mir aufgedrängt. Wenn alle Welt schimpft, dann soll der F. Z. M. Benedek ruhig und würdevoll trauern über das Unglück, das sein Vaterland betraf, und so soll er still verenden in einem Winkel. Und nun nichts mehr davon, meine Herren, sehen wir nach den Truppen!“

Das war nun freilich Unsinn, daß Benedek sich vor sich selber wie vor der Welt anstellte, als habe er weiß Gott was zu verschweigen und könne nur dem Kaiser alles, alles sagen. Was denn, welche geheimnisvollen Enthüllungen hatte er zu machen? Natürlich schwebte ihm dabei stets der Ungehorsam jener Führer des rechten Flügels (Festetics, Thun, Mollinary) vor, gegen den er nicht habe aufkommen können. Dieser Ungehorsam bleibt soldatisch gewiß sehr sträflich, obschon neupreußische Schule derlei Selbstthätigkeit — lies Befehlswidrigkeit — der Unterführer noch obendrein zu einer besonderen Schönheit verklärte. Denn jedes Abirren von seiner Disposition verwirrt notwendig das Oberkommando. Derlei Abirrungen beurteilt aber die kritiklose Menge, zu der auch die Masse der Militärs und Militärschriftsteller gehört, lediglich nach dem zufälligen Erfolg, wie ihn die Frictionen des Krieg genannten Lotteriespiels mit sich bringen. Es hat etwas unsäglich Läppisches, wie man derlei Glückbegünstigten seltene Einsichten andichtet, dagegen alle österreichischen Generale ohne weiteres als Einfaltspinsel ausgiebt, weil sie das schnöde Verbrechen begingen, Unglück zu haben. In welchen albernen Farben hat man nicht all diese Geschlagenen gemalt, und doch beweisen alle hinterlassenen schriftlichen Dokumente, daß sie militärisch gut durchgebildete Köpfe auf ihren Schultern trugen, bei ihren Zufallsverfehlungen recht gut wußten, was sie wollten.

Der Kernpunkt zum Verständnis der Ereignisse lag auf taktischem Gebiet. Selbst die preußischen Gebietenden hatten sich diese Hauptsache als Neuerung noch nicht zu eigen gemacht. Was Wunder, daß sie den Feind erst recht verblüffte! Die preußische Infanterie schlug sich nicht nur durchweg ausgezeichnet, zum Teil über jedes Lob erhaben, sondern sie schuf hier auch das erste Vorbild des Ernstkampfes mit dem Hinterlader. Aber ihre Führer beschlich dabei manch peinliches Bedenken ob so ungewohnter Erscheinungen. Da lagen die lockern Schwärme am Boden, jeder übersichtlichen Leitung entzogen. Fast alle geschlossenen Abteilungen mußten nach und nach an dies aufgelöste Gefecht verausgabt werden. Sich in der Vorderlinie zu Pferde aufzuhalten, verbot sich von selbst, zu Fuß konnte der Führer nichts nützen. Und wenn diese losen Haufen geworfen wurden, würde man ihnen, die der Hand ihrer höheren Führer durchaus entfielen, ein Halt gebieten können?

Gleichzeitig leistete die Kavallerie leider nur Ungenügendes. Wohl ritt sie brav in feindliche Geschwader hinein, aus dem Artilleriefeuer aber zog sich z. B. die Husarenbrigade Kotze nicht in anständigem Schritt, sondern in immer eiligerer Gangart zurück, was ihrem Rufe bei den übrigen Waffengattungen mit Recht schadete. Die Husarenbrigade Goltz that am ganzen Tage nichts, Verlust Null. Und die Hälfte des nach napoleonischem Muster vereint gehaltenen Kavalleriekorps kam gar nicht zum Schlagen, die Kavalleriedivision Hartmann des Kronprinzen war wie von der Erde verschlungen. Erst am Schluß eintreffend, zählte sie die

Häupter ihrer Lieben. Daß die Kavallerie Prinz Friedrich Karls zu spät ans Einhauen dachte, hing mit ihrer unthätigen Lodderei während der Wartezeit zusammen. Hätte sie zahlreiche Übergänge herstellen lassen, so hätten nicht bloß die vordersten Teile ins Gefecht eilen brauchen, ehe die folgenden eintrafen. Die Massenverfolgung endete daher, als sie beginnen sollte, und die Ausbeutung des ebenso ungeheuren wie unerwarteten Erfolges — unerwartet wenigstens in solcher Ausdehnung — entsprach nicht dem vollen Siegespreis, der sich darbot: Zerstörung des feindlichen Heereskerns. Bei entschiedener Verfolgung und bei Ermöglichung eines abschneidenden Umfassens durch Division Etzel — so rächte sich die überstürzte Schlachtimprovisierung, da Benedek ja auch am nächsten Tage standgehalten hätte — würden die Linke und Teile des Zentrums keinen Rückzug mehr behalten haben. Statt des bloßen unfruchtbaren Einsammelns von Trophäen und Gefangenen hätte eine Vernichtungskatastrophe sich gestaltet. Freilich, daß es überhaupt zum Siege kam, das verdankte man wahrlich nicht irgendwelcher strategischen Berechnung, die man hier getrost eine falsche nennen kann. Mit geschwollenen Kunstausdrücken eines angeblich neuen Systems, mit hochtrabenden und von unwissenden Laien nachgebeteten Flunkereien einer angeblich großartig angelegten Disposition war da nichts auszurichten. Gesiegt hat niemand als die unüberwindliche preußische Infanterie und in ihrer Hand das neue Gewehr.

Besieht man die Lage von diesem Standpunkt, so gewinnt manches eine andere Färbung. Bei ebenbürtiger Taktik und Bewaffnung wäre Moltke's Schlachtanlage eine zermalmende Niederlage so gut wie sicher gewesen. Abgesehen davon, daß Swiepwald und Maslowedhöhen unbedingt, im Gegensatz zu Benedeks Verordnungen, als taktische Stützpunkte verwertet werden mußten, verhieß Offensive am entscheidenden strategischen Flügel, um die I. von der II. Armee zu trennen, vollen Erfolg, aber auch *nur* diese Offensive. Ein Verharren in der *Defensiv*linie Chlum-Nedelist mußte zuletzt notwendig zur Niederlage führen, sobald die Höhenzüge Masloweds-Horenowes-Trotina im Besitz der Preußen, die ja dann auch ungehinderten Anschluß Fransecky's an die Garde erzielt hätten. Die Annahme der Schlacht auf dem Plateau nördlich der Elbe hatte strategisch viel für sich, konnte sogar napoleonische Genialität verraten: als einziges Mittel, einer *gleichzeitigen* Umfassung am südlichen Ufer vorzubeugen, die in der gepriesenen starken Stellung Josefstadt-Königgrätz unvermeidlich schien, und eine hinlängliche Frist zu gewinnen, um Prinz Friedrich Karl vereinzelt zu schlagen. Aber wohlgemerkt immer nur mit solcher *Offensiv*absicht ließ sich diese gewagte Stellung rechtfertigen, während Benedek offenbar wie Mac-Mahon bei

Sedan sich bloß in die äußere taktische Stärke seiner Defensivposition **verliebte**, ohne die Folgen einer Niederlage, mit dem Fluß im Rücken, abzuwägen. Daß er die geringere Stärke der Stellung gerade an der gefährdeten Einbruchsstelle erkannte, beweist die Anlage der Schanzen vor Chlum. Da diese aber keinen imponierenden Eindruck machten, kann man Festetics — d. h. dem Oberst Görz — um so weniger verdenken, daß er Offensive, ehe der Kronprinz erschien, für einzig richtig hielt. Daß Thun und Festetics als Hocharistokraten dem Emporkömmling Benedek nicht gebührende Unterwürfigkeit entgegenbrachten, mag sein. Wer aber Kameke, Kirchbach, Goltz, Manstein bei ihren Gehorsamsverfehlungen im französischen Feldzug entschuldigt und verherrlicht, sollte recht milde bedenken, daß beide österreichischen Korpsführer, von den unleugbar talentvollen Mollinary und Görz dazu verleitet, weit triftigerer Logik folgten als jene. Auch berücksichtige man, daß II. und IV. Korps die Furchtbarkeit des Gegners nicht aus Erfahrung kannten wie schon fünf andere Korps und daher wohl glauben mochten, 13 000 Preußen könnten 40 000 Österreichern — so viel kamen ungefähr am Swipwald in Thätigkeit — unmöglich widerstehen. Immer wieder also die Bewaffnung ausschlaggebend: wäre auch nur die Hälfte der Österreicher mit Hinterladern bewaffnet gewesen, so war Fransecky um Mittag vernichtet und damit die Schlacht für Preußen verloren.

Benedek hatte alles auf einen Würfel gesetzt, er hatte verspielt. Die Gabe, große Massen strategisch zu leiten, wird nur Wenigen in einem ganzen Jahrhundert gewährt, er besaß sie nicht. Aber wer besitzt sie denn im höchsten Sinn? Erzherzog Albrecht und sein genialer Stabschef, der stille bescheidene John, früher Benedeks Adlatus, der zu ihm nach Böhmen gehört hätte, hatten strategisch und taktisch Minderwertige gegen sich. Bei Benedek traf das Umgekehrte zu. Die sonst nichts weniger als tadelfreie preußische Leitung beseelte wenigstens in hohem Maße der Geist wagemutiger Initiative, beschwingt durch erforderliche seltene Schnelligkeit der Bewegung. Darin übertraf sie weit die österreichischen und noch mehr die berühmten kaiserlich französischen Generale, deren strategisches Vermögen noch lange nicht einen Benedek und deren taktische Fähigkeit im Durchschnitt kaum das anständige Mittelmaß eines Gablenz und Ramming erreichte. Wenn also Benedeks Name sich an die derbste Niederlage knüpft, die ein österreichisches Heer je erlitt, so vergesse man nicht, daß derselbe Mann bei San Martino gegen tapfere und zum Äußersten entschlossene Gegner Habsburgs Panier mit schönem Siege schmückte, alle andern österreichischen und auch französischen Führer überstrahlend. Man vergesse nicht, daß noch nie ein Heer unter ähnlicher Ungunst der Kampfverhältnisse focht; nie wieder auf Erden wird man mit wahnwitzig veralteter Taktik, den schlechten Vorderlader in der Hand, so regsamen, in neuer Taktik geschulten, schon an sich unübertrefflichen Truppen, die ihren Hinterlader wie Jäger auf wehrloses Wild spielen ließen, entgegentreten. Die anerkannt vorzüglichen Soldaten Österreichs haben gerade bei Königgrätz gezeigt, was sie vermögen: keine Armee der Welt hätte ehrenvoller einem vorbestimmten, selbstverständlich und schier mathematisch berechenbaren Unglück erliegen können. Selbst die Kavallerie, die hier zum erstenmal unter allen europäischen Reiterharsten die Einwirkung des Hinterladerfeuers auf Attakenmöglichkeiten schmeckte, leistete ungleich mehr, von allen drei Waffengattungen gleichzeitig angefallen, als die französische bei Wörth und Sedan. Die heroische Haltung der Artillerie steht fast einzig da. Ermißt man aber den so großen Verlust der Verbündeten bei Solferino, wo doch lange nicht so feste Stellungen von einer damals obendrein (dem Kaliber nach) minderwertigen Artillerie verteidigt wurden, und vergleicht damit die verhältnismäßig geringe, bei der Garde in Anbetracht solchen Kampfes sogar lächerlich geringe, Einbuße der Preußen (rund neuntausendzweihundert) bei Sadowa, so wird man wohl oder übel zugestehen müssen, daß die Geschicklichkeit der Preußen im Deckungfinden und aufgelösten Gefecht schon einen auffallenden Grad erreicht hatte, obschon sie hinter dem heutigen Ideal noch weit zurückblieb.

Man kann aber nicht mal sagen, daß der österreichische Blutverlust, der sich auf rund dreiundzwanzigtausendsechshundert Mann belief, etwa elf Prozent der Stärke, irgendwie übermäßig ausgefallen sei, veranschlagt man die unbehilflichen Formationen, das schlechte Gewehr und die abnormen Verlustvorfälle bei den Reservekorps. Denn die Franzosen, die doch nur das gleiche Zündnadelgewehr gegen sich und selbst eine fast doppelt so gute Waffe hatten, verloren bei Vionville siebzehn, bei Sedan neunzehn Prozent ihrer wirklichen Stärke, sogar bei Gravelotte in doppelt so fester Stellung als die österreichische bei Königgrätz nach niedrigster Schätzung elf Prozent! — Allerdings kamen noch fast einundzwanzigtausend Gefangene und Vermißte hinzu, unter letzteren befand sich jedoch noch ein Bruchteil Verwundeter und Gestorbener: die Franzosen büßten aber bei Sedan, von der Kapitulation abgesehen, gerade so viel unverwundet Gefangene ein. Die Österreicher haben sich also brav genug zur Wehr gesetzt und einen an sich unüberwindlichen Feind nicht ohne Geschick bekämpft. Mit allen Ehren verschwand diese alte Kaiserarmee aus der Reihe der Dinge, um verjüngt in verbesserter Form wieder aufzuerstehen.

Der Verlust Kronprinz Alberts von Sachsen betrug hierbei nur fünfzehnhundert Köpfe, um hundertzwanzig Mann weniger als derjenige der Elbarmee: ein Beweis, mit welcher Geschicklichkeit die doch auch minderwertig bewaffneten Sachsen geführt wurden. Dieser einzige bedeutende Führer, dem Neupreußen auf seinem Siegeslaufe begegnete, ward hier dauernd der deutschen Sache zurückgewonnen.

Übrigens verlor das Korps Clam über ein Viertel der gesamten Gefangenensumme und schrumpfte daher am meisten unter allen Korps ein. Dagegen entfiel der ehrenvollste Blutverlust auf Division Coudenhove, die nicht weniger als einundzwanzig Prozent der Mannschaft, nämlich sechshundertsechsundfünfzig Gemeine und dreiundvierzig Offiziere verlor nebst neunhundert Pferden! Preußenkürassiere ließen allein zweihundertachtzig Reiter incl. einundzwanzig Offiziere liegen, davon nur sechs unverwundet Gefangene! Gewiß ein Zeugnis ihres glänzenden Mutes. Es hatten im ganzen viertausendfünfhundert preußische, fünftausendsiebenhundert österreichische Reiter an diesem Kampfe teilgenommen, und verloren erstere vierhundertzweiundzwanzig Gemeine, achtundzwanzig Offiziere, letztere elfhundert Gemeine, einundsiebzig Offiziere, wovon über dreihundert gefangen und vermißt, nebst rund siebzehnhundert Pferden (fast sechsmal mehr, als der preußische Pferdeverlust betrug). Man berücksichtige aber, daß die österreichischen Kürassiere außerdem später wiederholt die schlesische Infanterie attakierten.

Überraschend gering blieb der Blutverlust der Garden in Chlum — ausschließlich der wieder befreiten Gefangenen in Rosberic —: noch nicht elfhundert Köpfe. Relativ am meisten verlor F 2. Garde mit sechs Offizieren, hundertdreiundachtzig Mann, allerdings noch kein Vergleich mit den 26 ern Fransecky, die sechsundzwanzig Offiziere, siebenhundertacht Mann einbüßten, also neun und zweihundertsechsunddreißig pro Bataillon.

Die Zahl der getöteten und verwundeten Offiziere war preußischerseits fast viermal geringer als österreichischerseits, abzüglich zweihundert unverwundet Gefangener, nämlich 360 : 1166. Elf kaiserliche Generale bluteten. Hundertsiebenundachtzig Geschütze gingen verloren.

Die Elbarmee hatte am wenigsten gelitten, wäre noch am ehesten im stande gewesen, Verfolgung zu betreiben. Der so kurze, aber so stürmische Angriff der Westfalenbrigaden hatte siebenhundert Tote und Verwundete gekostet, eine Kleinigkeit mehr büßten die seit Morgen fechtenden andern Teile der Elbarmee ein. Die Sachsen fast genau ebensoviel, dagegen verlor das achte k. k. Korps ungefähr zweitausendneunhundert Mann, wobei vierundneunzig Offiziere. Aber Division Ezel kam erst ganz zuletzt zur Einwirkung auf des Gegners rückwärtige Flanke, wie ihr zubestimmt gewesen Erst nach fünf Uhr defilierte Ezels Vorderbrigade über Ober=Prim und die Füsilierbrigade wurde sogar vom Armee=kommando zurückgehalten. Die einzige Batterie Bastian ging westlich Charbusic ins Feuer, die abziehenden Kolonnen der Austrosachsen zu be=lästigen. Heftiges Flankenfeuer nötigte sie und später auch fünf andere Batterien der rheinischen Reserveartillerie zum Ausweichen und erst durchs Einfahren neuer Geschütze der Armee Prinz Friedrich Karls in die Linie Briza=Charbusic, woran sich noch sieben Batterien des Kronprinzen an=schlossen, wurde nach sechs Uhr die starke Artillerienachhut des Gegners allmählich zurückgenötigt. Doch ihr gutgezieltes Granatfeuer hielt bis sieben Uhr die zur Verfolgung wieder angetretene Infanterie der drei Armeen, soweit ihre Spitzen das Elbthal erreichten, gründlich in Schach: sieben schlesische Bataillone Zastrows bei Klacow, die rheinischen 28er der Elbarmee ebenda, die Ostpreußen im Wald von Stezirek und Char=busic, die brandenburgischen Füsiliere bei Charbusic, die rührige Thüringer Brigade Bose bei Bor. Es kreuzten sich jetzt die beiden Flügelheere vor der Front der zurückgebliebenen Hauptarmee. Die Kavallerie Alvensleben und einige endlich vorgebrachte Reiterei des Kronprinzen vereinten sich bei Briza, um auf Stößer die feindliche Artillerie zu fassen. Diese aber erwehrte sich des Andrangs sogar auf nahe Distanz durch Kartätschlagen und hielt so lange unerschütterlich Stand, bis das gesamte geschlagene Fußvolk dem Gesichtskreis entschwand.

Erst gegen acht Uhr erlosch das allmählich ermattende Artillerieduell. Die Elbarmee war zuletzt ganz stehen geblieben. Division Tümpling — heut wegen dessen Verwundung bei Gitschin von Kamenski geführt — ging doch noch bis Bor vor, Steinmetz machte nach zwölfstündigem Marsch bei Klacow Halt, das Gros des Kronprinzen lagerte südlich Langenhof und Sweti, das Gros Prinz Friedrich Karls zwischen Lipa und Chlum. Alle Armeen waren durcheinandergeraten in unlöslichem Knäuel, der erst wieder entwirrt werden sollte. Hätte Division Etzel ihre Aufgabe aus=führen können, so wäre noch etwas Bedeutendes zu erwarten gewesen. So aber kam man zu spät. Die Linke des Feindes passierte längst bei Hohenmauth und Pardubic die Elbe, die Rechte bei Lochenitz. Nur die Hauptmasse blieb in der Niederung vor Königgrätz vor verschlossenen Thoren der Festung, die sich erst um elf Uhr nachts öffneten, nur ein Teil rettete sich rechtzeitig über die Brücken bei Pardubic. Ein tragi=komischer Zufall wollte, daß gerade das Sachsenkorps, das bis zuletzt allein unaufgelöst verblieb und nur eine Handvoll Gefangene zurückließ, durch den allgemeinen Fluchtstrom gelockert und gesprengt wurde, so daß ein Teil bei Placka, das Gros bei Königgrätz, der Kronprinz Albert selber mit dem Hauptteil seiner Kavallerie und Artillerie, Edelsheim inbegriffen, erst nach Mitternacht bei Pardubic überging.

Auf der Höhe von Chlum waren die beiden Hohenzollern, Kronprinz Friedrich und Prinz Friedrich Karl, zusammengetroffen. Die Vettern hatten sich nie sonderlich geliebt, aber hier gab es doch ein schönes Wiedersehen, sie drückten sich bewegt die Hand, fast stumm, ihre Empfindung nicht durch nichtssagende Worte zu entweihen. Und weiter und weiter ritt der Kronprinz gen Osten, bis er am Wald von Charbusic den greisen Vater begrüßte. Es ging schon auf acht Uhr. Der Monarch heftete statt jeder wortreichen

Lobeserhebung dem Sohne das würdigste militärische Ehrenzeichen für Prinzen wie jüngsten Leutnant an: das kleine Kreuzchen des Pour-le-Merite. Dem weichen Kronprinzen stürzten die Thränen herab, als er die königliche Hand küßte. Selbst dem skeptischen Blumenthal, den alles kalt ließ, ward das Herz etwas voll, als sein großherziger Herr, der im Hochgebietenden nie den schlichten Menschen vergaß, sich an ihn wandte: „Ich weiß, wem ich die Leitung der Schlacht verdanke." Und auch der gerechte Gentleman, den auf Preußens Thron das Schicksal so unermeßlich segnete, drückte ihm ganz besonders die Hand, als danke er vernehmlich: „für alles, was Sie für meinen Sohn gethan haben."

Als auf Trophäen die Rede kam, wußte der König nur von den „zwölf" eroberten Kanonen bei Lipa. Der Kronprinz warf jedoch hin, daß seine Armee wohl auch eine ziemliche Anzahl in Händen habe. Wohl sah er auf der Höhe von Chlum nicht wenige stehengebliebene Stücke, doch ein Teil mochte zurückgeschafft sein, und selbst von dem Umfang des Erfolges der Garden gewann er nur undeutliche Vorstellung, von den gewaltigen Erfolgen der Schlesier gar keine. Dagegen meldete man ihm „enorme" Verluste der Garden, was freilich einigermaßen dadurch erklärt wird, daß etwa fünfzehnhundert Versprengte der preußischen Heere „vermißt" wurden, von denen sich vier Fünftel am folgenden Tage wieder einfanden. So blieb denn auch der Kronprinz in dem Eindruck befangen, sein Vater, sein Vetter und er hätten in harter, langer Feldschlacht dem Feind seine Stellung geraubt und ihn mit starkem Verlust zum Rückzug bewogen, weiter nichts. Die Größe des errungenen beispiellosen Sieges, der einem Austerlitz und Jena glich, falls ein Napoleon ihn auszunützen verstand, erkannte niemand. Die eingetretene Erschöpfung that das Übrige.

Noch immer fielen einzelne Kanonenschüsse aus der immer kleiner zusammenschrumpfenden Artillerielinie, bei welcher die schweren Reiter des Generals Zaitsek, als letzte Karte aufgespart, nachdem alle andern Trümpfe ausgespielt und abgestochen, felsenfest und eisenhart hielten. Die wackeren Burschen regten sich nicht, so lange auch die weittragenden Donnerboten der feindlichen gezogenen Geschütze ihren Kammhelm umspielten. Selbst ein kaltes Gemüt mußte zur Teilnahme bewegt werden, wenn man diese letzten Säulen vergangener Pracht, diese letzten Bleibsel des waffenstrahlenden gewaltigen Heeres, diese letzten Zeugen für altösterreichische Tapferkeit nicht ohne Rührung erblickte. Auch Prinz Albrecht von Solms mit den Hessenkürassieren verweilte noch hier. (Der süddeutsche Fürst konnte stolz sein auf diese Truppe, die seinen Namen trug, wie auch das Infanterieregiment Großherzog von Hessen der Brigade Hartung bei Magenta seinem Namen Ehre machte.) Solms' Bruder drüben in Preußengarde: Bruderkrieg!

„Fünf Minuten vor neun!" Prinz Solms sah gelassen auf die Uhr, als die reitende Batterie seiner Brigade noch einen donnernden Abschiedsgruß löste. „Nun können wir sagen, wir thaten den letzten Schuß!" Ja, in blutroten Lettern schrieb dieser heldenhafte Geschütztroß seinen Ruhm an diese Höhenwände, schrieb ihn für immer ein wie auf eherner Tafel. —

Die Abendsonne zerriß endlich das tagsüber lastende Gewölk

und überstrahlte mit grellem Hohn die grausige Walstatt, als wäre die liebe Sonne eine launische Buhle wie Fortuna und lächele schmeichelnd dem Stärkeren zu. Weh den Besiegten!

Inmitten des weit geöffneten Halbkreises, in dem die drei siegreichen Heeresmassen aneinanderrückten mit einem Strahlengürtel blitzender Bajonette und funkelnder Fahnenspitzen, tummelte sich nicht mehr das gewaltige Reitergetümmel. Über Berg und Thal, wo dem erschreckten Blick sich jetzt die Greuel der Verwüstung bloßlegten, donnerten letzte nicht mehr Takte der Schlachtenorgel. Es war vollbracht, die Vorherrschaft in Deutschland, bald in Europa, dem harten Nordgermanen errungen.

Die Regimentsmusiken spielten, die Truppen jauchzten den prinzlichen Feldherren und ihrem König zu. Wo es hieß: „Der König kommt," sprangen alle auf, die schon zu kurzer Rast die Gewehre zusammenstellten, im Nu waren lange Linien auf den Beinen, die in solch kräftiges Hurrah ausbrachen, wie es nur altgediente oder soeben im Schlachtlärm gewesene Krieger zu stande bringen.

Rings lagen zerhauene kaiserliche Reisige, niedergeschmetterte weißgraue Leichenhaufen des Fußvolks.

Das Korn, von Pferdehufen niedergetreten, von Kanonenrädern zermalmt, streute sich über Pferdekadaver. Tiefe Löcher in der Erde verrieten, wo Granaten niederfielen, die ganze Chaussee schien so durchlöchert. Wo hier nachhaltig Massenangriffe gewütet, die sich spät genug zu Gunsten der Garde entschieden, wo der schon beseitigte Nimbus der kaiserlichen Reiterei doch noch einmal ihre Opferhekatombe mit einem Scheidestrahl umwob, sah es erschrecklich aus. Von weißer, blutbetropfter Livrei des Hauses Habsburg stach rotverbrämtes Preußisch-Blau ernst und düster ab, daß zahlreiche österreichische Leichen um wenige hingestreckte Nordländer eine schaurige Trophäe siegreicher Überlegenheit bildeten.

Mit fahlem Gesicht und halbgeschlossenen Augen starrten die einen ins Abendlicht, auf dem Rücken hingelegt; andere krümmten sich in unmöglichen Stellungen, durcheinandergeknäuelt, als hielten sie in Todesangst sich wechselseitig umklammert. Zerbrochene Waffen und Tschakos mit dem Doppeladler kollerten in den Gräben. Reiterlose Rosse der vom anhaltenden Feuer zersprengten Schwadronen trabten in Reih und Glied umher, von den Dorfställen gewohnheitsmäßig angelockt, dort aber vor den Dorfbränden zurückprallend. Die armen Gäule wollten nicht in die Flammen, man fing sie ein und gab ihnen zu fressen. Und wahrlich wie die Streu in einem Stall sahen die Getreidefluren aus, zerstampft und niedergebogen, abgeplattet über diesem Ackerboden, den ein eiserner Rechen durchpflügte.

Die Blumenkränze am Madonnabilde im Heiligenschein an der Chaussee hingen verwelkt herunter, aber das verletzte Korn ging dennoch der Reife entgegen. Der gleichförmig dröhnende Marschtritt bewaffneter Menschen störte die Natur nur wenig in ihrem stillen, heiligen Werke.

Die schmale Mondsichel lugte vom plötzlich wolkenlos blauenden Sommerhimmel. In stummer Rührung, feuchten Auges, standen Krieger an frisch geschaufelten Gräbern. Ein frommer Choral scholl über die erstrittene Walstatt, von einem der lagernden Schlachthaufen angestimmt. Mit dem Faschinenmesser schnitt man aus Baumästen Holzkreuze zu und pflanzte sie auf die deckenden Grabesschollen, aus Eichenlaub gewundene Kränze daran aufzuhängen.

Freundlich leuchteten die Sterne auf die Adlerfahnen, die sich im Nachtwind steiften. Die Wälder und Wasser rauschten. Im schaurig ergreifenden Schweigen der Walstatt, deren heilige Stimme nur das Ächzen und Wimmern zahlloser Zerschossener brach, schien dies Rauschen ein Flügelschlag unsichtbarer Gewalten.

Wieder nebelte Morgenfrühe, dunkler Wolkenschleier umspannte den Äther, ein leichter Sprühregen stäubte nieder. Weinte der Himmel, hüllte sich die Natur in einen Witwenschleier? Der Engel des Todes schwebte über die Walstatt, berührte mit seinem Fittich manches für immer erbleichende Haupt, griff mit der eisigen Hand nach Herzen, die nie mehr pochten. Aber die Trompeten schmetterten, die Trommeln wirbelten darein und die begeisterten norddeutschen Scharen grüßten den ersten Sonnenschein wie einen Herold einer großen Zukunft. Frührot säumte den Osten, wohin der Besiegte entfloh. Wie Purpur und Gold funkelte es um die

Höhen, wie das Gewebe eines neuen Kaiserpurpurs. Auch gen Westen zum deutschen Wasgau werden sich diese Fahnen richten: wie hier zur Donau, werden sie über den Rhein hinüberflattern wie stoßbereite Adler, und in ihren Fängen, die den Wälschen zerfleischten, halten sie dann eine neue Krone, das Diadem des Deutschen Reiches für immer.

Kurzinformation zur Schlacht von Königgrätz

Die preußische Armee fügte am 3. Juli 1866 in der Nähe der Stadt Königgrätz (heute Hradec Králové), beim Sadowa, der vereinigten österreichischen und sächsischen Armee in der „Schlacht von Königgrätz" eine vernichtende Niederlage zu. Die Schlacht entschied den Deutschen Krieg 1866 für Preußen und gilt heute als einer der Wegbereiter für die Deutsche Reichsgründung 1871.

Preußen:	Befehlshaber ist Helmuth von Moltke
Östrreicher /Sachsen:	Befehlshaber ist Ludwig von Benedek
Truppenstärken der Preußen:	
	221.000 Soldaten, 702 Geschütze
Truppenstärken der Österreicher und Sachsen:	
	206.100 Soldaten (22.000 Sachsen), 650 Geschütze
Verluste der Preußen:	1.900 Tote, 275 Vermisste, 6.800 Verletzte, 940 Pferde
Verluste der Österreicher und Sachsen:	
	5.735 Tote, 7.925 Vermisste, 8.440 Verletzte, 22.000 Gefangene, 6.000 Pferde, 116 Kanonen

Übersichtskarte

zu

Bleibtreu, Königgrätz.

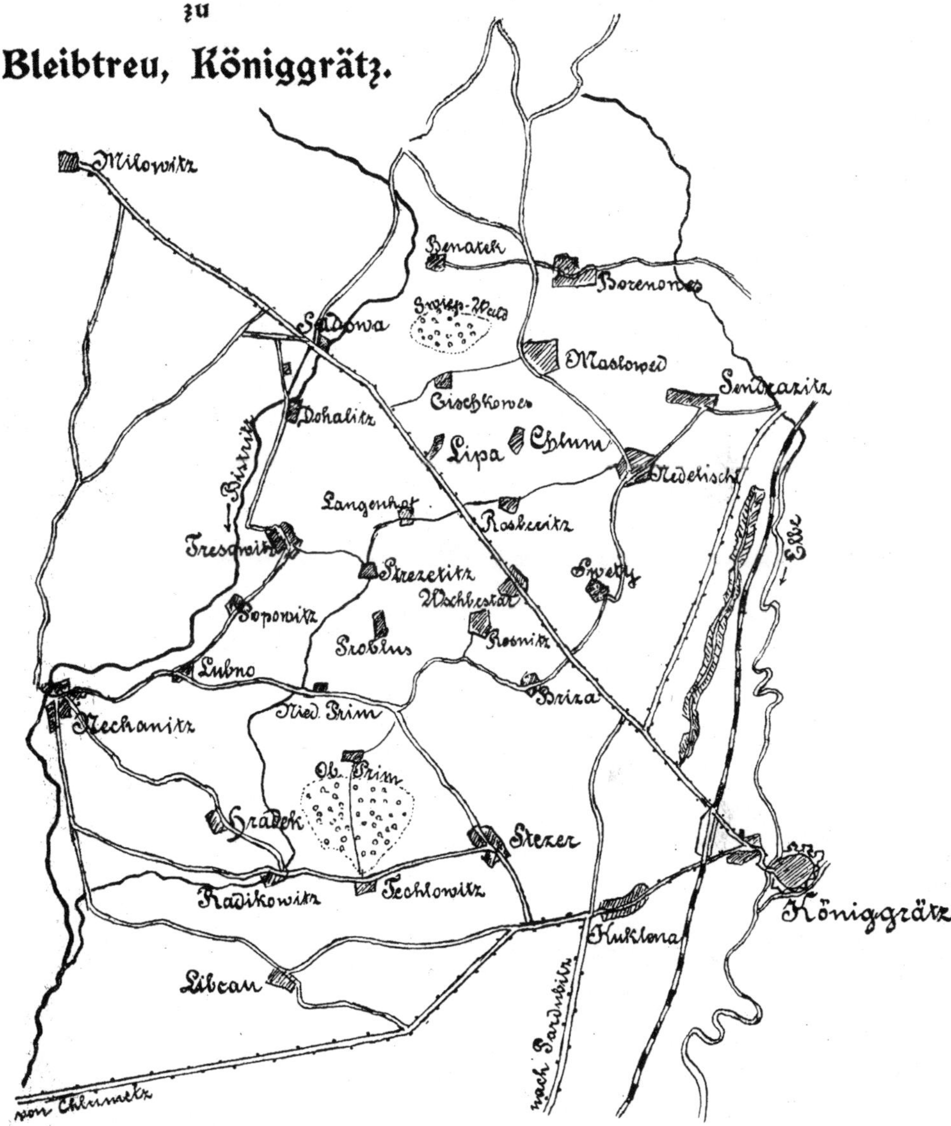

15 Bände - Schlacht bei Langensalza 1866

[Band 1]

Schlacht bei Langensalza 1866

158 S., Pb., nach dem Original neu gesetzte Ausgabe.

978-3-934748-57-6

[Band 2]

Wir lustigen Hannoveraner!

134 Seiten, Paperback, neu gesetzt.

978-3-934748-68-2

[Band 3]

Dritte 4pfündigen Batterie

150 Seiten, Paperback, neu gesetzt.

978-3-934748-71-2

[Band 4]

Officieller Bericht über die Schlacht am 27. Juni 1866

Reprint, 165 Seiten, Paperback.

978-3-934748-72-9

[Band 5]

Langensalza u. c

Mainfeldzug 1866

von Carl Bleibtre

Reprint, 171 S., Pb.

978-3-934748-73-6

[Band 6]

Bataillon Aschersleben

126 S., Paperback, neu gesetzt

978-3-934748-74-3

[Band 7]

Deutsche Krieg 1866 *(Auszug Langensalza)*

Th. Fontane mit Rangliste der Offiziere und Ärzte die Königl. Hann. Armee i. Juni 1866 nebst Nachweisung über deren Verbleib.

978-3-934748-75-0

[Band 8]

Erster Einsatz des DRK im Krieg

55 Seiten, Paperback, Erster Einsatz des Deutschen Roten Kreuzes während einer Schlacht.

978-3-934748-75-0

[Band 9]

Königlich-Hannoversche Armee auf ihrem letzten Waffengange Juni 1866

380 Seiten, Pb, 3 farbige Uniformtafeln und 10 farb. Operationsskizzen.

978-3-934748-77-4

[Band 10]

Von Lüneburg nach Langensalza 1866

Augenzeugenbericht des Friedrich Freudenthal, nach dem Original neu gesetzte Ausgabe, Paperback, 148 S.

978-3-934748-78-1

[Band 11]

Herzoglich Sachsen-Coburg-Gothaische Infanterieregiment 1866

Mehrere Erlebnisberichte

978-3-936030-10-5

[Band 12]

Hannoversche Armee - Schicksale in und nach der Katastrophe 1866

100 Seiten

978-3-936030-12-9

[Band 13]

Langensalza und das Ende des Königreichs Hannover

Friedrich Regensberg, Reprint 1906, Pb., 127 S.

3-936030-12-X

15,50 Euro

[Band 14]

Meine Erlebnisse zu hannoverscher Zeit 1839 - 1866

J.Hartmann, Generalleutnant z.D., Reprint 1912, Pb., 282 S.,

978-3-936030-13-6

[Band 15]

Der Kampf bei Langensalza 1866

Gesamtdarstellung der Schlacht von Hermann Gutbier, 290 Seiten, 3 Abb.

978-3-936030-14-3